Liebhaber-Bibliothek, 6

Eine mythische Familie, vier legendäre Personen, die drei Schwestern und der Bruder: die Brontës.

Robert de Traz

Die Familie Brontë

Mit einem Beitrag von Mario Praz

Matthes & Seitz Verlag
München

Die deutsche Übersetzung von Maria Arnold erschien zuerst 1941, Zürich, in Druck.
Mario Praz' Text *La voce nella tempesta,* abgedruckt in: Praz, Studi e svaghi inglese, I, p. 257 ff., Milano 1983, wurde 1941 zum erstenmal publiziert. Die deutsche Übersetzung ist von Christiane Maschke.

 Schutzumschlaggestaltung und Herstellung: Bettina Best, München. Satz, Druck und Bindung: Druckerei Auer, Donauwörth.
ISBN 3-88221-506-2

Inhaltsverzeichnis.

Bilderverzeichnis.

I.

Einleitung

In der Familie Brontë erleuchtet das Genie nicht zufällig eine einzelne Person. Man könnte sagen, daß es sie mit Methode, der Reihe nach ausprobiert, daß es die unvollständigen Versuche, die mißlungenen Prüfungen vervielfältigt und so — seine nacheinander Erwählten wieder verstoßend — sich durch die ganze Familie hindurch einen Weg bahnt, um sich endlich in zwei bevorzugten Geschöpfen voll zu entfalten.

Aber wenn sie auch nach dem Grad der Kraft, des Glanzes, der Vollkommenheit voneinander abweichen, so sind die Brontës doch durch ihre Naturen und ihre Ziele einander gleich. Der Vater schweigsam, traurig, wunderlich; die Mutter verträumt, vorzeitig vom Tode hinweggerafft; die zwei kleinen Schwestern zu früh verstorben; der Bruder Alkoholiker und Lügner; Anne blaß und bescheiden; und schließliche Charlotte und Emily — sie sind alle von der gleichen Rasse, phantasievoll, leidenschaftlich und zerquält.

Zweifellos haben nur Charlotte und Emily den Drang, pathetische Geschichten zu erzählen, den heißen Wunsch, ihren Aengsten und Träumen Ausdruck zu verleihen, völlig befriedigen können. Aber in einem gewissen Maße sind »Jane Eyre«, »Villette« und »Wuthering Heights« das gemeinsame Werk der Brontës. Gemeinsam haben sie die Not, den Mißerfolg, die Krankheit ertragen, haben sie ihre Spiele und ihre Pläne geteilt. Abseits von der Welt und zur Einsamkeit gezwungen, von den Tagen ihrer Kindheit an unzertrennbar verbunden, entlieh jeder beim andern, und alle schufen vereint.

Diese innige Geistesfreundschaft, diese Familienanhänglichkeit bis zur Aufopferung, diese Aehnlichkeit der Temperamente, die sie den gleichen körperlichen und seelischen Leiden unterwirft, muß man sich in Gedanken vergegenwärtigen, wenn man sich den Brontës nähert.

Hätten Emily und Charlotte ohne ihre Umgebung, deren Ansprüche und Tröstungen, ohne dieses gegenseitige Ahnungsvermögen, ohne diesen Austausch selbst über den Tod hinaus, ohne die gleiche Tiefe der verdrängten Leidenschaft eine solche Größe erreichen können?

Um sie wirklich zu verstehen, um sie zu ehren, wie sie es wünschen würden, muß man zu diesen beiden Unsterblichen die Schatten ihrer geliebten Verstorbenen gesellen.

II.

Vater und Kinder

Der Pastor Patrick Brontë wurde in Lisnacreery, Drumballyroney, Grafschaft Down (in Irland), im Jahre 1777 als Sohn einer sehr armen Bauernfamilie, die bereits neun Kinder zählte, geboren. Sein Vater Hugh war ein berühmter Geschichtenerzähler. Klug und energisch, verstand es Patrick, sich zu bilden. Noch im jugendlichen Alter machte er es sich zur Pflicht, niemals mehr als sechs Stunden zu schlafen, um mehr schaffen zu können. Bald darauf wurde er Lehrer in einer Dorfschule, wechselte dann zu einer andern hinüber, und sein Pastor vertraute ihm die Erziehung seiner Kinder an. Später, nachdem er einige Ersparnisse beiseitegelegt hatte, fuhr er im Alter von fünfundzwanzig Jahren über das Meer und trat in Cambridge in das Saint-John College ein, wo er dieselbe Lernbegier zeigte.

In den Registern des College ist sein Name, der sich in Irland wahrscheinlich Brunty schrieb, als Branty eingetragen. Vielleicht nannte sich der junge Ire — wie es Clement Shorter vermutete — selbst Brontë, nach einem Titel, welchen man Nelson, dem Idol der Nation, damals verliehen hatte. Oder sollte er in diesen zwei Silben das griechische Wort, das Donner bedeutet, imitiert haben? Man wechselt ja leicht den Namen in England.

Nach vierjährigem Studium erhielt er sein Diplom als »bachelor of arts«. Nachdem er in der Anglikanischen Kirche die Priesterweihe erhalten hatte, wurde er zum Geistlichen in dem kleinen Kirchspiel von Weatherfield in Essex ernannt, von wo er in die Pfarrei von Dewsbury, dann in die von Hartshead ging, die beide in der Grafschaft Yorkshire gelegen sind.

In Weatherfield hatte er sich hoffnungslos in Mary Burder, Nichte seines Logiswirtes, verliebt. Die Familie widersetzte sich der Heirat. In Hartshead aber machte er die Bekanntschaft von Maria Branwell, aus Penzance in Cornwall gebürtig. Sie weilte zu Besuch bei ihrem Onkel John Fennell, einem Methodistenpriester. Sie gefielen einander und heirateten im Dezember 1812. Am selben Tag vermählte sich auch Jane Fennell, eine Cousine von Maria, gleichfalls mit einem Pastor namens Morgan, der ein Freund von Patrick Brontë war.

Fünf Jahre später übersiedelte das Ehepaar Brontë, dem inzwischen zwei Mädchen, Maria und Elisabeth, geboren waren, nach Thornton, wo Charlotte am 21. April 1816 zur Welt kam. Im Jahre 1817 wurde Patrick, den sie auch Branwell, dem Familiennamen der Mutter nannten, geboren, dann folgten 1818 Emily und 1819 Anne.

Am 25. Februar 1820 ließ sich endlich die Familie Brontë für immer im Pfarrhaus von Haworth nieder. Dort, dicht beieinander, abseits von der Welt, aber sich selbst genügend, führten sie ihr eintöniges und schwieriges Leben. Dort sind auch alle, außer Anne, gestorben.

Mrs. Brontë verläßt sie als Erste, im Herbst 1821. Die rasch nacheinander erfolgten Geburten ihrer sechs Kinder hatten sie erschöpft. Sie vertrug nur schwer das harte Klima des Nordens und die herbe Einsamkeit von Haworth. Der herrische Ton, die Eigenwilligkeit ihres Mannes erschreckten sie. Sie kam aus einer wärmeren Gegend, wo die Sitten weniger rauh waren: aus jenem Cornwall der Legenden und der Wesleyaner, wo die Frömmigkeit mystisch ist. Sanft, bescheiden und gut, von wirklich hohem Geist, gehörte sie einer kultivierten Familie an, die es liebte, Freunde zu empfangen und in der Unterhaltung zu glänzen. Sie hinterließ unter ihren Papieren kurze Aufzeichnungen religiösen Charakters, die Zeugnis ablegen von ihrer Beschäftigung mit geistigen Fragen. Die Briefe, welche sie an ihren Verlobten richtete, und die dieser als alter Mann seiner ältesten Tochter zum Lesen gab, sind zart und von einer rührenden Anmut. Ihre Kinder bewahrten ihr ein liebevolles Andenken, die Erinnerung an ein für diese Erde und seine Pflichten viel zu zartes Wesen. Eine Krebskrankheit raffte sie in wenigen Monaten nach furchtbaren Leiden hinweg.

Pastor Brontë verwand diesen Verlust niemals. »Meine geliebte Frau starb, wurde beerdigt, war verschwunden; sie fehlte mir in jedem Augenblick. Die Erinnerung an sie wurde unaufhörlich wieder lebendig durch das unschuldige, aber traurig stimmende Geplauder meiner Kleinen.« Wie die meisten verschlossenen Naturen, die zu sehr Herr ihrer selbst sind, verstand er es nicht, sich seinem Schmerz hinzugeben. Er hatte seine Frau mit stiller Ergebenheit gepflegt, mit einer Festigkeit, die keinen menschlichen Trost annehmen wollte. Nachdem sie von ihm gegangen war, zog er sich in sich zurück und riegelte sich in sein Zimmer ein. Er beschloß, stets nur noch allein seine Mahlzeiten einzunehmen. Manchmal ging er fort, ohne ein Wort zu sagen, und unternahm endlose Spaziergänge, um seine Traurigkeit durch Ermüdung niederzuringen.

Sein ganzes Leben unterstellte er einem Zwang und wußte auch andern Zwang aufzuerlegen. Man hat erzählt — doch ist dies erfunden —, daß er zu Lebzeiten seiner Frau ein seidenes Kleid in kleine Stücke zerriß, weil es ihrer Eitelkeit hätte dienen können. Aus krankhafter Furcht vor Feuer verbot er, an den Fenstern des Pfarrhauses Gardinen aufzuhängen. Aus asketischer Strenge verbot er auch, Teppiche zu legen, außer im Salon. Er war außerordentlich höflich, aber kühl. Ganz seinem Glauben hingegeben, unbeugsam in seinen Entschlüssen, streng seinen Pflichten ergeben, von einer Reizbarkeit, die seine Magenkrankheit und Nervosität erklärt, war er ein untröstlicher Witwer, ein mürrischer Einsamer, ein Mann beharrlicher Gelassenheit.

Dieser Mann von hohem Wuchs, mit dem schönen Kopf eines Führers, von wirklich körperlichem Mut, hatte, obwohl er Geistlicher war, einen kämpferischen Geist und das Bedürfnis nach militärischer Disziplin. In Cambridge trat er der Studentenmiliz bei und machte pünktlich seine Uebungen. Später verfolgte er eifrig in seinen verschiedenen Pfarrgemeinden die Aufstände der Arbeiter, sowie die Zusammenstöße, welche durch die »Dissenter« hervorgerufen wurden. Als guter Irländer immer kampflustig, tat er sich bei jeder Gelegenheit hervor. Eines Tages warf er sich ins Wasser und rettete einen kleinen Jungen, der am Ertrinken war. Ein anderes Mal ergriff er die Initiative für ein Bittgesuch, um einem ungerecht Verurteilten die Freiheit zurückzugeben.

Seine Erinnerungen an diese Raufhändel entzückten seine Kinder. Er liebte es auch, ihnen schreckliche Geschichten zu erzählen, die er von alten Leuten seines Kirchspiels erfuhr: seltsame und grausame Dramen, die in entlegenen Behausungen, weit weg von den Dörfern, unter wunderlichen Personen passiert waren. Oft ließ er auch seine Heimat vor ihnen wieder aufleben, jenes Land drüben auf der andern Seite des Meeres, das von Gespenstern, Hexen, Kobolden bevölkert war, und wo magische Schlünde sich zwischen verzauberten Häusern öffnen[1].

Und dieser Diener Gottes erklärte seinen Kindern die Bibel und ihre Bedeutung. Er lehrte sie die Verehrung des Ewigen und daß das Gute und das Schlechte nichts miteinander gemein haben. Durch seine geistliche Tätigkeit ließ er sie die menschliche Wirklichkeit kennenlernen, die bescheidene und dennoch pathetische Wirklichkeit der Pfarrkinder von Haworth. — Inmitten einer Kirchgemeinde zu

[1] Er sollte nie mehr nach Irland zurückkehren, nie mehr seine neun Brüder und Schwestern wiedersehen. Jedoch solange seine Mutter lebte, schickte er ihr jedes Jahr zwanzig Pfund.

leben, welch eine Schule für die zukünftigen Romanschriftstellerinnen!

Pastor Brontë hat wie seine Töchter Bücher verfaßt, und zwar nicht nur Sammlungen seiner Predigten, so wie es gewöhnlich seine Kollegen taten, sondern auch, in den Jahren 1811 und 1813, Sammlungen von Gedichten: »Cottage Poems« und »The rural minstrel«, und sogar zwei fade Romane: »The Cottage in the wood« 1815 und 1816 »The maid of Killarney«. Er hatte literarischen Ehrgeiz besessen, und zweifellos verursachte ihm seine Erfolglosigkeit Kummer. Nach dem Tode seiner Frau jedoch veröffentlichte er nichts mehr. Englische Kritiker versichern, daß dies nicht zu bedauern wäre.

Vielleicht wurden seine scheinbare Kälte und sein langes Schweigen deshalb manchmal von plötzlichen Ausbrüchen abgelöst, weil es ihm niemals gelang, sein innerstes Wesen auszudrücken, sein Sehnen und seine Beklemmungen in ein Werk der Phantasie abzuleiten. Wenn er sich einem zu lange unterdrückten Drang nach Phantasie oder einer Zerrüttung der Nerven überließ, so führte das bei ihm zu überraschenden Wutausbrüchen. Man hat erzählt, daß er eines Tages, während Mrs. Brontë einer Niederkunft entgegensah, eine Säge nahm und alle Stühle seines Zimmers zersägte, ohne mit einem Wort auf die Vorwürfe seiner Frau zu antworten. Nach dem Gerede einer entlassenen Dienstmagd, der jedoch wenig Glauben zu schenken ist, wäre es vorgekommen, daß er in Anfällen stummer Raserei Pistolenschüsse in die Luft feuerte. Vielleicht hatte er nur die Waffe entladen, die er seit den früheren Revolten immer bei sich trug. Aber das Gefallen daran, bewaffnet zu sein, das Vergnügen am Pistolenknall sind für ihn bezeichnend.

Gewisse Biographen, auf der Jagd nach Malerischem oder unfähig, eine Persönlichkeit in ihre historische Perspektive einzuordnen, haben den Pastor Brontë als Narr und Despot hingestellt, was sehr ungerecht ist. Man muß sich vorstellen, daß zu jener Zeit die Leute, welche vergraben in verlorenen Landstrichen, ohne Kontakt mit andern Menschen, ohne Neuigkeiten und Zerstreuungen lebten, die Eigenart ihres Charakters schicksalhaft entwickelten. In der Zeit, in der Herr Brontë lebte, und in seiner Heimat war es normal, daß ein Familienoberhaupt, ein Geistlicher, unnahbar und autoritär war. Wenn man die Anforderungen seines strengen Berufes und die schwierigen Bedingungen seines Lebens berücksichtigt, wenn man beachtet, mit welcher mutigen Würde er den Verlust der Seinen, die Einsamkeit, die materielle Bedrängnis, die Armseligkeit ertragen hat, wird man diesem Original den Adel nicht absprechen können.

Anderseits hat er sehr viel Interesse für seine Kinder bewiesen, sobald er ihre außerordentlichen Eigenschaften erkannte. Er nahm es auf sich, sie zu unterrichten, ihre Erfindungsgabe und ihr Talent des Ausdrucks zu entwickeln: die Geschichten, die er ihnen am Tag vorher erzählte, ließ er am nächsten Tag von ihnen schriftlich aufsetzen. Er war stolz auf seine Kinder; er glaubte an das Genie seines Sohnes Branwell, und sein elendes Ende zerriß ihm das Herz. Er hat ihnen geholfen nach Maßgabe seiner Mittel; er hat die Schicksalsschläge, die sie trafen, mit erlitten; dieser Autor von vier unlesbaren Werken freute sich ohne den geringsten Neid über die Berühmtheit von Charlotte. Und dennoch wird »Jane Eyre« bei ihm Anstoß erregt haben, wie es bei dem größten Teil der englischen Geistlichen der Fall war, und »Wuthering Heights« hat ihn sicherlich peinlich überrascht.

Er vererbte den Seinen, mit dem Sinn für das Uebernatürliche, mit der Besorgtheit für die höchsten Interessen der Seele, mit der Neigung, Geschichten zu erzählen, eine tiefe Empfänglichkeit für die Angst, eine Tendenz zur leidenschaftlichen Heftigkeit, zur dramatischen Brutalität, einen beharrlichen Charakter, schließlich eine Erzählermanie, die er selbst zweifellos von seinen Vorfahren mitbekommen hatte.

*

Während der Krankheit von Mrs. Brontë kam Fräulein Branwell, eine ihrer Schwestern, aus Penzance zu ihnen, um bei ihrer Pflege behilflich zu sein. Nach dem Tode ihrer Schwester ließ sie sich endgültig in Haworth nieder, um den Haushalt zu leiten. Sie tat es in Erinnerung an die Verstorbene, aus Mitleid mit den Ueberlebenden, vor allem für die Kinder, und aus Pflichtgefühl, doch nicht ohne Bedauern. Bereits in reifem Alter, litt sie darunter, die gewohnte Umgebung und ihre Bequemlichkeiten für dieses entlegene Land, für diese enge und unbehagliche Wohnung und dieses rauhe Klima zu verlassen. Wie Pastor Brontë schloß auch sie sich in ihr Zimmer ein und überließ die Kinder sich selbst. Später nahm sie ihre Mahlzeiten im Bett ein.

Stets in Seide gekleidet, trotz der Mißbilligung ihres Schwagers — sie allein wagte ihm zu widersprechen —, trug sie weite Hauben, die ein paar falsche Locken sehen ließen. Sie ging in Holzsandalen herum; denn die Steinfliesen des Pfarrhauses — sagte sie — ließen ihre Füße kalt werden, und man hörte oft durch das Haus das Tapp-tapp ihres Kommens und Gehens schallen. Sie schnupfte und nahm den Tabak aus einer kleinen, goldenen Dose, die sie, belustigt durch ihr Erstaunen, den seltenen Besuchern anbot, die sich bis nach Haworth wagten.

Sie unterrichtete ihre Nichten im guten Benehmen und wie man einen Haushalt führt, schneidert und plättet. Gelegentlich half sie ihnen mit Geld aus. Ihre Bevorzugten waren Anne, welche durch ihre Weichheit an ihre verstorbene Schwester erinnerte, und Branwell, weil er ein Knabe war. Manchmal, wenn sie sich über ihr Heimweh trösten wollte, erweckte sie seufzend die Bilder ihrer glücklichen Jugend oder erzählte Sagen aus ihrem heimatlichen Cornwall, dem Land der treuen Ritter und der schönen jungen Mädchen, der Feen, welche im Reigen auf dem Rasen tanzen, und der Schlösser, die das Meer überragen.

*

Die fünf kleinen Mädchen und ihr Bruder empfanden den tiefsten Respekt für diese beiden großen Personen in Schwarz, von denen sie mit Autorität behandelt wurden, die ihnen unumstrittene Prinzipien einschärften, sie jeden Morgen, jeden Abend zum gemeinsamen Gebet zusammenriefen und sich niemals mit ihren Spielen abgaben.

Es waren blasse, schwächliche, ernste und nachdenkliche Kinder. Der Vater ließ sie aus Sparsamkeit, und um sie an Enthaltsamkeit zu gewöhnen, vor allem mit Milchpudding und gekochten Kartoffeln ernähren. Niemals gab es Kuchen. Sie besaßen sehr wenig Spielzeug; sie kannten keine andern Kinder. Seit dem Tode ihrer Mutter daran gewöhnt, leise zu sprechen, wußten sie, daß man keinen Lärm im Hause machen und weder den armen, so traurigen Papa noch ihre gute Tante stören durfte.

Trotz dieses Anscheins von Gefügigkeit waren diese Kinder in unglaublichem Maße frühreif und von einer geistigen Lebhaftigkeit, von einer intellektuellen Neugierde, die weit über ihr Alter war. Als Charlotte fünf oder sechs Jahre alt war, entwand sie sich den Armen einer Dame, die sie auf ihren Schoß nehmen wollte, und schrie: »Ich bin kein kleines Mädchen mehr.« In jedem von ihnen loderte eine mächtige Phantasie, unstillbar, vielfarbig, ununterbrochen in Bewegung, mit welcher sie ihre Umgebung verwandelten und die ihr Bedürfnis nach Unterhaltung stillte. Diese ständige innere Gärung ließ später eine spöttische Freundin sagen, daß die Kinder Brontë, eingeschlossen in Haworth, Kartoffeln ähnlich sehen, die in einem Keller keimten.

Lesen war ihre Leidenschaft, und gemeinsam ereiferten sie sich über das, was sie gelernt hatten. Hannibal, Napoleon, den sie Bonaparte nannten, vor allem aber Wellington kehrten immer wieder in ihren Unterhaltungen zurück. Ihr Vater erlaubte nicht, Bilderbücher und die besonders für Kinder geschriebenen Werke zu lesen; aber seine Bibliothek lieferte ihnen die Werke von Shakespeare, Addison, Southey

Kirche zu Haworth zur Zeit der Geschwister Brontë

Pfarrhaus und Friedhof zur Zeit der Brontës

und von Walter Scott und auch die »Reise eines Pilgers« sowie eine Anzahl religiöser Veröffentlichungen. Sie verschafften sich heimlich die Zeitungen, die ins Pfarrhaus kamen: das »Blackwood's Magazine«, »die beste periodische Zeitschrift, die es gibt«, sagte Charlotte, als sie neun Jahre alt war; den »John Bull«, ein heftig polemisches, reaktionäres Organ; den »Leeds Mercury«, der liberal war. Das waren ihre Genüsse, und sie formten sich nach dieser unzusammenhängenden Lektüre eine dramatische Vorstellung von einer Welt, die ihnen vollkommen unbekannt war. Sie begeisterten sich für die Politik. Sie bekannten sich zu sehr konservativen Meinungen, verfolgten die Debatten des Parlaments und stritten endlos über die Kämpfe der Parteien, die »Reform Bill« und die katholische Frage. Robert Peel flößte ihnen Mißtrauen ein, weil er aus Zweckmäßigkeitsgründen und nicht aus Ueberzeugung handelte. Die Kirche von England hatte wenige so eifrige, erpichte Verteidiger gegen die Dissidenten und selbstverständlich auch gegen die Papisten aufzuweisen. Von solcher Entfernung aus betrachtet, erschien ihnen das Leben unter dem Gesichtswinkel eines loyalen Kampfes, einer ritterlichen Aufopferung. Es war ihnen Bedürfnis, heroische Luft zu atmen.

Auf sich selbst angewiesen, diskutierten sie ihre Bücher, erfanden Geschichten — sie hatten bereits drei Theaterstücke verfaßt, — die sie mit Fleiß auf Zetteln niederschrieben, und entflammten sich mit leiser Stimme für die schönen Dinge. So lebten diese sechs kleinen Wesen halb in der Wirklichkeit des Alltags und halb im Reiche ungewöhnlicher Erfindungen, zugleich unschuldig, aber ein Doppelleben führend.

Ihr Vater bemerkte das schließlich. Betroffen von ihrer Intelligenz — er unterhielt sich mit Maria über Tagesereignisse »mit dem gleichen Vergnügen und der gleichen Freiheit«, als wenn sie eine erwachsene Person gewesen wäre —, neugierig geworden durch ihre flüsternden Gespräche und ihren Papierkram; anderseits sich dessen bewußt, daß er sie einschüchterte, kam ihm eines Tages der Einfall eines Dichters und Seelenkenners. Er rief sie zu sich in sein Arbeitszimmer und gab ihnen eine Pappmaske, die jedes auf sein Gesicht legte, damit es ungezwungener auf die Fragen antworte, die er ihnen stellen wollte.

Zuerst wandte er sich an Anne, die vier Jahre alt war, und fragte, was sie sich am meisten in der Welt wünsche.

— Alter und Erfahrung.

Danach bat er Emily, ihm zu sagen, wie man mit Branwell umgehen sollte, der manchmal ungehorsam war.

— Zuerst es ihm verständlich machen und, wenn er davon nichts wissen will, ihn durchprügeln.

Er befragte Branwell über die Art, wie man die Intelligenz der Männer und der Frauen unterscheide.

Die Stimme hinter der Maske sprach:

— Indem man ihre körperlichen Verschiedenheiten vergleicht.

Zu Charlotte übergehend, verlangte er zu wissen, welches das schönste Buch der Welt sei. Die Maske antwortete:

— Die Bibel.

— Und nach der Bibel?

— Das Buch der Natur.

Was die beiden Aeltesten anbelangt, so versicherte die eine, die beste Erziehung für die Frauen sei jene, die sie lehrt, einen Haushalt gut zu führen, und die andere, die beste Art, seine Zeit nützlich anzuwenden, als die Vorbereitung auf ein glückliches Jenseits. Diese letzte Antwort, die von der zehnjährigen Maria kam, wirkte, als wäre sie auf eine seltsame Weise vor ihrem nahen Geschick gewarnt worden.

Es ist anzunehmen, daß sich der Vater dieser kleinen, eigenartigen Geschöpfe nach einem solchen Verhör zugleich befriedigt und betroffen fühlen mußte.

Jedoch darf man sich die Kinder Brontë deswegen nicht nur aus Gehirn bestehend vorstellen, als Beute einer ständigen Ueberreizung. Sie waren auch Kinder in Schürzen, mit roten Händen, gehorchend und fleißig. Um sechs oder um sieben Uhr in der Früh standen sie auf, lernten zögernd die Grammatik und die Arithmetik, und außer ihren Aufgaben und Unterrichtsstunden waren sie genötigt, ihre Zimmer zu kehren, ihre Betten zu machen, das Geschirr abzuwaschen.

Charlotte war stolz darauf, sehr gut nähen zu können, und Emily, daß sie sehr gut zu plätten verstand. Später, als Erwachsene, werden sie auch weiterhin das Haus in Ordnung halten, die Wäsche ausbessern und kochen. Sie werden ihr Manuskript liegen lassen, an dem sie gerade arbeiten — »Jane Eyre« oder »Wuthering Heights« —, um Hemden zuzuschneiden oder Johannisbeeren zu pflücken; denn diese genialen Naturen waren auch die Töchter eines armen Pastors.

Die große Freundin ihrer Kindheit war das Dienstmädchen Tabby (Tabitha Aykroyd), ein robustes Mädchen aus dem Dorf, mürrisch und ergeben, welches an Stelle von Nancy und Sarah Garrs bei ihnen eingetreten war und dreißig Jahre in ihren Diensten blieb. Später wurde ihr noch eine jüngere Dienstmagd, Martha, zur Hilfe beigegeben. Wie alle großen Personen im Hause erzählte auch Tabby den Brontë-Kindern Geschichten, jedoch im Dialekt, in denen vor allem von Feen die Rede war, die in der Heide von Yorkshire herumgespukt hatten, bevor sie vor dem Lärm der Fabriken verschwanden. Sie liebten es, sich bei ihr in der Küche einzufinden, um ihr Gerede zu hören, sie zu necken, von ihr manchmal barsch abgewiesen zu werden, sie an ihren Spielen zu beteiligen und zu fühlen, daß sie mit ganzem Herzen von ihr geliebt wurden.

An einem Novemberabend, wie an manchen andern, als der Wind um das Haus herum stöhnte und Stöße von Schnee durch die Nacht jagte, setzten sie sich vor Tabbys Feuer und spielten »eine Insel wählen«: ich, die Insel Man; ich, die

Insel Wight; ich, die Insel Aran; ich Guernsey. Und sie ernannten Führer für jede Insel. Branwell nannte John Bull, Astley Cooper und Leigh Hunt; Emily wählte Walter Scott und Lockart; Anne den Lord Bentinck, Michael Ladler, Sir Henry Halford; Charlotte natürlich Wellington und auch seine beiden Söhne, Lord Charles Wellesley und den Marquis von Douro. Sie identifizierte sich mit diesen drei Persönlichkeiten, entwarf ihre Biographien und rief aus: »Ich bin der Herzog von Wellington.« Man stelle sich diese Kinder vor, Seite an Seite auf einer Holzbank, den Kopf in den Händen und wie sie ihre Lieblingshelden, die plötzlich aus den Flammen auftauchten, betrachten, während Tabby die Haferflockensuppe bereitet und leicht die Schultern zuckt beim Hören dieser unmöglichen Namen, die Gott weiß wo herkamen.

Dann schlug die Uhr die siebente Stunde, und die alte Dienstmagd schickte die Kinder schlafen.

III.

Das Pfarrhaus und die Heide

Das Pfarrhaus von Haworth besteht noch fast so, wie es damals war, und unzählige Besucher pilgern dorthin. Unglücklicherweise wurde es durch eine falsch verstandene Verehrung in ein Museum verwandelt. Während man an den Orten, wo die Brontës gelebt haben, den flüchtigen Schritt ihrer Phantome vernehmen möchte, befindet man sich in hell gestrichenen Sälen, beleuchtet durch Elektrizität, überladen mit Glasschränken voller Dokumente, welche ein Wächter in Uniform bewacht.

Man muß sich anstrengen, um sich das Aussehen und die Atmosphäre des Pfarrhauses von ehemals vorstellen zu können. Es ist ein rechteckiges, sehr einfaches, mit breiten Schiefertafeln bedecktes Gebäude. Im Erdgeschoß, zu dem eine Treppe von wenigen Stufen führt, befindet sich eine kleine Vorhalle, durch die man rechts zum Arbeitszimmer des Vaters gelangt. Links ist das Sprechzimmer: dort haben seine Kinder gelebt, geschrieben, endlos geplaudert. Dort, auf einem Mahagonisofa, ist Emily gestorben.

An der Küche vorbei, die hinter der Vorhalle liegt, steigt man zum Stockwerk auf einer schmalen, grauen Steintreppe hinauf. Links leitet der Treppenflur zum Zimmer von Herrn Brontë, in dem er starb und in welchem auch Branwell vom Tode ereilt wurde. Dann folgt das winzige Kinderzimmer, wo die Kleinen, Maria und Elisabeth, gestorben sind. Rechts ist das Zimmer, wo nacheinander Frau Brontë, Fräulein

Branwell und Charlotte starben. Auf der andern Seite des Flurs befindet sich das Zimmer, in welchem Branwell so lange im Fieberwahn daniederlag. Wie viele Tragödien haben sich hinter allen diesen Türen abgespielt!

Das Leben der Brontës verlief in dieser beschränkten Häuslichkeit, in diesen kleinen, schweigenden und andachtsvollen Zimmern. »Sie hören in allen Ecken des Hauses das Ticktack der Küchenuhr oder das Summen einer Fliege im Sprechzimmer«, schrieb später Frau Gaskell. Die Steinfließen des Erdgeschoßes, stets peinlich sauber, waren mit Sand bestreut. Nur wenige Möbel: ein viereckiger Tisch, auf dem »Jane Eyre« geschrieben wurde, ein Klavier von grellem Klang, gerade Stühle im Stile von Adams. An den nackten Wänden mit Büchern beladene Gestelle. Bis weit in den Sommer hinein brannten in den Kaminen magere Torffeuer. Die Beleuchtung bestand aus Kerzen.

Durch seine Schiebefenster sah man vom Pfarrhaus auf einen Garten von nur wenigen Metern, wo Johannisbeersträucher gepflanzt waren, und dann gleich auf den Friedhof. Die Grabsteine, liegend oder aufgerichtet, dicht aneinandergepreßt, reichen bis zum Hause, umgeben und belagern es. Unmöglich, diesem schauerlichen, sich aufdrängenden Anblick zu entgehen. Er durchtränkte mit Melancholie, mit Schrecken die Einbildung der Kinder. Diese düstere Umgebung bot sich ihren Betrachtungen, als sie die ersten Blicke auf die Welt warfen.

Ein wenig weiter unten steht die aus grauen Steinen erbaute Kirche mit ihrem gotischen, viereckigen Turm. Der Klang der Glocken ist nah und vertraut. Nachts, wenn man nicht schlief — und die Schlaflosigkeit war häufiger Gast im Pfarrhaus —, hörte man die Stunden schwingend schlagen. Haus des Ewigen, Zufluchtsort der Gebete, wo die Brontës mehrmals am Sonntag dem Gottesdienst beiwohnten, wo ihr Vater predigte und die Sakramente reichte. In ihrem Schatten und in ihrem geistigen Licht verbrachten sie ihr Leben.

Noch weiter unten, am Abhang des Hügels, befindet sich das Dorf. Es ist von gleichförmiger, grauer und sogar schwärzlicher Farbe. Die einstöckigen Häuser mit schmalen Dachfenstern, ohne Fensterläden, ohne Balkone, mit großen, flachen Schiefertafeln bedeckt, reihen sich zu schmucklosen, ausdruckslosen Fassaden aneinander. Aneinander geheftet, um sich vor dem ständigen Wind, vor dem immer zu erwartenden Regen zu schützen, ziehen die Häuser wie ein Lavastrom entlang einer holperigen, ungleichmäßig gepflasterten Straße dahin.

Alle Leute in der Pfarrgemeinde respektierten Pastor Brontë wegen seines Charakters, seiner Autorität und seinem Kummer. Man grüßte seine Kinder, wenn sie, alle sechs sich an den Händen haltend, ins Dorf kamen, und musterte sie mit einem Seitenblick. Ihre ernsten, eingeschüchterten und doch beinahe wilden Mienen riefen Verwunderung hervor. Es ist ziemlich schwierig, die Familie unseres Pastors zu verstehen, dachten wohl die Leute von Haworth.

Rund um das Dorf erstreckt sich fast ödes Land, wenig bearbeitet, rauh und düster. Leicht ansteigende und runde Bergkämme, die sich bis zum Horizont erstrecken, lösen einander ab. In den engen Tälern, die sie durchschneiden, qualmen und glühen Fabriken und Hüttenwerke. Einige Kilometer entfernt liegt Keighley, noch weiter Bradford und Leeds. Aber diese Orte sind nur auf schlechten steilen Straßen erreichbar, wo man oft absteigen muß, wenn man im Wagen oder zu Pferde ist.

Es ist das Land der Kohle und der Puritaner, mit langem, drückendem Winter, abgeschnitten von der übrigen Welt. Zu Lebzeiten der Brontës lebten dort Weber, Steinhauer, Bauern, alle gleich arm, rauh und stolz, mit hartem provinziellem Akzent, Liebhaber von Hundekämpfen und ausgedehnten Trinkgelagen, leidenschaftliche Streiter für soziale Forderungen und religiöse Fragen. Anglikaner und Dissidenten, Unternehmer und Arbeiter standen sich streitend gegenüber. Es war die Epoche, wo die Erfindung neuer Gewerbe eine grausame Erwerbslosigkeit nach sich zog, wo die Industrie, lange Zeit durch die Kontinentalblockade ihres Profites beraubt, sich nun schadlos halten wollte; es war die Epoche, wo die Seelen in ihrer höchsten Not und in ihrem Elend Gott außerhalb eines veralteten Formalismus suchten. Unter diesem undankbaren Himmel, auf dieser dürren Erde forderte der Mensch die Genugtuung der Gerechtigkeit und Freiheit. Hier war die Revolte zu Hause, die bei dem kleinsten Zwischenfall ihren höchsten Grad erreichen konnte.

Doch auf den Höhen, wohin weder Rauch noch Schreie dringen, erstrecken sich die »moors« in ihrer melancholischen Weite. Hier ist das Reich des Schweigens und der Einsamkeit. Keine Wiese, kein Garten. Kleine, ausgetrocknete Steinmauern zerschneiden schachbrettartig die Landschaft. Das kurze, dünne Gras erinnert an die Weideplätze des Gebirges. Keine Bäume, nur struppige Sträucher, stachlige Ginster. Einige verlorene Pfade, die abzweigen und nirgends hinzuführen scheinen. Auf dem Grunde der von Farnkraut bedeckten Schluchten rinnen Bäche über schwarze Kieselsteine. Und — soweit das Auge reicht — trostlose Heide.

Nirgends ein Mensch, außer hie und da ein schweigsamer Hirte mit Herden von Schafen, die auf dem Boden kauern, oder auch ein Pferd, das herrenlos mit flatternder Mähne dahingaloppiert. Manchmal erhebt sich plötzlich hinter einem Abhang ein graues, unfreundliches Haus, so fest mit seinem Geheimnis verschlossen, als wäre es verlassen. Stundenlang kann man diese eintönigen und formlosen Flächen durchschreiten. Man ist nur vom stürmischen oder streichelnden Wind begleitet, der einen mit gesenktem Kopf zum Kampf zwingt oder hochhebt. Es ist jener Wind, von dem — laut der Bibel — niemand weiß, von wannen er kommt, noch wohin er geht.

Diese weite Fläche, diese Hügelwellen, die den Blick und die Träumereien weit forttragen, dieses »lange, schweigende

Land«, wie es Vigny später nannte, ist von keiner Zeit gezeichnet. Wie in grauen Vorzeiten erscheint hier die Erde, in ihrer ursprünglichen Nacktheit, mit ihrem Knochengerüst aus Steinen, ihrem unbeweglichen Granit, einem unbekannten, geheimnisvollen Gedanken ausgeliefert. So war sie, primitiv und frei — so wird sie bestehen bleiben in ihrer schweigsamen Ewigkeit, Mutter der Menschen, die sie jedoch nicht zur Kenntnis nimmt.

Kaum, daß die Jahreszeiten sie verändern. »Unsere Abhänge gestehen den Einzug des Sommers nur durch ihr Grünen ein, durch ihr junges Farnkraut und das Moos in den kleinen Buchten», erklärte Charlotte. Und nur »die kurze Blütezeit des Heidekrauts im August oder die lächelnde Dämmerung im Juni« mildert seine »ständige Melancholie«. Gleichgültig und unfruchtbar für den, der sich ihr nur nähert, von einer bedrückenden Strenge für jenen, der nicht in ihren erhabenen Charakter eindringt, das ist die Heimat der Brontës.

Während das Pfarrhaus von Haworth von einer Seite sich zum Friedhof und zum Dorf hinwendet, erblickt man von seiner anderen Fassade die Heide, die an seiner Schwelle beginnt. Durch die Hintertür entschwindend, verlangen die Brontë-Kinder von der wilden Natur ihre Unabhängigkeit. Als Heilmittel für die kleinlichen Sorgen des Alltags, für die Schwierigkeiten und Prüfungen verfügten sie während ihres ganzen Lebens über diese geheimnisvollen Weiten, wohin niemand ihnen folgte. Diese Landschaft nahm sie auf, formte, tröstete und regte sie an.

Sie verbringen dort ganze Tage, strolchen durch die Gegend, die ohne Zäune, ohne Bewachung und voll versteckter Behausungen scheuer Tiere war. Sie laufen, ziehen ihre Hunde hinter sich her. Sie bleiben plötzlich stehen, betrachten die Oeffnung eines Schlupfloches, ein Nest im Gestrüpp oder heben einen Stein auf. Sie kennen die Pflanzen, die Insekten. Sie hören in der Ferne der Gesang einer Lerche, die Rufe der Kiebitze und der Regenpfeifer; ihr Blick folgt den Enten, die hoch oben in dreieckförmigen Scharen vorüberziehen, um das Land zu verlassen. Und wenn das Herumirren, Spurenverfolgen, Nesterausheben sie ermüdet, legen sie sich in eine Höhlung des Bodens und betrachten die blasse Unendlichkeit, die sich über ihren Häuptern ausbreitet.

Wenn das Licht im Süden Europas manchmal sein Vorhandensein unerbittlich zur Geltung bringt, wenn es die Formen modelliert, sie unterstreicht und festhält, so wird es im Norden dagegen zur bloßen Anspielung, beinahe zum Symbol; es löst auf und baut wieder auf, beeinflußt und ruft Bestürzung hervor. In dem Himmel von Yorkshire, mit seinem unaufhörlichen Wechsel, spielt sich ein dauerndes Drama von Regengüssen und Aufhellungen ab, ein Kampf der Regenwolken und des Lichtschimmers. Die Tage sind fast das ganze Jahr hindurch kurz, außer im Hochsommer, wenn die Abenddämmerung lange auf sich warten läßt. Kaum verschwunden, bricht die Dunkelheit zu schnell wieder herein. Dichte Nebel bedrücken das Land; in Sturzbächen wird es vom Regen gepeitscht; im Winter liegt es tief im Schnee vergraben. Und der schwache Durchbruch einer täuschenden Sonne ist ergreifend, wie eine flüchtige Erscheinung.

Wie der Friedhof und die Kirche, wie die Wildheit der »moors«, so hat auch dieser nördliche Himmel, Himmel des Kampfes, mit seinem wechselvollen Spiel des Verschwindens und der Wiedergeburt, wo alles in Frage gestellt, alles verloren und wiedergewonnen ist, dazu beigetragen, die Brontë-Kinder, während sie sich auf der Heide ausstreckten, ahnungsvoll mit einem tragischen Gefühl ihres Schicksals zu durchdringen.

IV.

Cowan Bridge. Leben in Träumen.

Schließlich entdeckte Pastor Brontë, daß er selbst mit Hilfe seiner Schwägerin nicht für die Erziehung seiner Kinder genügte. Er wünschte, wie es englischer Brauch war, sie in ein College geben zu können. Aber wie sollte er das mit seinen geringfügigen Geldmitteln bewerkstelligen? Er hatte kein Vermögen, und seine Pfarrstelle brachte ihm kaum genug ein.

Mittlerweile erfuhr er, daß in der Umgebung von Leeds, in Cowan Bridge, gerade eine Schule für Pastorentöchter eröffnet wurde, deren Aufnahmebedingungen bescheiden waren. Reiche Leute unterstützten das Institut. Im Juli 1824 entschloß sich Pastor Brontë, seine beiden Aeltesten, Maria und Elisabeth im Alter von zwölf und zehn Jahren, hinzuschicken; im September folgten die achtjährige Charlotte und die sechsjährige Emily. Sie waren reichlich jung, um schon das Heim zu verlassen; doch zu jener Zeit nahm man darauf kaum Rücksicht.

William Carus Wilson, ein magerer und harter Mann, der die Idee zur Gründung dieser sogenannten mildtätigen Schule hatte, verwaltete sie mit der allergrößten Sparsamkeit, verbunden mit äußerster Strenge. Er kontrollierte sorgfältig die Ausgaben, bekrittelte die Wäsche- und Küchenspesen. Die Nahrung war so schlecht, ja sogar ekelerregend, daß die unglücklichen Schülerinnen schließlich nicht mehr aßen; wenn aber ein Gericht erträglich war, bemächtigten sich die Großen auch des Anteils der Kleinen.

Herr Wilson, überzeugt, daß sie alle dem Hochmut verfallen waren, tat das Seine, um sie zu demütigen. Reich und einflußreich im Land, erinnerte er sie ständig an ihre Armut, die ihnen auch nicht den geringsten Anspruch zu stellen erlaubte. Durch strenge Disziplin und Demütigungen trachtete er, ihnen Geduld und Selbstbeherrschung einzuschärfen. Sie trugen alle die gleichen, abscheulichen Kleider, um sie vor Eitelkeit zu bewahren.

Sowie der Herbst begann, war das Land mit Nebel bedeckt. Man heizte die Schlafräume nicht. Die Klassenzimmer, in denen die Arbeit am frühen Morgen begann, waren kalt und dunkel. Sonntags führte man die Schüler in eine zwei Meilen entfernt liegende Kirche, wo sie mit klappernden Zähnen bis zu einem zweiten Gottesdienst am Nachmittag blieben. Sie kehrten über aufgeweichte Wege zurück, die Schuhe mit geschmolzenem Schnee gefüllt.

Trotz ihres großen Wunsches, zu lernen, war Maria, die Aelteste der Brontë-Kinder, bei einer Lehrerin in Ungnade gefallen. Sie warf ihr ihre Unordnung, ihre Zerstreutheit vor und ließ keine Gelegenheit vorübergehen, um sie vor den andern Schülerinnen zu tadeln. Sie hatte, bevor sie in die Schule kam, die Masern und Keuchhusten gehabt. Sie erkältete sich, begann zu husten. Niemand beunruhigte sich über ihre Blässe, ihre fortschreitende Abmagerung. Niemand benachrichtigte ihre Familienangehörigen. Jedoch, nachdem man den Kindern ungesundes Wasser zu trinken gab, brach eine Typhusepidemie aus, von der fünfundvierzig unter den achtzig Schülerinnen betroffen wurden. So war man gezwungen, die Eltern davon in Kenntnis zu setzen.

Herr Brontë kam nach Cowan Bridge. Kaum hatte er einen Blick auf seine Tochter geworfen, erschrak er über Marias Erschöpfung, ihre von Fieber glühenden, geröteten Wangen. In aller Eile, in Decken eingehüllt, brachte er sie nach Haworth zurück. Sie spie Blut. Im Verlaufe weniger Tage raffte die Tuberkulose sie hinweg.

Das alles ist von Charlotte in »Jane Eyre« mit unerbittlicher Genauigkeit erzählt worden. William Carus Wilson ist der schreckliche Brocklehurst; »in seinem Gehrock, zugeknöpft bis zum Kinn, sieht er länger, engherziger und strenger aus als sonst«; er ist Brocklehurst mit seinen heuchlerischen Predigten, seiner totalen Unkenntnis anderer Menschen, seinem Bedürfnis, den Schwachen zu zermalmen. Da sind auch die niedrigen Zimmer, wo man im Halbdunkel vor Kälte zitterte und wo unter strenger Ueberwachung endlose Stunden des Studiums verstrichen; da sind »die ständig angebrannten Haferflocken, die beinahe so schlecht sind wie verfaulte Kartoffeln«, die Fleischragouts, zäh wie Leder, die Mahlzeiten, die aus einem Glas Wasser und einer kleinen Schnitte Haferkuchen bestanden. Und über diese Herde terrorisierter und vor Kälte erstarrter Kinder, verloren in diesem entlegenen Winkel, bläst ein eisiger Wind, hängt ein tödlicher Nebel.

Als »Jane Eyre« veröffentlicht wurde, erkannte man Lowood, und ein Skandal brach aus. Eine Untersuchung wurde eröffnet; man entzog Herrn Wilson die Leitung und verlegte die Schule an einen gesünderen Ort. Einige Leute versicherten übrigens, die Autorin hätte sehr übertrieben. Jedenfalls stimmt es, daß zu jener Zeit diese Strenge, diese Unkenntnis der Hygiene allgemein verbreitet waren, und es scheint tatsächlich, daß Wilson, — entehrt vor der Nachwelt—, wie von vielen Seiten bestätigt wurde, gar nicht so ein schlechter Mann war.

Der gute Glaube Charlottes aber steht außerhalb jeder Diskussion. Indem sie etwas stärker auftrug, wollte sie der Kindheit ihrer Heldin einen pathetischen Zug verleihen; das ist das mindeste, was sich eine Romanschriftstellerin von diesem Rang bei der Nuancierung ihrer Erinnerungen erlauben darf. Sie folgte dabei aber auch gleichzeitig einem Zuge ihres Charakters, der es verdient, hier bereits festgehalten zu werden. Niemals hatte sie sich mit ihren Lehrern verstanden — außer mit Herrn Heger —, noch mit jenen Personen, die sie später als Gouvernante anstellten. Sie war eine edle Seele, doch rauh und empfindlich, ebenso schnell entrüstet wie begeistert. Die Brontës haben das Bewußtsein ihrer Ueberlegenheit; sie sind stolz, selbst auf die Gefahr hin, ungerecht zu sein, besonders wenn das Schicksal sie in ein Abhängigkeitsverhältnis zwingt.

Charlottes Groll erklärt sich auch durch ihren Schmerz, den Tod von Maria, ihrer ältesten, so mütterlichen und sanften Schwester, mit erlebt zu haben. Sie entwarf ihr Porträt in Cowan Bridge in der Gestalt der kleinen Helene Burns. Maria, die eine Lehrerin der Schule später als »ernst, nachdenklich und still« beschrieb, zeigte jenen, die sich ihr näherten, eine überraschende geistige Reife. Sie erlebte tief ihr demütigendes Schülerdasein, war mit Fleiß bei ihren Aufgaben, sich ihrer Mängel wohlbewußt — sie war nachlässig, es fehlte ihr an Methode —, und sie versuchte sich zu bessern. Manchmal verfiel sie in Träumereien, die sie vollständig in Anspruch nahmen und weit forttrugen; manchmal sprach sie seltsame und geheimnisvolle Worte, und man hätte sagen können, daß sie »ihre Seele auf den Lippen trug«. »Ihr Geist schien sich zu beeilen, in einem kurzen Augenblick so stark zu leben wie andere während eines langen Lebens«. Von der Krankheit befallen und sich dessen bewußt, daß sie verloren war, behauptete sie, der Körper könne wohl zugrunde gehen — ein Funke, ein »ungreifbarer Bestandteil des Lebens und des Gedankens« wird seinen Schöpfer dennoch wiederfinden. Noch während ihrer zunehmenden Schmerzen, ihrer Erstickungsanfälle zeigte sie eine Güte, eine so vollständige Ergebenheit, daß Charlotte darin die Gegenwart Christi erblickte. Ihr Vater sagte während ihrer Krankheit, daß man Gott in ihr handeln sah. Gibt es etwas Ergreifenderes als ein Kind, hingezogen zum Jenseits, das durch die Wirkung seiner Leiden oder durch eine mysteriöse Wahl viel leichter als Erwachsene an einer überirdischen Wirklichkeit teilhat?

So war die Aelteste der Brontë-Kinder. Das Porträt war nicht durch schwesterliche Verehrung verschönt. Die reine, zarte Maria hat diese Erde nur gestreift; aber sie blieb verankert in dem Gedächtnis einiger Menschen. Sie kannte von der Welt nur ein melancholisches Pfarrhaus und eine grausame Schule; wie Charlotte und Emily hatte auch sie vielleicht Genie, doch ging sie im Leben beinahe unsichtbar vorüber.

Von ihrer Schwester Elisabeth wissen wir noch weniger. Diese kleine, blasse Silhouette, die in keinem berühmten Roman verewigt wurde, verfiel nun der Krankheit. Eiligst schickte man sie nach Hause; kaum in Haworth eingetroffen, starb auch sie an Tuberkulose. Der erschrockene Vater ließ jetzt schnellstens seine beiden Jüngsten nach Hause kommen. Man stelle sich vor, wie diese doppelte Katastrophe, die sie nach dem Tode ihrer Mutter traf, auf die Kinder wirkte und mit welcher ängstlichen Beklemmung sie zusahen, wie die sterblichen Ueberreste ihrer Schwestern unter einer Steinplatte der Kirche beerdigt wurden.

Sie konnten sie niemals vergessen. Sie waren zu glücklich mit ihnen gewesen, waren einander zu ähnlich in ihrer gemeinsamen Frühreife, um sich nicht als Bewahrer ihrer Geheimnisse zu fühlen, um nicht zu versuchen, ihre Gegenwart in ihrem Gedächtnis auferstehen zu lassen.

Als Charlotte sich im Alter von fünfzehn Jahren mit Ellen Nussey und Mary Taylor befreundete, sprach sie ihnen bald, um diese Freundschaft durch Anvertrauen ihres teuersten Schatzes zu besiegeln, von ihren beiden verstorbenen Schwestern. Eines Tages, sehr bestürzt, beschrieb sie Mary einen furchtbaren Alpdruck der vorhergehenden Nacht: Sie hatte geträumt, man hätte sie im Salon verlangt, und es waren Maria und Elisabeth, die warteten... Hier unterbrach Charlotte ihren Bericht, indem sie in ängstlichem Ton sagte, sie hätte gewünscht, niemals etwas Aehnliches zu träumen, denn, erklärte sie, in ihrer nächtlichen Erscheinung waren *sie* verändert, *sie* hatten vergessen, was sie zu Lebzeiten liebten ... *sie* waren nicht mehr dieselben.

*

Nach der tragischen Erfahrung von Cowan Bridge stellte sich von neuem das Problem der Erziehung der Kinder. Der Vater bemühte sich, sie jeden Morgen in der Geschichte und der Literatur zu unterrichten, sowie sie mit den allgemeinen Fragen der Politik bekannt zu machen. Charlotte und Branwell lernten zeichnen und Aquarellmalerei bei einem Professor aus Leeds, Herrn William Robinson, der ein Schüler von Lawrence und Fuseli gewesen war, von dem man sich aber trennte, weil ihm scheinbar Prinzipien fehlten.

Die überlebenden Kinder Brontë fanden sich in ihrer Trauer von neuem zusammen und bezeugten sich eine große Anhänglichkeit, die von nun an immer mit Besorgnis verbunden war. Charlotte, nun die Aelteste, umgab ihre Geschwister mit mütterlicher Fürsorge. Und wieder von ihrem literarischen Wetteifer ergriffen, begannen sie von neuem, erfundene Geschichten, Legenden, Gedichte und Dramen zu schreiben. Mehrere Monate hindurch verfaßten sie eine kleine Zeitschrift, »The Young Men's Magazine«, welche regelmäßig erschien und deren einzige Leser sie selbst waren. Die Brontës, Vater und Kinder, sind eine Schriftstellerfamilie durch gebieterische Berufung, durch tiefe Freude am Erzählen, durch das Bedürfnis, ihren Erlebnissen eine Form zu geben, durch eine Manie für Tinte und Papier.

Der bescheidene Papierhändler von Haworth erzählte, daß sie seine Lagerbestände buchstäblich plünderten, und zwar in solchem Maße, daß er ständig neuen Vorrat in der benachbarten Stadt besorgen mußte, ohne daß er begreifen konnte, was dieser kleine Junge und diese kleinen Mädchen damit wohl anstellten. Ihre Manuskripte aus dieser Zeit sind Hefte für Wäschenotizen oder kleine Papierbündel, von einigen Zentimetern Breite und Länge, mit großer Sorgfalt anein-

Reverend Patrick Brontë

Nach einer wirklichen Photographie

andergeheftet, versehen mit richtigen und falschen Ueberschriften. Die Handschrift ist so gedrängt, so winzig, daß man manchmal eine Lupe nehmen muß, um sie zu entziffern. Sie malten sorgfältig die Druckbuchstaben nach, und daher behielt Charlotte eine gewisse Neigung, manchmal in Kursivschrift zu schreiben. Ihre Leidenschaft für die Buchdruckerkunst war so stark, daß sogar die arme Maria bereits im Alter von sieben Jahren ihren Vater in die Druckerei von Bradford begleitete, sich dort auf einen Schemel schwang und ihm seine Korrekturbogen verbesserte.

Im Jahre 1830, als Charlotte 14 Jahre alt war, stellte sie einen Katalog ihrer eigenen Werke auf. Er enthält zwei Erzählungen in einem Band, vier Märchen, irische Legenden in vier Bänden, ein Drama nach einer Fabel von Aesop, zwei Gedichtsammlungen usw. Im ganzen waren es zweiundzwanzig Werke, darunter eine Uebersetzung des ersten Buches der »Henriade« von Voltaire, »Albion and Marina«, »The Adventures of Ernest Alembert«. Ab 1833 kommen zu diesem bereits reichlichen Bestand u. a. hinzu: »The Green Dwarf«, »The Foundling« (von Charlotte einem gewissen Kapitän Tree zugeschrieben), »My Angria and the Angrians«, »The Spell«, »Arthuriana« (welches, wie mehrere dieser Texte, Wellingtons Sohn, Lord Charles Wellesley, zum angeblichen Autor hat), »The Secret and Lily Hart«, »Visits in Verdopolis« (in zwei Bänden), »Corner Dishes«, »High Life in Verdopolis«, »Richard Cœur de Lion and Blondel« usw. Auch Branwell verfaßte zahlreiche Gedichte, Biographien, Romane, alle von abenteuerlichem, kriegerischem Charakter und mit verschiedenen Namen gezeichnet: so z. B. »Real Life in Verdopolis«, »The Pirate«, »The Wool is rising«, »The Politic of Verdopolis«, »Letters of an Englishman«. Emily verfaßte in den Jahren 1837—39 eine Sammlung von Gedichten, geschrieben in winzigen Buchstaben; eine andere entstand 1844. Dasselbe tat Anne in den Jahren 1836, 1838, 1842, 1845, 1846 und 1848.

Welches Aufflammen des Geistes, welcher glühende Fleiß diktierte ihnen diese unzähligen Seiten! Man sah sie in allen Ecken des Hauses sitzen, oft auf dem Fußboden oder in dem kleinen Garten, entlang den Gichtbeerhecken, ohne Ruhepause Buchstaben malen und an einem Bleistift oder an ihren mit Tinte bekleckten Fingern lutschen. Und diese phantasievollen Erzählungen überschwemmten ihre wirkliche Existenz. So erfanden sie zwei Gegenden, die durch politische Kämpfe, durch Intrigen und Schlachten, an denen sie teilnahmen, verwüstet waren. Diese Erfindungen haben einen derartigen Platz in ihrem Leben und durch den daraus sich ergebenden Einfluß auch in ihren Werken eingenommen, daß es angebracht erscheint, sie genauer zu beschreiben.

Sie entstanden durch eine Schachtel Holzsoldaten, die Herr Brontë eines Tages für seinen Sohn aus Leeds mitbrachte. Die Mädchen waren bereits schlafen gegangen. Am nächsten Morgen zeigte Branwell ihnen das unerwartete Geschenk, und sie sprangen aus ihren Betten, um es näher zu betrachten. Charlotte ergriff einen Soldaten, »den schönsten, den größten und in jeder Hinsicht vollkommensten«, sagte sie, und sie rief aus, daß er der Graf von Wellington wäre. Emily wählte einen andern, der eine ernste Miene hatte, und nannte ihn Gravey. Anne nahm einen ganz kleinen, der ihr ähnlich war und der den Namen Groom erhielt. Branwells Soldat hieß Bonaparte. Und nachdem sie sie getauft hatten, gaben sie diesen Darstellern Eigenschaften und teilten ihnen Rollen zu.

Bald wurden die Aufführungen schwieriger. Die Abenteuer ihrer Helden drängten sich ihnen als Wirklichkeit auf. Schließlich ließen sie die Holzsoldaten beiseite, und sie wurden selbst die Handelnden ihrer Geschichten. Was sie gelesen hatten, bereicherte ihre Erfindung. In der Art primitiver Dichter ersannen sie oder stellten vielmehr ein Epos dar, worin die Episoden endlos aufeinander folgten.

Man muß mehrere Stadien in dieser Erzählermanie, die sie viele Jahre lang und weit über die Kindheit hinaus pflegten, unterscheiden. Zuerst schufen sie Twelveston, auch Glasstown genannt, dann Verrespolis und schließlich Verdopolis, eine prächtige Stadt am Ufer des Niger, durch zwölf (twelve) Helden erbaut, die an der afrikanischen Küste strandeten und die Eingeborenen besiegten. Talli, Branni, Emmi und Anni, die niemand anders sind als die Brontë-Kinder selbst, hatten ihnen dabei geholfen. Verdopolis wurde Hauptstadt eines mächtigen Reiches, eines Bundes von Königreichen, Angria genannt; sie war voller Paläste, überladen mit Reichtümern. Die zwölf Helden regierten sie, natürlich unter der Leitung von Wellington. Dem Grafen folgte eine blendende Persönlichkeit, die zugleich Lord Wellesley, der Marquis von Douro, der Herzog von Zamorna, der König von Angria und der Kaiser Hadrian war. Sein junger Bruder, Charles Albert Florian Wellesley, wetteiferte mit ihm. Dieser letztere, der zugleich ein Kind war, wurde von Charlotte gespielt.

Branwell stellte den Kapitän John Flower, den Vicomte Richton, den Grafen von Northangerland dar. Unter diesem letzten Namen, gleichzeitig auch Alexander Percy genannt, heiratet er Lady Zenobia Ellington, »die glänzendste und gebildetste Frau von Verdopolis, die Primadonna des Hofes von Angria, die moderne Kleopatra, die verdopolitanische Frau von Staël«. Diese große Dame ist sehr eifersüchtig auf die einfache Marianne Hume, welche den Marquis von Douro geheiratet hat. Sie erreicht, mit Hilfe ihrer Schwiegertochter Mary Percy, Douro von Marianne zu entfernen, die in Verzweiflung stirbt.

Douro, zugleich König und Kaiser, wird ein allmächtiger Despot. An dieser Stelle scheint Branwell in die Entwicklung der Geschichte einen Geist der Gewalt hineingebracht zu haben, dem Charlotte fügsam nachgibt. »Ich frage mich,» schrieb sie eines Tages besorgt, »ob Branwell wirklich die Herzogin getötet hat. Ist sie tot, ist sie beerdigt? Ist sie allein in der kalten Erde, in dieser furchtbaren Nacht?« Percy, Ministerpräsident, intrigiert gegen seinen Herrscher, entfacht einen Meinungsstreit in der Presse und im Parlament und entfesselt bald darauf die Revolution. Das Land ist durch Feuer und Schwert vernichtet, Zamorna in Gefangenschaft abgeführt, während seine Frau in Wehgeschrei ausbricht.

Dieses Epos, mit Zeichnungen und Aquarellen illustriert, wurde mehr oder weniger in den Werken erzählt, die Charlotte in ihrem Katalog von 1830 aufführte. Branwell hat z. B. ein Porträt von Zamorna entworfen; Charlotte malte mit zehn Jahren eine Ansicht von Glasstown, die von einer überraschenden Zartheit im Strich und Feinheit der Farbe war.

Jedoch existierte noch ein anderer erfundener Staat: das Königreich von Gondal, und dieses war das Werk von Emily und Anne. Wenn Angria im heißen Afrika lag, war Gondal ein »nordisches Heideland, von Nebel und Tau bedeckt«. Die beiden Schwestern verfaßten gemeinsam die »Gondal Chronicles«; sie sprachen unaufhaltsam unter sich darüber, fügten neue Episoden und Personen hinzu und belustigten sich damit, die verschiedenen Rollen zu spielen. Während einer kurzen Reise, die sie später nach York und Bradford unternahmen, schrieb Emily: »Während unseres Ausflugs waren wir Ronald Macalgin, Henry Angora, Juliet Augusteena, Rosabella Esmaldan, Ella und Julian Egremont, Catherine Navarre und Cordelia Fitzaphnold. Wir flüchteten aus dem Unterrichtspalast, um uns mit den Royalisten zu vereinigen, die jetzt hart von den siegreichen Republikanern behandelt werden.« Und Anne fügte hinzu: »Die Republikaner siegen; aber die Royalisten sind nicht vollständig geschlagen. Die jungen Herrscher mit ihren Brüdern und Schwestern sind immer noch im Unterrichtspalast.«

Unglücklicherweise, kurz vor ihrem Tode, vernichteten Emily und Anne diese Chroniken — oder tat dies Charlotte später? —, die uns sehr helfen würden, sie zu enträtseln. Was von Gondal wie von Verdopolis bleibt, genügt jedoch, um den Umfang der Einbildungskraft bei diesen Kindern und Jugendlichen zu zeigen: sie fabrizierten keine kleinen, gefühlvollen und anekdotischen Erzählungen; sie malten erregende Fresken, wo das Geschick großer Staaten wie das Schicksal außerordentlicher Geschöpfe in Mitleidenschaft gezogen war. Mit der Geschichte, mit der Politik verband sich das Feuer der Liebe, die Berechnungen des Ehrgeizes.

Die Geschwister Brontë übten sich, ohne es zu wissen, beim Verfassen dieser angeblichen Jahrbücher, an welche sie glaubten, für spätere Zeiten. Es war ihre Lehrzeit als Romanschriftstellerinnen; sie lebten sich in verschiedene Persönlichkeiten hinein — denn sie spielten buchstäblich ihre Geschichten — und erfanden zahlreiche klangvolle Namen in einer Art und Weise, die ihre rednerische Gabe, Wurzel jedes literarischen Talents, beweist. Lange Zeit haben sie mit diesen Phantasiegebilden gelebt, welche ihnen nach ihrem Belieben außer der Befriedigung, gemeinsam sich zu betätigen, auch Schwärmerei, Ersatz für Unterhaltung und beinahe die Erfahrung der Leidenschaften lieferten. Als sie dann darauf verzichteten, mußten sie Bücher schreiben. »Jane Eyre«, »Wuthering Heights«, »The Tenant of Wilderfall« sind aus diesen wunderlichen Vorspielen geboren.

Wenn diese immense Saga, von der wir nur Bruchstücke kennen, sicherlich die reichliche Lektüre frühreifer Kinder verrät, so drückt sie auch aus, worum stets ihre Gedanken kreisten. Sie ist nicht nur ein Unterhaltungsspiel: sie ist eine unfreiwillige und verschleierte Beichte, eine Uebertragung ihrer geheimen Phantasie, ihrer tiefen Naturen. Würde man nicht auch sagen, daß die Brontë versuchen, vorwegzunehmen, was man ihnen vorenthielt, daß sie in Gefühlen und Abenteuern schwelgen und ein freies Leben in romantischer und lyrischer Form führen, ein Leben, das sie zweifellos niemals kennenlernen werden?

Bei diesem Spiel wurde es ihnen zur Gewohnheit, sich innerlich ganz in sich zurückzuziehen, sich mit so viel Inbrunst und Ausdauer zu konzentrieren, daß sie in den Geschichten, die sie erfanden, ihr doppeltes Ich geben. Sie haben sich in solchem Maße durch ihre Träume betäubt, daß sie aufhören, sie selbst zu sein, um das zu werden, was sie — ohne es zu wissen — waren. Die wirkliche, so begrenzte Welt, das dürftige Aussehen ihrer eigenen Personen verschwanden unter berauschenden Trugbildern. Zurückkommend auf diese absichtlich hervorgerufenen Sinnestäuschungen, erklärte Charlotte:

»Wenige Leute werden glauben, wieviel Glück man von den reinen Quellen der Phantasie erhalten kann. ... (Wie viele Szenen) habe ich in diesem kleinen Zimmer mit dem niedrigen und schmalen Bett, mit den nackten, kalkverputzten Wänden betrachtet. ... Ich habe auf diesem Bett gesessen, die Gedanken auf das Fenster gerichtet, durch welches keine andere Landschaft erschien als die weite, eintönige Fläche der Heide, ein grauer Glockenturm inmitten eines Friedhofes, der so vollgepfropft mit Gräbern war, daß kaum das Unkraut zwischen den Steinen gedeihen konnte. ... Dieses Bild beeindruckte mein Auge, aber nicht mein Herz. ... Eine lange Erzählung rollte sich vielleicht in meinem Geiste ab: die Geschichte einer alten, aristokratischen Familie ..., von jungen Lords, jungen Ladies ..., schillernd im Glanz der Höfe ... Ich sah sie, edel und schön durch die Salons schreiten, wo mein Blick bei bekannten Silhouetten verweilte, wo ich Gesichter mit lächelnden Augen betrachtete und Lippen, die mit lauter Stimme Worte sprachen. Und sie waren mir beinahe vertrauter als die Gesichter meiner Geschwister; dennoch haben diese Stimmen niemals in der wirklichen Welt das geringste Echo erweckt ...«

Und Charlotte spricht auch von dem »mächtigen Gaukelbild«, das sie aus dem Nichts erstehen ließ — vom »Geist von Verdopolis« —, das »so geheimnisvoll wie ein religiöser Glaube war«[2].

*

Die Erwachsenen ahnten nicht, daß diese Kinder von ihrer Phantasie betäubt waren, und daß sie, ohne daß es jemand

[2] Zitiert von Miß J. Copper Willis nach Miß Ratchford.

wußte, eine geheime Existenz führten, in Gesellschaft von Herrschern und großen Damen, inmitten von Festen und Schlachten.

Unter einem andern Gesichtspunkt gesehen, erschien ihr Leben einsam und eintönig, jeder Tag dem andern gleich. Man kann sich davon eine Vorstellung machen, wenn man die protokollartigen Aufzeichnungen liest, welche später, zweimal unterbrochen und wieder aufgenommen, von Emily und Anne abgefaßt und mit der Absicht beiseitegelegt wurden, sie erst nach mehreren Jahren wieder zu lesen.

In dem ersten Dokument vermerkt Emily:

»Es ist Freitag abend, beinahe neun Uhr, und heftiger Regen fällt. Ich sitze im Eßzimmer (das Zimmer, wo sie sich immer aufhielten); ich habe gerade unsere Pulte geordnet und schreibe dieses Dokument. Papa ist in seinem Zimmer, Tante oben in ihrem. Sie hat soeben Papa das »Blackwood Magazine« vorgelesen. Victoria und Adelaide (zwei Gänse) sind in der Torfvorratskammer versteckt (der kleine Raum, der sich hinter dem Speisezimmer befindet). Keeper (der Hund von Emily) ist in der Küche, Hero (der Sperber) in seinem Käfig. Wir sind alle mutig und guter Dinge.«

Und Anne schrieb ihrerseits:

»Wir haben Keeper, wir hatten eine kleine Katze, und die haben wir verloren, und auch einen Sperber. Wir hatten eine Wildgans, die fortgeflogen ist, und drei Mastgänse, von denen eine geschlachtet wurde. ... Was werden uns die vier Jahre bringen, die kommen werden? Die Vorsehung allein weiß es. ... Ich habe dieselben Fehler wie früher, aber bin klüger und erfahrener und habe ein wenig Selbstbeherrschung. Was wird wohl sein, wenn wir dieses Papier und das, was Emily geschrieben hat, nochmals lesen? Ich frage mich, ob dann Gondaland noch immer gedeiht und in welchem Zustand es sein wird. Ich bin dabei, den vierten Band vom »Leben von Solola Vernon« zu schreiben.«

Einige Jahre danach begannen sie wieder ihr Spiel.

»Es ist mein Geburtstag,« schreibt Emily, »regnerisch, windig, kalt. ... Tabby ist zurückgekommen; sie hat zweiundeinhalb Jahre mit uns gelebt und ist gesund. Martha, die auch verreist war, ist zurückgekehrt. Wir haben jetzt Flossy (den Wachtelhund von Anne), wir hatten Tiger und verloren ihn, auch der Sperber Hero ging verloren, den wir zusammen mit den Gänsen erhielten und der sicher tot ist. Tiger ist im vergangenen Jahr gestorben. Keeper und Flossy sind gesund; auch der Kanarienvogel, welchen wir vor vier Jahren erwarben. ... Anne und ich hätten schwarze Johannisbeeren gesammelt, wenn schönes Wetter und Sonnenschein gewesen wäre. Ich muß mich beeilen, weil ich plätten muß. Ich habe sehr viel zu tun und zu schreiben.«

Und Anne:

»Der Abend ist dunkel, bewölkt und feucht. Wir hatten einen sehr kalten und sehr regnerischen Winter. Charlotte hat drei Wochen bei Ellen Nussey verbracht. Sie näht jetzt gerade im Speisezimmer. Emily plättet oben. Ich sitze im Eßzimmer, in dem Sessel vor dem Kamin, die Füße vor dem Feuer. Papa ist in seinem Zimmer. Tabby und Martha, glaube ich, sind in der Küche. Keeper und Flossy sind irgendwo. Little Dick (der Kanarienvogel) hüpft in seinem Käfig ... Charlotte hat Flossy hereingelassen, und jetzt liegt er auf dem Sofa. Emily beschäftigt sich damit, das Leben des Kaisers Julian zu schreiben. Sie hat mir Bruchstücke davon vorgelesen, und ich möchte sehr gerne den Rest hören. Sie schreibt auch Gedichte; ich frage mich: über welches Thema? Ich habe den dritten Band von ‚Passages in the Life of an Individual' begonnen. Ich möchte ihn schon beendet haben. Diesen Nachmittag habe ich mir mein gemustertes Seidenkleid, das in Keighley gefärbt wurde, vorgenommen ... Ich möchte mich gerne daran gewöhnen, früh aufzustehen. Werde ich es erreichen?«

V.

Roe Head.
Heiratsanträge. Der Beruf einer Gouvernante.

So vergingen mehrere Jahre. Im Pfarrhaus konnten die Brontë-Kinder nun nichts mehr lernen, und man griff die Idee wieder auf, sie in ein Institut zu geben. Es wurde beschlossen, daß die Aelteste in die Schule von Roe Head gehen sollte, die ungefähr zwanzig Meilen entfernt lag und von einem gewissen Fräulein Wooler, welche vierzig Jahre alt, gut und liebenswürdig war, geleitet wurde.

Ein Zeuge hat Charlotte bei ihrer Ankunft in der Schule beschrieben: sehr klein, das Aussehen eines zehnjährigen Kindes, in die zusammengesuchte Kleidung einer erwachsenen Person gesteckt und vor Angst erstarrt. Man fragte sie aus; in der Grammatik war sie gleich Null und in der Geographie sehr mittelmäßig; aber in der Literatur zeigte sie sich blendend. Unzählige Gedichte sagte sie mit einem starken irischen Akzent auswendig auf und sprach von den Autoren, als hätte sie sie persönlich gekannt. In der Politik konnte sie die Namen aller Minister der beiden letzten Regierungen aufzählen.

Ohne Zeit zu verlieren, ging sie mit dem ihr eigenen Fleiß daran, zu erwerben, was ihr fehlte. Außer im Sport, in dem sie durch ihr linkisches Benehmen und ihre körperliche Schwäche versagte, wurde sie in allen Fächern die Erste, und jeder fand das gerecht. Ihr Gedächtnis war ausgezeichnet. Sehr schnell erhielt sie die höchste Auszeichnung der Schule:

eine silberne Medaille, welche sie sich bei jeder Gelegenheit neu erwarb, so daß Fräulein Wooler sie ihr als Abschlußauszeichnung anbot, als sie Roe Head verließ.

Sie bildete sich auf ihre Schulerfolge überhaupt nichts ein. In ihren Augen war die Hauptsache, Wissen aufzuspeichern und ihre Fähigkeiten zu entwickeln. Besonders sammelte sie »die kleinsten Angaben über die Malerei, die Bildhauerkunst, die Poesie, die Musik, als wäre es Gold«. Einmal in der Woche schrieb sie an Branwell, um ihm ihre Entdeckungen mitzuteilen. Während des ganzen Tages und bis zum Einbruch der Dämmerung blieb sie über ihr Pult gebeugt, die Nase beinahe auf dem Buch, da sie sehr kurzsichtig war. Man sagte ihr, sie möge sich besser halten; dann warf sie den Kopf zurück, ohne das Lesen zu unterbrechen; das Buch wanderte mit und traf sich wieder mit der Nase. Die einzige Eitelkeit bei ihr bestand darin, daß sie sich hartnäckig weigerte, eine Brille zu tragen.

Sie half ihren Kameraden, die Sonntagsunterhaltungen zu organisieren; sie lieferte ihnen die Ideen, die Gedichte. Aber danach zog sie sich zurück, saß unter den Bäumen und zollte ihnen von weitem Beifall. Sie lebte natürlich auch hier weiter in ihren phantastischen Träumereien. Sie interessierte sich sehr für das Gespenst einer Dame im Seidenkleid, die — wie man sagte — in den Dachkammern herumgeisterte. Es bereitete ihr Vergnügen, den andern Schülern abends im Schlafsaal dramatische, ja sogar schreckliche Geschichten zu erzählen, die sie in Furcht versetzten, und die sie dennoch nicht müde wurden zuzuhören. Man stelle sich die Kinder vor, eingerollt unter ihren Decken, entzückt über ihre Angst, während sich in der Dunkelheit die zarte, erregte Stimme eines fünfzehnjährigen Kindes erhebt. Eines Nachts stieß Charlotte, durch ihre eigene Erzählung verstört, einen lauten Schreckensschrei aus.

Zu dieser Zeit ist Charlotte — und sie verändert sich später kaum — bescheiden und wie in sich selbst zurückgezogen, zart, beinahe leidend und hat winzige Füße und Hände. Auf den ersten Blick scheint sie jenen unzähligen jungen Engländerinnen zu gleichen, deren Bestimmung es ist, unbedeutende alte Jungfern zu werden: ein großer Mund, die Züge schlecht aufeinander abgestimmt; doch verwandelt sich ihr Gesichtsausdruck, wenn ein starkes Gefühl, Zorn, Begeisterung oder Schmerz, sie befällt: ihre Augen, bisher wie leblos durch die Kurzsichtigkeit, werden dann großartig, werfen auf dieses von langen Locken eingerahmte Gesicht einen leidenschaftlichen Schimmer. Man bemerkt nun, daß hier eine Seele, eine glühende Seele, aus diesem Wesen auftaucht, dem man keine Aufmerksamkeit schenkte, und das sich plötzlich enthüllt. Dann erlöscht das Leuchten wieder, und Charlotte fällt in ihr Schweigen, in ihre natürliche Scheu zurück, oder vielmehr, nach innen gewandt, überläßt sie sich von neuem ihren Betrachtungen. Aber ihre Gedanken quälen sie. Von Natur aus nervös und körperlich schwächlich, zuckt sie zusammen, ängstigt sich, ist empfindsam und weint. Eines Tages wurde sie in der Kirche ganz blaß, als man ihr sagte, daß sie auf Gräbern schreite, und als sie das Meer zum erstenmal sah, konnte sie ihre Tränen nicht zurückhalten. Sie versucht jedoch, ihre Empfindlichkeit und ihre Schwäche zu unterdrücken. Sie ist dazu geschaffen, um durch andere und durch sich selbst zu leiden. Sie hat ein zu starkes Bewußtsein ihrer Mängel; sie übertreibt ihre Verantwortlichkeit. Oft sieht man sie — und das verschlimmert sich mit den Jahren — von lähmenden Befürchtungen ergriffen. Niemand hatte weniger Vertrauen zum Leben als sie. Dieses Geschöpf, von einer so hellsichtigen Klugheit, von so entschlossenem Willen, wird das Opfer grundloser Befürchtungen, plötzlicher Verwirrungen, welche sie sich als Feigheiten und Mangel an Gottesglauben vorwirft. Denn Charlotte war aufrichtig und tief gläubig. Sehr ihrer Kirche und ihren religiösen Pflichten ergeben, kannte diese gute Protestantin gründlich die Bibel. Sie hatte eine besondere Vorliebe für den Propheten Jesaja, zweifellos wegen seiner dichterischen Gaben, wie auch wegen seiner Inbrunst. Und vielleicht war bei Charlotte der dramatische Zug der Einbildungskraft und der latente Pessimismus besser mit dem Alten Testament als mit dem Evangelium im Einklang. Sie betete viel; es war ihr ein Bedürfnis, unaufhörlich eine Beziehung zwischen ihr, die voller Demut und Reue war und dem himmlischen Vater, dessen Hilfe und Verzeihung sie erflehte, herzustellen. Wenn Prüfungen sie heimsuchten, so wurde dadurch zwar ihr Glaube nicht geringer, doch geriet er in Verwirrung; aber sie besiegte diese innern Schwankungen mit derselben Energie, mit der sie gegen die materiellen Schwierigkeiten kämpfte.

Wenn sie sich in Roe Head nicht an den Spielen ihrer Kameraden beteiligte und sich in ihre Bücher vertiefte, so geschah dies auch, weil sie sich andersgeartet fühlte. Das wirkte sich bei ihr nicht als Stolz, sondern eher in einer demütigen Haltung aus. Sie wußte noch nichts von ihrem Genie; sie bildete sich nicht ein, außerordentlich zu sein, sondern litt unter dem Gedanken, anormal zu sein, und wer außer ihrem Familienkreis interessierte sich für sie? Es fiel ihr nicht im Traume ein, zu glauben, daß man sie lieben könnte.

Dennoch war es in Roe Head, wo sie Mary Taylor und Ellen Nussey traf, zwei Wesen, die sie nach ihren Angehörigen am meisten liebte. Ellen hat erzählt, wie ihre Zuneigung begann. Neu in die Schule eingetreten, ging sie in eine leere Klasse, besichtigte sie genau bis sie merkte, daß sie nicht allein war. In einer Ecke, wie plötzlich aus dem Boden gewachsen, weinte schweigend ein kleines Geschöpf, ganz zusammengekauert, als schäme es sich, unglücklich zu sein.

Ellen, von Mitleid ergriffen, befragte sie, und Charlotte gestand, daß sie Heimweh habe. Einer Eingebung ihres Herzens folgend, sagte ihr Ellen, daß sie sicherlich bald für den gleichen Kummer bei ihr Trost suchen würde. Da hörte Charlotte auf zu weinen; sie reichten sich die Hand und blieben lange Seite an Seite sitzen, ohne ein Wort zu sprechen.

Die Briefe, welche Charlotte während ihres ganzen Lebens an Ellen Nussey geschrieben hat, sind von zartester Freundschaft und von einer unvergleichlichen Tiefe der Gefühle. Charlotte schrieb ihr so häufig, um Ellen die Treue ihrer Gegenwart zu bezeugen, um den Kontakt der beiden Herzen zu wahren. Sie befragt sie nach ihren Erlebnissen, sie berät sie, besonders bei der Auswahl ihrer Lektüre, sie warnt sie beispielsweise vor der Liebesleidenschaft, sie schulmeistert sie mit Autorität.

Diese Korrespondenz, Tagebuch einer Anhänglichkeit, die durch nichts hätte zerstört werden können, ist auch für die beharrliche und oft bedrückte Seele Charlottens das Mittel einer Gewissensprüfung, die Gelegenheit zu kurzen vertraulichen Mitteilungen. Sie hat jedoch zu Ellen nie von »Angria« gesprochen, hat ihr niemals ihre literarischen Pläne anvertraut und bis zur letzten Minute, selbst um den Preis einer ihrer seltenen Lügen, vor ihr verschwiegen, daß sie der Autor von »Jane Eyre« war. Zwischen diesen beiden Frauen gab es niemals indiskrete Ergüsse, Prahlerei. Charlotte wägt den Ausdruck ihrer Zuneigung ab, sie bekundet selbst eine feierliche Schwere, die manchmal beinahe pedantisch wird; aber man spürt die Zärtlichkeit in der Zurückhaltung.

Charlotte ahnte nicht, daß diese fünfhundert Briefe an Ellen Nussey eines Tages in zwei umfangreichen Bänden dem Publikum ausgeliefert sein würden. Jeder konnte so in die tägliche Intimität dieser so zurückhaltenden Frau eindringen, jede Zeile prüfen, sie auf seine Weise auslegen. Nun liefert dieser auf viele Jahre sich erstreckende Briefwechsel, in welchem nichts berechnet war, das unfreiwilligste und auch das schönste Bild von Charlotte mit ihrer herzergreifenden Traurigkeit, ihrem Lebenshunger, ihrer Liebe für Kultur, ihrem rauhen und stolzen Stoizismus, zu dem sich manchmal beißender Spott gesellt, ihren Gewissenszweifeln und ihrer Empörung, ihrer Bescheidenheit und ihrer Seelengröße. Ihr ganzes Leben ist darin enthalten, entmutigt und unaufhörlich wiederaufgerichtet, eintönig, entsagend, von Hoffnungen erhellt, von grausamen Leiden durchzuckt: das Leben einer der edelsten Frauen, die auf dieser Erde wandelten.

Ellen Nussey war ein ruhiges, liebevolles und nicht sehr kluges Mädchen, die Charlotte vorbehaltlos bewunderte. Mary Taylor dagegen, eigenwillig und unternehmungslustig, von offenem Geist und freimütigem Charakter, leicht aufbrausend, folgte Charlotte nicht in ihren Gewissenskonflikten; sie verstand nicht ihre Bemühungen, sich einen Zwang aufzuerlegen und sich ihm zu fügen. Manchmal stritt sie mit ihr. Sie bekannte sich in ihrer politischen Meinung zu einem weitgehenden Radikalismus und dachte über viele Fragen anders als Charlotte. Sie lieh ihr französische Romane. Sie erkannte nicht die vielseitigen Gaben der komplizierten Natur Charlottens und noch weniger ihr Genie. Als sie später erfuhr, daß sie der Autor von »Jane Eyre« war, drückte sie naiv ihr Erstaunen aus: »Es erscheint mir unglaublich,« teilte sie ihr mit, »daß Sie wirklich ein Buch geschrieben haben.«

Nach einem Aufenthalt in Belgien und nach manchen Schicksalsschlägen ging sie schließlich nach Neuseeland, trotz Charlottens Warnung und ihres Bedauerns. Es trieb sie die Neugierde, Länder zu sehen, und der Wunsch, ihr Leben neu aufzubauen. Charlotte schrieb ihr auch weiterhin; aber Mary vernichtete alle ihre Briefe.

*

1832 verließ Charlotte Roe Head, um nach Haworth zurückzukehren. Die gewohnte Existenz begann wieder. Hier eine Beschreibung, die sie selbst verfaßte:

»Morgens, ab neun Uhr, bis mittags um halb eins gebe ich meinen Schwestern Stunden und zeichne; dann gehen wir bis zum Mittagessen spazieren. Danach nähe ich bis zum Tee. Nach dem Tee lese ich, schreibe, beschäftige mich mit einer Arbeit, zeichne, je nachdem ich dazu Lust habe. So nimmt mein Leben einen sehr angenehmen, aber dennoch eintönigen Verlauf. Seit meiner Rückkehr bin ich nur zweimal ausgegangen, um mein Vesper außerhalb des Hauses zu nehmen. Wir erwarteten diesen Nachmittag einen Besuch, und nächsten Dienstag werden wir die Lehrerinnen der Sonntagsschule zum Tee bei uns haben.«

Charlotte, die oft bei den Nussey's zu Besuch war, lud auch ihre Freundin nach Haworth ein, wo sie von der Familie Brontë sehr freundschaftlich empfangen wurde. Ellen hat ihren ersten Besuch lebendig geschildert:

»Viele Meilen vor der Ankunft in Haworth war die Landschaft schon wild, beinahe unbewohnt geworden. Endlich erreichten wir an einer Stelle, die uns wie der Gipfel eines gewaltigen Berges erschien, einen so steilen Abhang, daß niemand gewagt hätte, im Wagen herunterzufahren. Das Pferd mußte mit vieler Mühe festgehalten werden. Am Fuße des Abhangs angekommen, mußte man auf einem engen, holperigen und gepflasterten Weg wieder hinaufsteigen: die Hufeisen des Pferdes blieben am Boden hängen, wie bei einer schwierigen Bergbesteigung. Als wir das Dorf erreichten, bot sich nirgends eine Weiterfahrt; aber man zeigte uns einen Weg, auf dem sich unser Wagen gerade durchquetschen konnte. Nun sahen wir die Kirche, und von dort führte uns ein kurzes Gäßchen zum Gartenzaun des Pfarrhauses. Charlotte, welche uns kommen gehört hatte, erwartete uns.«

Einige Seiten weiter beschreibt Ellen ihre Spaziergänge über die Heide, «durch Schluchten und kleine Täler«, und diese Zeilen berühren uns besonders, weil sie die Brontës einmal in einer glücklichen und beinahe sorgenlosen Periode zeigen:

»Die steilen Böschungen und das plätschernde Wasser waren unsere Freuden. Emily, Anne und Branwell durchwateten die Bäche, halfen uns sie zu überqueren, indem sie aus Steinen Brücken bauten. Wir bummelten glücklich herum, betrachteten jedes Moos, jede Blume, jede Farbe und jede

Form. Emily empfand besonders viel Freude am Auskundschaften verborgener, reizvoller Winkel, und für eine gewisse Zeit verschwand ihre Zurückhaltung.

Eines Tages führte uns ein langer Spaziergang sehr weit fort, bis zu jener Emily und Anne vertrauten Stelle, die sie das »Rendezvous der Gewässer« nannten. Das war eine schmale, smaragdgrüne Grasfläche, wo hie und da kleine, helle Quellen hervorsprudelten. Einige breite Steine dienten zum Ausruhen. Dort sitzend, waren wir vor der übrigen Welt verborgen; man sah nichts als meilenweites Heideland, einen herrlichen, blauen Himmel und eine strahlende Sonne. Ein frischer Wind fächelte uns angenehm. Wir lachten, amüsierten uns und beschlossen, uns von nun an das Quartett zu nennen.

Emily, halb auf einer Steinplatte liegend, spielte wie ein Kind mit Kaulquappen, versuchte sie zum Schwimmen zu bewegen, schwatzte über starke und schwache, brave und feige, indem sie sie mit der Hand hartnäckig verjagte.«

Um ihren Lesehunger zu befriedigen, beschlossen die Brontës, ein Abonnement in der Bibliothek von Keighley zu nehmen. Was sie vor allem interessierte, das war die Poesie, die Romantik Byrons und Scotts, das Naturgefühl bei Southey und bei Wordsworth. Charlotte hatte eine Schwäche für das Buch von Moore »Das Leben Byrons«. Sie unterhielten sich endlos über ihren Lesestoff, sei es beim Nähen in der Kaminecke, sei es — nach ihrer Lieblingsgewohnheit — beim Auf- und Abgehen nebeneinander im Sprechzimmer. Im Verlauf dieser endlosen Gespräche, in der engen Intimität ihrer gemeinsamen Spaziergänge oder ihrer Hausarbeiten gedachten sie auch ihrer materiellen Schwierigkeiten. Sie machten Pläne; sie versuchten, »sich zu organisieren«, denn das Glück, sich wieder beieinander zu befinden, war unbeständig, und die schreckliche Geldfrage drängte sich ihnen bei jeder Zusammenkunft auf.

Im Jahre 1835 willigte Charlotte ein, nach Roe Head zurückzukehren, doch diesmal als Lehrerin mit sechzehn Pfund

Die Heide von Haworth

Die Heide von Haworth

Jahresgehalt. Sie war neunzehn Jahre alt. Sie nahm Emily als Schülerin mit, und auch Anne kam später hin. Aber Emily konnte sich nicht einleben. Schweigend, unnahbar, verstand sie sich nicht mit ihren Kameraden, oder vielmehr sie überging sie. Sie war gänzlich befallen und wie zermartert vom Heimweh.

»Jeden Morgen beim Erwachen«, schreibt Charlotte, »erstand vor ihr das Bild des Elternhauses und der Heide und machte den Tag düster und traurig, den sie zu leben hatte. Niemand außer mir wußte, was ihr weh tat. Ich habe es allzugut gewußt. Durch diesen inneren Kampf wurde ihre Gesundheit zerrüttet; ihr blasses Gesicht, ihre Magerkeit, das Abnehmen ihrer Kräfte wurden beunruhigend. Mein Herz verstand, daß sie sterben würde, wenn sie nicht nach Hause zurückkehrte, und so setzte ich es durch, daß man sie zurückrief. Sie blieb nur drei Monate in der Schule.«

Die zweite der Brontë-Kinder vertrug die Berührung mit der Welt noch viel schlechter als die Aelteste, selbst wenn diese begrenzte Welt nur eine kleine Schule auf dem Lande war. Charlotte, so oft niedergeschlagen und tiefen Demütigungen unterworfen, kannte jedoch auch — wie alle Aengstlichen — das plötzliche Zurückkehren der Lebensfreude, begeisterte Anwandlungen, die um so rascher kamen, als ihr Sturz ins Dunkle tief gewesen war. Sie litt; aber sie kämpfte. Sie hatte Freundinnen gefunden. Sie betete. Emily dagegen, immer einsam, unfähig, sich durch Anvertrauen zu erleichtern, siechte dahin, ohne einen Laut zu sagen. So zurückhaltend Charlotte war, so beobachtete sie doch die andern, bot ihnen die Stirn. Emily schloß sich in sich selbst ein, widmete sich einem Gedanken, den sie mitzuteilen nicht für nötig fand. Sie brauchte Haworth, weil sie sich nur dort ohne Aufsicht entfalten konnte. Sowie sie zum Pfarrhaus zurückgekehrt war und Tabby, die Hunde und vor allem die offene Heide wiedergefunden hatte, kamen ihre Kräfte zurück.

Später, durch Not gezwungen, macht sie eine andere Erfahrung in Halifax als Gehilfin von Fräulein Patchett, die ein Mädchenpensionat leitete. Sie unterwirft sich dort einer strikten Disziplin und gehorcht den Ansprüchen eines anstrengenden Tagesprogramms; denn Emily war nicht jemand, der auf sich selbst Rücksicht nahm und sich beklagte. Weniger unbeständig als ihre ältere Schwester, schien sie, oberflächlich besehen, unbeugsam. Doch wie gewisse wilde Tiere, die in Gefangenschaft zugrunde gehen, verzehrte sie sich schweigend. Wenn man sie nicht von einer sie bedrükkenden Arbeit befreite, gegen die sie sich aber nicht auflehnte, wäre sie daran gestorben, ohne vom Platz zu weichen.

Sie verließ Halifax, um nach Haworth zurückzukehren, das sie nicht mehr verlassen sollte außer für einen Aufenthalt in Brüssel. Es war beschlossen, daß sie von nun an zu Hause blieb und nur ihre Schwestern versuchen würden, außerhalb des Hauses Verdienstmöglichkeiten zu finden.

Während dieser Zeit lebte sich Charlotte in Roe Head eifrig in ihre Tätigkeit als Lehrerin ein, obwohl sie merkte, daß sie sich kaum für den Unterricht eignete. Sie unterhielt herzliche Beziehungen mit Fräulein Wooler, die sie bewunderte, sie wegen ihrer inneren Konflikte und ihrer körperlichen Leiden bemitleidete und sie veranlaßte, auszugehen und sich zu zerstreuen. Vergeblich. Charlotte war von neuem ihrer Melancholie verfallen. Manchmal dachte sie an »Angria«; sie versuchte, die Dramen von Verdopolis nochmals zu erleben, die himmlischen Geschöpfe, die gebieterischen und verführerischen Herren, mit welchen sie in den erfundenen Ländern Umgang hatte, wiederzusehen. Aber die Sinnestäuschung war schwächer und ihre Gespensterwelt wurde farblos. Ihre Nervosität wuchs: sie zuckte beim geringsten Geräusch zusammen, und manchmal, wenn man sie unvorhergesehen ansprach, konnte sie einen Schrei nicht zurückhalten. Einmal hörte sie neben sich die Stimme einer unsichtbaren Person: sie sagte ihr unbekannte Strophen auf, welche an die Gesänge von Jesaja erinnerten. Die Dunkelheit versetzte sie in Schrecken. Gezwungen und verzweifelt mußte sie durch diese schreckliche Angst stets von neuem hindurchgehen.

Diese körperliche Angst, die später in dem Maße zunimmt, als sie durch die Ereignisse gerechtfertigt erscheint, die sie die kleinsten Niederlagen übertreiben und bevorstehende Katastrophen befürchten lassen wird, suchte sie ihr ganzes Leben lang heim; doch war sie zweifellos mit ihrem Genie einer Romanschriftstellerin verbunden. Ihre innere Welt, durch Stürme und plötzliche Ausbrüche erschüttert, mit Schatten stark belastet, von geheimnisvollen Strahlen durchbrochen, hat allen ihren Werken als Grundlage gedient: sie haben davon die Farbe, den dramatischen Zug erhalten. Und sie hat Romane erfunden, um sich von ihrer Unruhe zu befreien. Jane Eyre und Lucy Snowe, die an ihrer Stelle leiden, bringen ihr Erleichterung. Man erkennt in der Darstellung dieser Kinder ihres Geistes nicht allein die Wünsche Charlotten's, ihr plötzliches Entfliehen, sondern auch ihre Aengste, ihren panischen Schrecken, sogar ihren Fieberwahn; der ganze Schluß von »Villette« z. B. ist die Beschreibung einer Nervenkrise.

Jedoch in Erwartung dieser zukünftigen Erlösung nährte sie manchmal ihre Schrecken mit allzu wirklichen Motiven. Ihre Sorgen wegen Emily und Branwell, wenn auch übertrieben, waren nicht ohne Begründung. Branwell, nach London abgereist, wo er in die Kunstschule der Kgl. Akademie eintreten sollte, war kurze Zeit danach wieder in das Vaterhaus zurückgekehrt, ohne ausreichende Erklärungen dafür zu geben. Wie Emily kam er nach Haworth, nach fehlgeschlagenen Erfahrungen, wie zu einem Zufluchtsort zurück. Waren die Brontës tatsächlich nicht nur unfähig, sich ihren Lebensunterhalt zu verdienen, sondern auch sich der Wirklichkeit anzupassen? Würden sie niemals wie alle andern handeln können?

Nun waren sie von neuem vereinigt und glücklich, sich nach der ihnen unverständlichen Fremde wieder zusammenzufinden und einander ähnlich zu sein. Es ist um die Weihnachtszeit. Alle vier ziehen, wie so oft, ihre geringe Bilanz, überprüfen ihre Mittel und beginnen von neuem sich zu fragen, wo sie das nötige Geld auftreiben sollen. Wie könnten sie sich nützlich machen?

Sie befragen sich leidenschaftlich, mit Vorliebe abends. Ihr Vater ist eben verschwunden, nachdem er, seiner pünktlichen Gewohnheit entsprechend, die große Uhr in der Mitte des Treppenflurs aufgezogen hat. Wieder hat er zu ihnen gesagt: »Kinder, geht nicht zu spät schlafen.« Dann hat ihnen die Tante »gute Nacht« gewünscht. Der Tag ist beendet. Jetzt beginnen sie im Sprechzimmer des Erdgeschosses, wo sie sich stets aufhielten, auf und ab zu gehen. Sie haben aus Sparsamkeit die Kerzen ausgeblasen. Draußen ist die Winternacht, die Einsamkeit einer wilden, unter Schnee begrabenen Landschaft. Alle schlafen in Haworth. Und während das Feuer ihre Schatten auf den gekalkten Wänden hin und her bewegt, entwerfen die fast unsichtbaren Brontë-Kinder phantastische Pläne.

Wenn sie versuchen würden, aus ihren literarischen Arbeiten Nutzen zu ziehen? Diese neue Aussicht erregte und amüsierte sie. Charlotte schrieb an Southey, den »Poeta laureatus«, und schickte ihm ihre Gedichte, und Branwell schrieb an Wordsworth. Dann warteten sie, lauerten jeden Tag auf den Briefträger. Natürlich kannten sie diese beiden berühmten Dichter nicht, überhaupt kannten sie niemand; aber sie empfanden ein niegekanntes Vertrauen, das sie entzückte.

Und dann verging die Zeit, ohne Antwort zu bringen. Wieder einmal überfiel sie die Enttäuschung. Mehrere Monate später, nachdem sie jede Hoffnung begraben hatten, entschloß sich Southey, an Charlotte eine Antwort mit vernünftigen Ratschlägen zu richten. Er sprach seine Anerkennung für ihr Talent in der Dichtkunst aus, aber warnte sie vor Enttäuschungen, die ein literarischer Beruf mit sich bringt. Sie sollte Gedichte für sich selbst verfassen, ohne den Wunsch, berühmt werden zu wollen. Eine Frau hat anderes zu tun, als zu schreiben, und je mehr Pflichten sie zu erfüllen hat, je weniger Zeit wird sie zum Träumen haben. Charlotte antwortete Southey, um ihm zu danken und sich zu entschuldigen, ihm einen unüberlegten Brief geschickt zu haben. Und in einem ziemlich stolzen Versuch der Rechtfertigung legte sie ihm dar, daß sie als die älteste Tochter eines vermögenslosen Pfarrers Lehrerin geworden war, um sich ihr Brot zu verdienen, und daß sie niemals jemand mit ihren Träumereien belästigt habe. »Ich bin überzeugt, daß ich keinen Ehrgeiz mehr empfinden werde, meinen Namen gedruckt zu sehen; wenn er aber wieder auflebte, würde ich den Brief von Southey nochmals lesen.«

Southey, betroffen von dem Ton dieser Unbekannten, beeilte sich diesmal, ihr zu antworten, indem er vorschlug, sie möge ihn besuchen, wenn sie einmal in die Gegend der Seen käme. Aber sie hatte nicht genügend Geld für die Reise. Vielleicht versteckte sich hinter der Dankbarkeit, die sie Southey bezeugte, auch eine Demütigung, welche sie nicht zu vertiefen wünschte. Viel später, als sie berühmt geworden war, hatte sie die Gelegenheit, sich in jene Gegend zu begeben, doch Southey war schon tot.

Charlotte verzichtete also, daraus Nutzen zu ziehen, was sie für ihre literarischen Talente hielt. Es blieben noch ihre künstlerischen Gaben. Sie kannte die Malerei nur durch mittelmäßige Reproduktionen, aber sie liebte es, von ihr zu sprechen, wahrscheinlich in naiver Weise. Sie verbrachte Stunden in Betrachtung von Stichen und kopierte sie in allen Einzelheiten. Sie zeichnete mit Eifer, führte Kompositionen mit übertriebener Sorgfalt aus. Aber ihre Kurzsichtigkeit wurde schlimmer, sie mußte auch auf dieses Vergnügen verzichten und somit die Hoffnung aufgeben, Malerin zu werden.

Um diese Zeit geschah es, daß Tabby, die gute, liebe Tabby, die jetzt siebzig Jahre alt war, an einem frostigen Wintermorgen in der steilen Dorfstraße ausglitt und sich das Bein brach. Man brachte sie ins Pfarrhaus, legte sie zu Bett, pflegte und verhätschelte nun einmal sie. Nach einiger Zeit, nachdem die Heilung gut fortschritt, schlug Fräulein Branwell ihrem Schwager vor, die alte Dienstmagd solle sie verlassen, um bei ihrer Schwester zu leben. Ihre Mittel erlaubten es ihnen nicht, sie zu behalten, nachdem sie nicht mehr arbeitsfähig war.

Herr Brontë zögerte erst. Schließlich gab er seine Zustimmung, beschloß jedoch, Tabby eine kleine Pension für den Fall auszusetzen, daß ihre Geldmittel erschöpft sein würden. Aber zum ersten Mal in ihrem Leben widersetzten sich die Mädchen. Sich von Tabby zu trennen, ihrer geliebten, alten Freundin, die mit ihren Kindheitserinnerungen so verbunden war, nur weil sie nicht mehr arbeiten konnte — niemals. Am Abend des Tages, an dem ihr Vater ihnen seinen Entschluß mitteilte, rührten Charlotte, Emily und Anne, schweigend und traurig, ihre Mahlzeit nicht an. Das wiederholte sich auch am nächsten Tage. Dieser entschiedenen Opposition gab der Vater nach. Tabby blieb, gebrechlich wie sie war, im Pfarrhaus. Und die drei Schwestern versahen an ihrer Stelle ihre Arbeit.

Dann nahm Charlotte ihre Beschäftigung bei Fräulein Wooler wieder auf und brachte Anne mit. Die Schule war seit einiger Zeit von Roe Head nach Dewsbury Moor, einem feuchten entlegenen Ort verlegt worden. Anne begann zu husten und an Schmerzen in der Seite zu leiden. Sie war die sanfteste, gehorsamste, weichste, aber auch die schwächlichste unter den drei Schwestern.

Als Charlotte ihre Hustenanfälle hörte, war sie entsetzt. Die Erinnerung an Maria und Elisabeth beschlich ihr Herz. Sie beschloß, ihre Schwester sofort nach Haworth zurückzubringen und ihre Lehrerstelle zu verlassen. Fräulein Wooler war sehr erregt über diese Abreise. Charlotte warf ihr in ihrer übertriebenen Angst vor, den Zustand von Anne nicht ernst genug zu nehmen, und einige etwas lebhafte Worte wurden gewechselt. Fräulein Wooler weinte. Von ihren Tränen gerührt, ließ Charlotte ihr die Hoffnung, daß sie vielleicht zurückkomme.

Dieser winzige, schnell vergessene Streit ist neben anderem

ein Symptom, welches zeigt, wie trotz ihrer Selbstverleugnung, ihrer Schüchternheit, in Charlotte ein heftiges, kämpferisches, ein Yorkshirer Temperament grollte, vor allem dann, wenn es sich um ihre Angehörigen handelte. War diese Aufwallung vorüber, dann warf sie sich ihre kurzen Anfälle der Ungeduld vor und beugte sich wieder unter das Joch der Pflicht.

Die zwei ältesten Brontë-Töchter sind nur dem Anschein nach bescheidene und schüchterne junge Mädchen. Trotz ihrer körperlichen Zartheit, sind sie fähig, Gewalttaten zu begehen, die sie übrigens sofort unterdrücken oder in spöttische Bemerkungen ableiten. In ihrem Innern aber, vor allen verborgen, brodelt eine beinahe wilde, heftige Glut. Sie müssen es in Romanen gestehen, damit die Macht der Leidenschaft, die in diesen streng disziplinierten Geschöpfen wohnt, in Erscheinung tritt.

*

Mittlerweile erhielt die sehr erstaunte Charlotte ihren ersten Heiratsantrag. Es handelte sich um Ellens Bruder, Henry Nussey, einem jungen, gut aussehenden Pastor. Er kannte sie seit langem und schätzte die Freundin seiner Schwester ebenso sehr, wie er sie zu lieben glaubte. Vielleicht war die Achtung stärker als die Liebe. Er dient in einigen Zügen als Modell für Saint-John in »Jane-Eyre«.

Wird Charlotte diesem Wink des Schicksals folgen? Nein. Sie hielt sich von Henry Nussey fern, obwohl sie ihn sympathisch, ja, sogar verführerisch fand, und er tröstete sich schnell darüber. Sie fühlte nicht »die starke Verbundenheit«, schreibt sie, »die mich bereitwillig für ihn sterben lassen würde. Und wenn ich mich jemals verheirate, müßte ich eine wirkliche Verehrung für meinen Gatten empfinden.«

Sie gehorchte nicht einer übertriebenen Anmaßung, einer romantischen Zügellosigkeit. Sie wollte gegen Henry Nussey ehrlich sein. Sie hatte eine zu hohe Vorstellung von der Liebe und sah zu klar, um ihre Gefühle zu überschätzen oder zu heucheln, was sie nicht empfand. Sie wußte wohl, daß sich nach dieser Weigerung keine neue Gelegenheit zum Heiraten finden würde, aber »n'importe« (das macht nichts), fügte sie französisch hinzu.

Und dennoch bot sich die Gelegenheit im folgenden Jahre nochmals. Herr Brontë plante, einen Vikar anzustellen. Ein Bewerber suchte ihn auf. Es war ein Ire namens Bryce. Er erschien Charlotte »geistreich, lebhaft, feurig und auch klug; aber es fehlte ihm die Würde und die Zurückhaltung eines Engländers.« Er machte ihr Komplimente, und sie zog sich erschrocken in sich selbst zurück. War es Mangel an »Würde« oder an »Zurückhaltung«, der junge Bewerber schrieb einige Tage darauf Charlotte einen feurigen Brief und hielt um ihre Hand an. Sie wies ihn glatt ab.

Sie war überzeugt, daß sie dazu geschaffen war, eine alte Jungfer zu bleiben. »Ich habe mich seit meinem zwölften Lebensjahr damit abgefunden«, sagte sie, was beweist, daß sie schon sehr früh begonnen hatte, von der Heirat zu träumen. Zwei Jahre später fügt sie hinzu: »Ich bin überzeugt, daß ich mich niemals verheiraten werde.« Sie war von dem übrigens ungerechtfertigen Gefühl ihrer Häßlichkeit besessen. Vielleicht stammte es von Roe Head her, wo eines Tages die barsche und grobe Mary Taylor ihr erklärte, sie wäre abscheulich. Später bereute Mary dieses Wort, das unauslöschliche Spuren hinterlassen hatte. Aber Charlotte tröstete sie: »Sie haben mir viel Gutes getan, Polly, bedauern Sie es nicht.« Sie schreibt: »Es ist weder ein Verbrechen, sich zu verheiraten, noch ein Verbrechen, die Heirat zu wünschen, aber es ist für Frauen, die weder Vermögen noch Schönheit besitzen, eine Tollheit, die ich mit Verachtung zurückweise, die Heirat zum Hauptgegenstand ihrer Wünsche und ihrer Hoffnungen und zum Ziel aller Handlungen zu machen, sich nicht davon überzeugen zu können, daß sie nicht anziehend sind und besser daran tun würden, sich ruhig zu verhalten und an andere Dinge zu denken, als an die Fesseln der Ehe.«

Niemals sah Charlotte junge Leute, außer die Stellvertreter ihres Vaters, die sie neckte und nicht ernst nehmen konnte; diese so scharfsinnige Kurzsichtige las in der naiven Seele dieser braven Jungen. Da war William Weightman, ständig verliebt, der versuchte, ihr den Hof zu machen, dann aber in der Kirche seufzte und die Augen von seinem Gebetbuch erhob, um die Aufmerksamkeit von Anne zu erregen. Er machte auch Ellen Nussey, als sie zu Besuch in Haworth weilte, den Hof. Charlotte entwarf sein Porträt. Emily fand ihn erträglich, sogar ziemlich unterhaltsam, und sie gaben ihm wegen seines feinen und angenehmen Aussehens den Spitznamen »Fräulein Celia Amelia«. Ellen warnte Charlotte davor, sich in ihn zu verlieben, und Charlotte gab diesen Rat belustigt ihrer Freundin zurück. Eines Tages führte er die drei Fräulein Brontë nach Keighley, wo er einen Vortrag hielt, und sie kehrten erst nach Mitternacht zurück. Tante Branwell, die für ihre Nichten Kaffee bereitet hatte, wurde unwillig, als sie auch ihn auftauchen sah. Dank dieses liebenswürdigen Jungen und seiner Fröhlichkeit schien das Leben in Haworth um diese Zeit heiterer zu werden. Schließlich verließ Weightman sie, um sein schönes Gesicht und sein empfängliches Herz wo anders spazieren zu führen. Wenige Jahre danach starb er. Mit dieser einen Ausnahme beweist sonst »Shirley« klar genug, daß Charlotte die Vikare ihres Vaters niemals anders als mit einer ziemlich harten Ironie bedachte.

Jedoch darf man auf die Selbstverleumdung von Charlotte nicht hereinfallen. Wenn sie schlecht von ihrem Aussehen sprach, so war es sicherlich aus Bescheidenheit. Aber sie übertrieb dies, um nicht den Stolz einer Frau zu verraten, die — da sie nicht sehr schön war — es vorzog, sich für sehr häßlich zu halten, um auf diese Weise ein peinliches Thema nicht mehr erörtern zu müssen. Gewisse gewollte Demütigungen sind auch eine abergläubische Art, das Schicksal zu entwaffnen. Tatsächlich warben um Charlotte mindestens vier- oder fünfmal Männer, denen nicht nur ihre reine Stirn, eingerahmt von schönen Hängelocken, und ihre zarte Erscheinung, die nach Schutz rief, verführerisch erschienen, sondern auch dieser herrliche Blick, der sich plötzlich auf sie richtete, Verkünder einer geheimnisvollen und starken Persönlichkeit. Charlotte war weit mehr als sehr hübsch.

Wenn sie immer erklärte, daß sie sich nicht verheiraten würde, wenn sie nicht zögerte, die sich bietenden Anträge zurückzuweisen, wenn sie lange Zeit hindurch zum Vorwand nahm, ihren Vater nicht verlassen zu wollen, so geschah dies — bewußt oder unbewußt — weil sie sich für ihre Hauptaufgabe, Romane zu schreiben, frei halten wollte. Southey hatte sie in seinem Brief vor der Literatur gewarnt, indem er auf die besonderen Pflichten der Frau verwies, aber er hatte ihr dadurch die Schlußfolgerung eingegeben, daß eine Frau sich nicht verheiraten dürfe, wenn sie schreiben wollte.

Tatsächlich verfaßte Charlotte zu jener Zeit zwei Romane: einen, den sie »Caroline Vernon« nannte, und einen andern im Stil von Richardson; kühn schickte sie dies letztere Werk Wordsworth unter einem erfundenen Namen zu. Der Dichter beschränkte sich darauf, ihr dafür zu danken, und sie antwortete ihm in ungeniertem, sogar höhnischem Ton und dabei blieb es.

*

Die Heirat abgelehnt, die Literatur unmöglich, die Malerei außer Frage gestellt, mußte sie sich von neuem dem Unterricht zuwenden. Einige Zeit vorher und während Anne von der Familie Ingham in Blackhall angestellt worden war, trat Charlotte in Stonegappe bei der Familie Sidgewick als Gouvernante ein. Das Haus und der Park gefielen ihr; »grüne Rasenflächen unter einem sonnigen Himmel«, schrieb sie an Emily.

Aber ihre Arbeitgeber waren »eitel wie die Pfauen und reich wie Juden«, die Kinder bösartig und schwierig. Eines Tages warfen sie ihr eine Bibel an den Kopf; ein anderes

Mal verletzten sie sie mit einem Stein. Unmöglich sie zu bestrafen: die Mutter tadelte die Gouvernante, wenn sie sich über die Kinder beklagte. Frau Sidgewick interessierte sich nicht für dieses unscheinbare Geschöpf, welches sie bezahlte; unaufhörlich nörgelte sie an ihr herum und warf ihr melancholisches Aussehen vor. Charlotte mußte nicht nur die Kinder unterrichten und unterhalten, sondern auch endlose Schneiderarbeiten verrichten: Puppen bekleiden, meterlangen Batist umsäumen, Mousseline-Nachthauben verfertigen. Und Charlotte, von dieser Arbeit bedrückt, aber mehr noch enttäuscht darüber, daß sie bei Frau Sidgewick weder Takt noch Sympathie fand, ruft aus: »Eine Gouvernante wird nicht als lebendes und denkendes Wesen betrachtet!«

So kamen für sie wieder Stunden der Niedergeschlagenheit, in denen sie gegen ihre Aengstlichkeit ankämpft und sie nur verstärkt. Sie konnte sich noch so oft vorhalten, daß das Mißgeschick eine gute Schule ist und man, arm und abhängig, seinen Stolz daran setzen muß, Ausdauer zu beweisen; sie konnte es dennoch nicht verhindern, in Bitternis und Traurigkeit zu verfallen.

Eines Tages, beim Abendessen, hatte eines der Kinder, ein kleiner Junge von zehn Jahren, den Einfall, seine Hand in ihre zu legen und ihr zu sagen: »Ich liebe Sie, Fräulein Brontë!« Entrüstet rief die Mutter: »Wie kann man die Gouvernante lieben, mein Kind!«

Nachdem sie die Sidgewicks verlassen hatte — sie blieb bei ihnen kürzere Zeit, als es ihre Klagen vermuten ließen — kehrte Charlotte nach Haworth zurück und unternahm erst zwei Jahre später, 1841, bei anderen Leuten einen neuen Versuch. Auch Anne trat wieder in Stellung. Sie ging nach Thorp Green in der Nähe von York, zum Pastor Edmund Robinson, wo später auch Branwell als Erzieher wirkte und wo sie vier Jahre blieb. Sie war dort nicht sehr glücklich, ergab sich aber in ihr Schicksal. Sie suchte Trost in Gondaland und schrieb dort, ohne jemand etwas zu verraten, eine

Geschichte in vier Bänden, »Das Leben der Solala Vernon«, die unbekannt bleibt.

Charlotte war ihrerseits in Upperwood House, in Rawdon, von der Familie Whites als Gouvernante angestellt worden. Dort geriet sie, sagt sie sofort entrüstet, mit einer hochmütigen und gewöhnlichen Dame in Streit, die die Neigung hatte, Auftritte herbeizuführen, die keinesfalls »ladylike« waren. Die Kinder waren lärmend, doch erreichte sie bei ihnen Fortschritte.

Sie litt darunter, überwacht, getadelt und als Dienstbote behandelt zu werden. Sie, die ein solches Bedürfnis nach Vertrauen hatte, litt unter der Verpflichtung, eine unempfindliche und strenge Miene aufsetzen zu müssen. Und vor allem, in dem Maße, als dieser Zustand anhielt, litt sie unter den ermüdenden und untergeordneten Arbeiten, die sie verrichten mußte und die ihre geistige Regsamkeit erstickten. Sie konnte nur abends, wenn alles schon schlafen gegangen war, in ihrem Zimmer lesen und schreiben. Ihr Geist lehnte sich dagegen auf, daß er so verkümmerte. Dieser unerträgliche Zustand entriß ihr heftige Klagen.

Mary Taylor schickte ihr aus Brüssel, wo sie bei Freunden zu Besuch weilte, einen seidenen Schal und Handschuhe, die Charlotte viel zu schön für sich fand. Marys Briefe sprachen von Gemälden, von Kirchen, von der Menschenmenge in den Straßen. Aus diesen Zeilen vernahm Charlotte den Ruf der unermeßlichen Welt. In ihrer ländlichen Einsamkeit, in diesem »Lande Aegyptens und diesem Hause der Knechtschaft«, wie sie biblisch ihren Aufenhaltsort nannte, empfand sie herzzerreißend den Wunsch, etwas anderes kennen zu lernen, ihre Intelligenz und ihr Herz weit zu öffnen, endlich sich vollenden zu können, wie sie es innerlich vorausahnte.

Und nach diesen »absurden« Aufwallungen, wie sie es nannte, hielt sie es für unmöglich, ihr Verlangen zu verwirklichen und verfiel in tiefe Verzweiflung.

Was trotz alledem ihr den schwachen, zum Leben nötigen Hoffnungsschimmer erhielt, war der Plan der Gründung einer kleinen Schule, den sie mit ihren Schwestern entworfen hatte. So würden sie wenigstens nicht mehr unter Fremden getrennt leben, sondern vereint und unter ihrem eigenen Dach. So auch würden sie schließlich ihr Brot verdienen. Ein solch bescheidener Plan beschäftigte Jahre hindurch die Brontëtöchter und bildete die äußerste Grenze ihres Ehrgeizes.

Fräulein Wooler, die von ihren Absichten erfahren hatte, bot ihnen an, sie wieder in Dewsburry Moor anzustellen. Aber Charlotte erinnerte sich des furchtbaren Hustens und des Fiebers, die Anne dort bekommen hatte. Sie lehnte das Angebot ab. Andererseits war sie sich darüber klar, daß sie, um mit einiger Aussicht auf Erfolg unterrichten zu können, ihr Wissen ergänzen müßten, vor allem in den fremden Sprachen und den Künsten.

Da kam sie durch die unternehmungslustige Mary Taylor auf den Einfall, eine Lehrstelle auf dem Festland anzunehmen, vielleicht in Lille oder besser noch in Brüssel. Charlotte hatte sich schließlich mit den Whites besser verstanden, die ihrerseits anerkannten, daß ihre kleine Gouvernante nicht ohne Verdienste war; sie unterbreitete ihnen ihren neuen Plan, und sie ermutigten sie. Sie dachte, Emily könnte sie begleiten. Aber würde das nicht bedeuten, Anne zu opfern? Nein, denn sie wird später auch Nutzen aus diesem Aufenthalt ziehen können, wenn er ihnen allen die Eröffnung der Schule ermöglichte. Um die Gründung in Gang zu bringen, hatte sich Tante Branwell erboten, hundert Pfund zu leihen, die sie ihren bescheidenen Ersparnissen entnahm. Charlotte bat, davon einen Teil für die Reise- und Aufenthaltskosten beiseite zu legen. Sie erbot sich, in sechs Monaten die französische Sprache geläufig zu beherrschen, ihr Italienisch zu vervollkommnen und sogar ein wenig Deutsch zu lernen.

Zweifellos war dies ein verwegener Plan, vermessen sogar, aber ohne Kühnheit konnte man nichts erreichen. Als ihr Vater Irland verließ, um nach Cambridge zu gehen, hatte er eine weit größere Kühnheit bewiesen. Charlotte bestand darauf, verteidigte den Plan, entschlossen zu überzeugen, und war diesmal endlich voller Vertrauen.

Die Tante willigte ein, die nötigen Geldmittel zu geben. Ein Kollege von Herrn Brontë war mit dem Kaplan der britischen Botschaft in Belgien verwandt. Man informierte sich bei ihm und er empfahl das Pensionat Héger, mit welchem man sich brieflich verständigte. Während Anne mutig zu den Robinsons als Gouvernante zurückkehren wird, werden also die beiden Aelteren nach Brüssel gehen.

Der Tag der Abfahrt war festgesetzt; er näherte sich, und ihre Erregung nahm zu. Sie bereiteten ihre bescheidene Kleidung vor, nahmen in Briefen von den Nusseys und Fräulein Wooler Abschied. Ein letztes Mal gingen sie mit den Hunden über das Moor. Und endlich, im Februar 1842, begleitet von ihrem Vater, fuhren sie nach London.

Sie blieben dort einen Tag und zwei Nächte und wohnten in Paternoster Row im »Chapter Coffee House«. Das war ein alter Gasthof, so nah der Sankt-Pauls Kirche, daß das Schwingen der Glocken in ihren Zimmern vernehmbar war. Er existiert noch, ebenso wie die düstere und enge Gasse. Einst stiegen dort Gelehrte und Geistliche ab. Man bewahrte dort die Erinnerung an Goldsmith, den Doktor Johnson und den unglücklichen Chatterton.

Die Brontës irrten in London herum. Niemals hatten sie so viele Menschen gesehen, so viele Häuser, einen solchen Verkehr und so viel Gleichgültigkeit. Sie besuchten die Sankt-Pauls-Kathedrale. Dann schiffte sich das Trio, von Mary Taylor und ihrem Bruder begleitet, die erfahrener als diese bestürzten Provinzler waren, auf der Themse ein. Nach einer Ueberfahrt, die ihnen lang und schwierig erschien, erreichten sie das Festland, diesen sonderbaren Teil der Welt, wo niemand den Engländern glich. Dann fuhren sie von Ostende nach Brüssel.

Herr Brontë geleitete seine beiden Töchter in das Pensionat Héger, nahm von ihnen Abschied und kehrte eilig zu seinem Pfarrhaus zurück, das er nie mehr verlassen sollte.

VI.

Der Aufenthalt in Brüssel.

Alles in ihrer neuen Umgebung erregte gleich zu Anfang Anstoß und schüchterte sie ein: der laute Tonfall der Stimmen, die fremden Worte, die sie nicht immer erfaßten, die so verschiedenartige Ernährungsweise, der Mangel an Hygiene, die unbekannten Gebräuche, die Schuldisziplin. Sie fanden die anderen Schüler, die um zehn Jahre jünger als sie waren, unverschämt. Sie verabscheuten den Katholizismus, und die frommen Gebräuche ihrer Kameraden erschienen ihnen wie kindische Götzenverehrung.

So weit von Haworth entfernt, fühlten sie sich hoffnungslos arm, unwissend, unverstanden. In ihrer Verwirrung zeigten sie sich so weit es nur möglich war als Insulaner, widerspenstig und hochmütig. Aber der Feindschaft gegenüber, mit der man darauf antwortete, wappneten sie sich mit dem Entschluß, ihren Aufenthalt in der Fremde gründlich auszunützen, ihren Geist zu bereichern und ihr Wissen zu festigen. Sie dachten nur daran, mit mehr Bildung nach England zurückzukehren, ihrem Vater und ihrer Tante ihre Fortschritte zu beweisen und endlich die berühmte Schule zu eröffnen, die ihre Rettung sein würde.

Das Pensionat Héger befand sich in der Rue Isabelle, in der Nähe der Rue Royale. Es war ein großes Haus, mit einem Garten; es existiert nicht mehr, die Bäume wurden ausgerissen, das ganze Stadtviertel hat sein Aussehen geändert.

Die Schule zählte zweiundsechzig Schüler — vierzig, die außerhalb wohnten, und zweiundzwanzig Pensionäre — die in drei Klassen eingeteilt waren. Man arbeitete von neun morgens bis mittags und nachmittags von zwei bis vier Uhr. Dann gingen die außerhalb Wohnenden fort, und die Pensionäre nahmen ihre Mahlzeiten ein. Danach suchten sie das Studierzimmer auf, um die Aufgaben für den nächsten Tag vorzubereiten. Bevor sie sich in den ersten Stock zur Nachtruhe begaben, wohnten sie einer religiösen Vorlesung bei.

In der Klasse waren die beiden Engländerinnen, Seite an Seite, in der letzten Reihe der Schulpulte untergebracht worden. Während der Pausen gingen sie zusammen spazieren, ohne an jemand ein Wort zu richten. Im Schlafsaal hatten sie erreicht, daß ihre Betten, die am Ende des Raumes standen, mit Gardinen umgeben wurden.

Der Unterricht im Institut schien ausgezeichnet gewesen zu sein. Drei Lehrerinnen wohnten in dem Pensionat, die anderen kamen von außerhalb. Aber den Antrieb erhielt die ganze Schule durch den Direktor, Herrn Konstantin Héger, der gleichzeitig auch Professor im Athénée Royale war. Dieser bemerkenswerte Pädagoge von sehr lebhafter Intelligenz und großem Wissen, ein überzeugter, sogar streitbarer Christ, zeigte bei der kleinsten Gelegenheit seinen ungestümen, beweglichen, schwärmerischen Charakter. Monsieur Héger, 1809 geboren, und dazu ausersehen, erst im hohen Alter zu sterben, hatte an der Revolution von 1830 mit der Waffe in der Hand teilgenommen. Als einziger Mann unter den Lehrerinnen und jungen Mädchen des Instituts, war seine Autorität unbestritten, sein gebieterischer Ton ließ alle im Haus erzittern. Er verlangte eine mustergültige Ordnung, eine ständige Aufmerksamkeit. Er fesselte seine Schüler durch seinen glühenden Eifer, seinen beißenden Humor, er erfüllte das Haus mit seiner Gegenwart, stachelte seine Schüler an, schalt sie aus, beglückwünschte sie, immer angeregt, immer geschwätzig, jedoch manchmal auch beredsam. Er vergötterte die Literatur, die Geschichte, die französische Sprache.

Mit einundzwanzig Jahren hatte Professor Héger sich zum ersten Mal verheiratet und sich 1836 mit Claire Zoé Parent

William Makepeace Thackeray

Oelskizze von Samuel Lawrence
National Portrait Gallery, London

vermählt, die fünf Jahre älter war als er. Sie war ein dickes, träges Geschöpf. Charlotte, die sie für falsch hielt, nahm von ihr an, daß sie an den Türen horchte und unablässig herumspionierte, wobei man sie dank ihrer Pantoffeln nicht hören konnte.

Als ausgezeichneter Lehrer erkannte Héger mit seinem Scharfblick sofort den intellektuellen Wert seiner neuen Schülerinnen. Er schätzte ihren Arbeitseifer, ihre einwandfreie Haltung und auch ihren Stolz. Zum großen Neid der anderen Schüler hielt er es für notwendig, ihnen besondere Stunden zu geben.

Er begann damit, von ihnen Uebersetzungen zu verlangen, die sie ziemlich schlecht ausführten. Daraufhin schlug er ihnen vor, gut ausgewählte französische Texte gemeinsam mit ihnen zu lesen und ihre Schönheiten zu analysieren; danach sollten sie versuchen, ohne Zuhilfenahme eines Wörterbuches oder einer Grammatik, den Stil wiederzugeben, um ihre eigenen Gedanken auszudrücken. Seine Absicht dabei war, vielmehr ihre Begabung, als ihr noch ungenügendes Wissen hervorzulocken.

Charlotte, begierig ihrem Lehrer zu gehorchen, nahm diese Methode an. Emily lehnte sie ab. Sie fand, daß durch die Ausführung solcher Stilübungen ihre Persönlichkeit Schaden leiden würde. Sie brachte ihre Einwände mit einer solchen Logik und Festigkeit vor, daß Herr Héger nachgab. Die beiden Schwestern machten sehr rasche Fortschritte. Nach Ablauf der sechs Monate, voller Bewunderung für die erzielten Ergebnisse und von dem Wunsch beseelt, ihnen einen Dienst zu erweisen, machte ihr Lehrer ihnen den Vorschlag, im Austausch für die Pensionskosten und unter dem Vorbehalt, daß sie ihre eigenen Studien fortführen, nun in der Schule zu unterrichten, und zwar Charlotte im Englischen und Emily in der Musik. Glücklich darüber, ihre Ausgaben einschränken zu können und sich in ihrem zukünftigen Beruf zu üben, nahmen sie das Angebot an.

Emily ließ jedoch ihre Kälte nicht fallen; sie sprach nur, wenn es unumgänglich war. Ihr Gesicht blieb unbeweglich, ihr Schweigen wog fast wie Verachtung. Sie hielt daran fest, altmodische Kleider zu tragen; gewisse »Puffärmel« erregten höhnisches Gelächter. Aber sie litt nicht unter dem Unverständnis der anderen, denn sie hatte niemals in Betracht gezogen, daß sie sie verstehen könnten. Mit Ausdauer war sie bei der Arbeit, vor allem mit dem Gedanken beschäftigt, sofort nach Haworth zurückzukehren, sowie dies nur möglich sein würde.

Charlotte dagegen interessierte sich für ihre neue Aufgabe, und dies umsomehr, wenn sie an die Sidgewicks und die Whites denken mußte. Jetzt arbeitete sie für sich selbst; jeder Tag brachte ihr neues Wissen, sie nahm die Möglichkeiten ihres Geistes wahr. Sie stellte auch mit innerer Erregung fest, daß sie in wachsendem Maße fähig war, sich mit Hilfe der Worte auszudrücken. Gewiß hatte sie bereits eine Anzahl Geschichten geschrieben, aber nur nach den Einfällen ihrer Phantasie. Jetzt entdeckte sie die Geheimnisse der Meister, sie lernte eine Erzählung auszuarbeiten, einen Charakter zergliedern.

Sie vertiefte sich in ihren Lesestoff. Während sich Emily den deutschen Schriftstellern, wie z. B. Hoffmann, zuwandte, beschäftigte sie sich mit den französischen Klassikern, dann mit Victor Hugo, Lamartine, Vigny. Es scheint, daß sie Balzac nicht kannte, den Herrn Héger wohl für ein junges Mädchen als zu realistisch ansah.

Charlotte hatte in der Schule eine kleine englische Kameradin, Laetitia Wheelwright, vierzehn Jahre alt, Tochter eines Arztes, der in Brüssel wohnte, und die drei Monate nach ihr in diese Schule gekommen war. Eine andere britische Schülerin, Maria Miller, eitel und kindisch, diente ihr in »Villette« als Modell für die Ginevra Fanshawe. Außerhalb der Schule besuchten die Brontës Landsleute, denen sie empfohlen wurden, so die Jenkins und Dixons, doch sie langweilten sich bei ihnen. Vor allem aber hatten sie Mary und Marthe Taylor, die im Schloß Koekelberg, in der Nähe von Brüssel, in Pension waren und mit denen sie sich manchmal zum Wochenende trafen. Diese Beziehungen wurden plötzlich durch die Krankheit und den unvorhergesehenen Tod der schönen Marthe von Trauer umflort. Charlotte war schmerzlich von diesem Verlust berührt.

Mittlerweile stellte sich eine neue Sorge ein: Tante Branwell wurde schwer krank. Den Tag darauf, nachdem diese Nachricht bei ihnen eingetroffen war, erfuhren sie, daß sie nicht mehr lebte. Sie reisten sofort ab, kamen aber erst nach der Beerdigung an. Schluchzend warfen sie sich in die Arme der Zurückgebliebenen. Die alte Dame hatte ihren Neffen und ihre Nichten nicht immer verstanden, aber ihnen stets eine aufrichtige Liebe entgegengebracht, und sie konnten es nicht vergessen, daß sie auf vieles verzichtet hatte, um ihnen ihr Leben zu widmen.

Sie hinterließ den drei Schwestern ihr kleines, wirklich geringfügiges Vermögen. Trotz ihrer Trauer waren sie glücklich darüber, wieder zusammen zu sein, und die drei Schwestern, die jetzt über etwas Geld verfügten — sie besaßen über tausend Pfund — überprüften nochmals den Plan der Schule. Anne fühlte sich jedoch verpflichtet, die Frist ihrer Anstellung einzuhalten. Nachdem die Tante nicht mehr da war, hielt es Emily für ihre Aufgabe, jetzt den Haushalt ihres Vaters zu führen; so könnte sie auch, was ihren eigenen Wünschen sehr entgegenkam, von nun an in Haworth bleiben. Charlotte aber zögerte nach Brüssel zurückzukehren.

Herr Héger hatte Herrn Brontë einen Beileidsbrief geschrieben und die Gelegenheit benutzt, um in taktvollem und zugleich feierlichem Ton eine große Lobrede auf seine Töchter zu halten, indem er besonders »ihre Liebe zur Arbeit« und »ihre Ausdauer« hervorhob. »Wir brauchten ihnen nicht den Wert der Zeit und der Ausbildung zu lehren«, schrieb er, »sie hatten dies alles im Vaterhaus gelernt, und auf uns entfällt nur das schwache Verdienst, ihre Bemühungen geleitet zu haben«. Schließlich bedauerte er, indem er an »die beinahe väterliche Zuneigung« erinnerte, die er ihnen entgegengebracht hatte, daß sie die Studien unterbrechen mußten, deren Abschluß noch einige Monate benötigten. Und er bot ihnen an, zu ihm als bezahlte Lehrerinnen zurückzukehren.

Charlotte beschloß, diesen Vorschlag anzunehmen und reiste Ende Januar 1843 nach Brüssel. Im Austausch gegen ein Jahresgehalt von sechzehn Pfund gab sie englische Stunden — besonders Herrn Héger — und bekleidete das Amt einer Aufseherin. Man nannte sie von nun an Fräulein Charlotte, und sie fuhr fort, eifrig die deutsche Sprache und die französische Literatur zu studieren.

Aber dieser zweite Brüsseler Aufenthalt war weit davon entfernt, sie so zufrieden zu stellen wie der erste. Die sehr fromme Frau Héger mißtraute ihrem kämpferischen Protestantismus. Ihren Schülern gegenüber, für welche sie auch weiterhin keine Sympathie empfand, bewahrte Charlotte eine umso größere Zurückhaltung, als es sich nun darum handelte, ihre Autorität zu behaupten. Sie stand nicht sehr gut mit den anderen Lehrerinnen, den Fräulein Blanche, Marie und Sophie, welche sie in ihren Briefen als ziemlich unangenehm beschreibt. Sie ging allein spazieren, besuchte die Kirchen und die Museen. Manchmal begab sie sich auch auf den Friedhof zum Grabe von Marthe Taylor.

Mary war nicht mehr da. Die Wheelwright wollten eben von Brüssel fortziehen. Charlotte vermißte schmerzlich Emilys Zuneigung und auch das Beispiel ihres Stoizismus und ihres Gleichmutes. Sie lebte »von einem Tag zum anderen, sehr einsam, wie Robinson.«

Der Winter war sehr kalt; sie vertrug ihn schlecht. Wie stets, zog sie sich eine Erkältung nach der anderen zu. Sie litt an Kopfschmerzen und, was das Schlimmste war, ihre nervösen Angstzustände kehrten wieder zurück. Ihre Schüler waren unverschämt, lärmend. Nachrichten aus Haworth trafen selten ein. Als die großen Ferien begannen und sie in der leeren Schule bleiben mußte und in den Sälen herumirrte, die von allen verlassen waren, krampfte sich ihr Herz zusammen. Aber sie wollte Brüssel noch nicht verlassen, da sie fand, daß sie ihr Deutsch noch vervollständigen mußte.

Eines Tages, niedergeschlagener als gewöhnlich, betrat sie eine Kirche und hatte den Einfall, einem Priester zu beichten. Aber das war nur ein »Einfall« ohne weitere Folgen. Unaufhörlich mußte sie den Kampf gegen ihre Traurigkeit aufnehmen und gegen ihre Sorgen, die sie während ihrer Schlaflosigkeit quälten.

Im Oktober hielt sie es nicht mehr aus. Sie kündigte Frau Héger ihre Abreise an. Diese hatte nichts dagegen; aber ihr Mann widersetzte sich am nächsten Tage lebhaft diesem Beschluß. Er wollte es nicht zulassen, daß die Fortschritte einer so begabten Schülerin, die seinem Unterricht Ehre machte, aus so unbestimmten Gründen in Frage gestellt würden. Charlotte verzichtete sofort auf ihre Absicht, nachdem ihr Lehrer es forderte; sie wunderte sich jedoch über die wachsende Kälte seiner Frau.

Diese Frau von gesundem Menschenverstand und Instinkt mißtraute dem Trübsinn der jungen Engländerin. Später, als Charlotte sie verlassen hatte, verbot sie, daß man in ihrer Gegenwart ihren Namen aussprach, und als nach vierzehn Jahren Frau Gaskell nach Brüssel kam, um die Biographie von Charlotte vorzubereiten, weigerte sie sich, sie zu empfangen. Zu jener Zeit zeigte sich ihr Mann verständiger. Er hatte angeordnet, daß man die Bewunderer der Brontës, die nach Belgien eilten, um ihre Erinnerungsstätten zu besuchen, empfing und sie durch die Klassen und den Speisesaal führte. Und manchmal sahen die Besucher plötzlich einen weißhaarigen Greis auftauchen, der ausrief: »Herr Paul, das bin ich!«[1]

---

[1] Herr Paul ist eine der Hauptfiguren in »Villette«, dem Meisterwerk von Charlotte.

Frau Héger verzieh es Charlotte nicht, in ihrem Roman »Villette« von ihr ein rauhes Bild entworfen zu haben, doch schon lange vor der Veröffentlichung dieses Buches war ihr die Bewunderung, die dieses naive junge Mädchen ihrem Mann entgegenbrachte, und der Eifer, mit dem sie ihm gehorchte, ein Dorn im Auge. Es war nicht nur die Literatur, die Charlotte interessierte, sondern auch der Mensch, der ihr die berauschenden Perspektiven umfassender Ideen, die poetischen Schönheiten eröffnete, der ihr half, sich selbst zu finden, der — in einem Wort — ihr Inspirator war.

Zu Beginn ihres Aufenthaltes hatte Charlotte ihren Lehrer unnachsichtig betrachtet, sie behandelte ihn in ihren Briefen mit jenem beißenden Humor, der eine Vergeltung für ihre Schüchternheit war, als »unausstehlichen Wahnsinnigen«, als »rasende Hyäne«. Aber durch seinen Frohsinn, seine Freude am Gedankenaustausch, seinem rednerischen Schwung, seine überraschenden Einfälle, seine autoritären Launen, sowie durch seine Eitelkeit konnte Herr Héger schon auf eine junge Einbildungskraft Eindruck machen und — selbst ohne es zu wollen — verführerisch wirken. Niemals hatte Charlotte, außer ihrem Vater und ihrem Bruder, einen Mann aus solcher Nähe gesehen. Diese Intellektuelle war natürlich empfänglich für den Zauber des Geistes, diese zärtliche Seele neigte sich der Wärme der Leidenschaft zu. Héger verfolgte mit Interesse ihre Arbeiten; er fragt sie aus, es bereitet ihm Freude, sie zu leiten. Wer vor ihm hat sich jemals mit ihr beschäftigt?

Nach und nach verankerten sich im Herzen dieses jungen, unruhigen und einsamen Mädchens diese Gefühle der Bewunderung und der Dankbarkeit. Jeden Tag sah sie ihren Lehrer, holte sich bei ihm Rat, erbat seine Zustimmung. War er nicht da, so dachte sie an ihn und erfand Zwiegespräche mit ihm. Sie gab ihm den Spitznamen »der schwarze Schwan«. Charlotte hatte das Temperament einer Besessenen. Wie hätte es da anders sein können, als daß ihr Lehrer in der Leere ihres

Daseins für sie ein Objekt ständiger Betrachtung und dann tiefer Sympathie wurde?

Sie ahnte nicht, daß dies Liebe war. Sie glaubte, für ihn eine aufrichtige Freundschaft zu empfinden: im Schutz dieses Vorurteils bemächtigte sich ihrer ein viel glühenderes Gefühl. Aber sie litt darunter, denn sie war sich dessen nicht bewußt, sie sann nicht darüber nach, ihm Ausdruck zu verleihen und so ihr Herz zu erleichtern. Daher kam ihre Melancholie, ihr Gefühl der Einsamkeit, des Verlassenseins. Darum kehrte sie in Gedanken stets nach Haworth wie zu einem Rettungsanker zu jenen Menschen zurück, die sie lieben konnte, ohne es zu verhehlen.

Was nun Herrn Héger anbelangt, so hatte er mehr Bücherwissen, als sentimentale Erfahrung. Er wäre höchst erstaunt gewesen, wenn er erfahren hätte, was in Charlotte vorging. Er sah in ihr nur eine sehr gute Schülerin, von ausgezeichneter Bildung, nicht sehr hübsch, bescheiden, in verschiedener Hinsicht rätselhaft, so wie es viele andere junge Mädchen und vor allem die Engländerinnen waren. Andererseits war er ein frommer und moralischer Mann, unfähig einen ihm anvertrauten Zögling zu verführen. Er hielt auf seinen Ruf, wie auf den seines Instituts. Er hing sehr an seiner Frau, die ihrer Niederkunft entgegensah, und er wartete freudig erregt auf diese fünfte Mutterschaft.

Ende des Jahres erfuhr Charlotte durch ziemlich besorgte Briefe Emilys, daß der Zustand der Augen ihres Vaters beunruhigend wurde: der arme Mann grämte sich und begann sogar zu trinken. Charlotte hielt es für ihre Pflicht, sofort nach England zu fahren. Dieses Mal gab ihr Lehrer seine Zustimmung. Nun wurde ihr doch das Herz schwer, diesen Ort, den sie sicherlich niemals mehr wiedersehen würde, und wo sie so unglücklich gewesen war, zu verlassen. Ihr Lehrer überreichte ihr ein Diplom, versehen mit dem Siegel des Athénée Royal, das ihr die Berechtigung zur Gründung einer Schule verlieh. Jedoch mitten im Weinen dachte sie weniger daran, was sie erworben hatte, als daran, was sie im Begriff war zu verlieren. Später schreibt sie an Ellen Nussey: »Ich litt sehr darunter, Brüssel zu verlassen. Solange ich lebe, werde ich niemals vergessen, wie schwer es mir wurde, mich von Herrn Héger zu trennen«. Und schnell setzt sie noch hinzu: »Er war ein so ehrlicher, guter, uneigennütziger Freund.«

In welchem Augenblick wurde sie sich endlich der wahren Natur ihres Gefühls bewußt? Vielleicht in der Abschiedsstunde. Sie muß darüber sehr erschrocken gewesen sein. Ihre Rechtschaffenheit, ihr ausgeprägtes Schamgefühl und auch ihre Fantasie als Romanschriftstellerin, müssen ihr die Liebe zu einem verheirateten Mann in abschreckenden und beschämenden Farben gemalt haben. Als Jane Eyre erfährt, daß Rochester, der als Junggeselle galt, nicht mehr frei ist, reißt sie sich von ihm los, sie rettet sich, wie es Charlotte getan hat. Die Leidenschaft, die diese beiden Frauen empfinden, die erfundene und die wirkliche, wird durch Bedenken und selbst durch Gewissensbisse, die sie übrigens übertreiben und vertiefen, niedergerungen.

Anfang Januar 1844 kam Charlotte nach Haworth zurück. Sie war jetzt achtundzwanzig Jahre alt und betrachtete ihre Jugend als beendet. Nun aber hieß es, den berühmten Gründungsplan der Schule durchführen, um vor sich selbst und vor ihren Angehörigen, den Aufenthalt in Brüssel zu rechtfertigen und um endlich etwas Geld zu verdienen.

Emily und sie schrieben an Damen ihres Bekanntenkreises, die Töchter hatten. Sowie sie Antwort erhalten würden, wollten sie mit dem Ausbau des Pfarrhauses beginnen. Aber leider hatte eine ihrer Bekannten schon ihre Tochter in einer Schule von Liverpool untergebracht, und eine andere bedauerte die Entlegenheit von Haworth. Die Geschwister machten auf den billigen Pensionspreis aufmerksam: fünfundzwanzig Pfund im Jahr. Plötzlich glaubten sie, die Geringfügigkeit des Preises schade ihnen, und wieder schrieben sie Briefe und verlangten fünfunddreißig Pfund. Doch auch dies war vergeblich.

Daraufhin ließen sie Prospekte drucken und baten ihre wenigen Freunde, sie unter ihren Bekannten zu verteilen. Sie verfaßten drei oder vier Zirkulare. Dann warteten sie, zuerst mit einem gewissen Vertrauen, entwarfen den Lehrplan, überlegten die Unterbringung der Schlafräume, und als doch keine Antwort kam, wurde das Warten bitter. Schließlich warteten sie nicht mehr. Nach sechs Monaten waren sie gezwungen, ihren totalen Mißerfolg einzusehen. Wieder einmal machte ihnen das Leben eine Möglichkeit zunichte. Aber sie weigerten sich, zu klagen. »Wir sind zufrieden, unseren Versuch unternommen zu haben und lassen uns nicht entmutigen, weil er mißlang.« Gewiß, doch trotz dieser mutigen Worte wuchsen ihre Sorgen. Die Sehkraft ihres Vaters wurde von Tag zu Tag schwächer. Die Erregungszustände, die plötzlichen Melancholien Branwells, beunruhigten die beiden Schwestern, und bestürzt stellten sie fest, daß er trank. Um diese Zeit verließ Mary Taylor England, um sich in Neuseeland niederzulassen. Vor ihrer Abreise versuchte sie Charlotte aufzurütteln, sie warf ihr vor, sich in Haworth festzusetzen.

»Bedenken Sie, was Sie in fünf Jahren sein werden«, sagte sie ihr.

Bei dieser Beschwörung wurde Charlotte sehr traurig, und Mary rief aus:

»Weinen Sie nicht, Charlotte.«

Sie hielt ihre Tränen zurück, und um ihre Erregung zu verbergen, begann sie im Zimmer auf- und abzugehen, schließlich sagte sie:

»Polly, ich habe die Absicht hier zu bleiben.«

Aber Marys Abreise erschwerte ihre Einsamkeit. In Haworth fühlte sie sich »begraben«. Sie hatte ein großes Verlangen nach Reisen, nach einem Wechsel. »Jeder meiner Tage gleicht dem vorhergehenden«, sagte sie, »alle wiegen schwer und sind ohne Leben ... Die Zeit vergeht, bald werde ich dreißig Jahre alt sein, und ich habe noch nichts vollbracht.«

Die Leere ihres nun unbeschäftigten Lebens, die Einsamkeit ihrer Umgebung, war ihr niemals drückender erschienen. Jemand fehlte ihr, auf den sie verzichtet hatte. Sie hatte Leberbeschwerden, die Schlaflosigkeit quälte sie wieder, und wenn es ihr gelang einzuschlafen, erfüllte sie ein Alpdruck mit Schrecken. Ihr Augenlicht wurde schwächer und verhinderte sie am Lesen und Zeichnen. Sie sprach sich lange mit Emily aus; in der herben Einsamkeit der Heide, unter dem Stöhnen des Windes, erzählte sie ihrer Schwester ihre Gewissenskämpfe und vielleicht auch ihre Angst, ihr eigenes Herz verstanden zu haben. Wie weit gingen diese Beichten? Hörte die verschlossene Emily zu, ohne zu antworten oder gab sie ihr Ratschläge?

Charlotte leidet beinahe zwei Jahre unter diesem grausamen inneren Drama einer niedergehaltenen Leidenschaft. Sie bemüht sich, die Gefühle und die starken, aber verbotenen Instinkte zu bekämpfen und versucht, sich in dem Zustand der Weigerung und der Verneinung zu halten. Es ist bezeichnend, daß sie während dieser Zeit unfähig war, auch nur einen Vers oder eine Zeile Prosa zu schreiben. Sie erklärte in einem Brief: »Der richtige Weg ist jener, der die größte Selbstaufopferung fordert, zum höchsten Wohlbefinden der anderen. Und dieser Weg, entschlossen eingehalten, wird, denke ich, einmal zum Erfolg und zum Glück führen, wenn er auch anfangs in eine ganz andere Richtung zu führen scheint.«

Und später, als sie von ihrer zweiten Reise nach Belgien spricht, schreibt sie: »Ich kehrte nach Brüssel zurück, trotz meiner Gewissensbisse, getrieben von einem mir unwiderstehlich erscheinenden Impuls. Ich habe diese egoistische Torheit durch zwei Jahre innerer Qualen gebüßt.«

Eines Tages hielt sie es nicht mehr aus und richtete in französischer Sprache einen Brief an Herrn Héger:

»Nichts fürchte ich so sehr wie die Faulheit, die Untätigkeit, die Trägheit, die Abstumpfung der Fähigkeiten. Wenn der Körper faul ist, leidet der Geist grausam. Ich würde dieses Abgestumpftsein nicht kennen, wenn ich schreiben könnte; früher verbrachte ich ganze Tage, Wochen, Monate mit Schreiben, und es war nicht ohne Erfolg, denn Southey und Coleridge, zwei unserer besten Autoren, denen ich einige Manuskripte zugesandt habe, versagten mir nicht ihren Beifall. Gegenwärtig aber ist mein Augenlicht zu schwach; wenn ich viel schriebe, würde ich erblinden.

Diese Schwächung meiner Sehkraft trifft mich sehr; wissen Sie, was ich sonst tun würde, Herr Héger? Ich würde ein Buch schreiben und es meinem Literaturprofessor, meinem einzigen Meister, den ich jemals besaß, nämlich Ihnen, widmen. Ich habe Ihnen französisch oft gesagt, wie sehr ich Sie achte, wie verpflichtet ich mich Ihnen gegenüber für Ihre Güte und all Ihren Rat fühle. Ich möchte es einmal englisch sagen. Das aber geht nicht, man darf nicht daran denken. Der Schriftstellerberuf ist mir verschlossen ...

Vergessen Sie nicht, mir zu schreiben, wie es Ihnen, Ihrer Frau und Ihren Kindern geht. Ich rechne damit, bald Ihre Antwort zu haben; diese Erwartung versetzt mich in freudige Erregung, denn die Erinnerung an Ihre Güte wird niemals aus meinem Gedächtnis schwinden, und solange diese Erinnerung dauern wird, währt auch die Verehrung, die Sie mir einflößten.«

Sie spricht von »Southey's Beifall«, versucht damit die arme Charlotte nicht, sich damit zur Geltung zu bringen? Die Gefahr der Erblindung, ist dies nicht ein Werben um Mitleid? Die Widmung eines Buches an den »Meister«, den sie verehrt, ist die verkleidete Opfergabe ihres Herzens. Und in den letzten Zeilen, welches Flehen, unter der Maske der »Verehrung«, um Nachricht von ihm zu erhalten!

Leider antwortet Héger, wohl zu beschäftigt oder durch seine Frau aufmerksam und vorsichtig gemacht, lange Zeit nicht. In einem zweiten Brief, den Charlotte an ihn richtet, beklagt sie sich: »Sechs Monate habe ich auf einen Brief gewartet — sechs Monate warten, das ist, wie Sie wissen, eine sehr lange Zeit.« Héger bittet sie, verlegen infolge des Tons dieses Briefes, von nun an ihm nur von ihrer Gesundheit und ihren Beschäftigungen zu sprechen. Hatte er endlich verstanden? Als er viel später, 1863, an Ellen Nussey schreibt, spricht er inbezug auf Charlotte vom »Schlagen dieses armen, kranken Herzens«. In dem Entwurf seines Briefes hatte er geschrieben »dieses arme, verwundete Herz«, diese Verbesserung ist für ihn bezeichnend.

Nichtsdestoweniger ließen sich lange Zeit nur Mutmaßungen über Charlottes Gefühle anstellen. Die Meinungen der zahlreichen Deuter ihrer Werke gingen darüber auseinander, die meisten weigerten sich, etwas anderes als eine tiefe Sympathie gelten zu lassen, bis eines Tages, im Juli 1913, die »Times« ungekürzt die langen Briefe veröffentlichte, die Charlotte 1844 und 1845 an Herrn Héger richtete und denen Frau Gaskell die soeben zitierten Stellen entnommen hatte. Diese Briefe waren durch den Sohn, Dr. Héger, Vorsitzender der Königlichen medizinischen Akademie in Brüssel, dem Britischen Museum übergeben worden. Diese reine, zitternde Stimme, die sich nach so vielen Jahren aus dem Grabe erhob und unserem Jahrhundert plötzlich, unwiderlegbar, die Anwesenheit Charlottes schenkte, löste in dem breiten Publikum, das die Brontës verehrt, eine tiefe Erregung aus.

Ein Zweifel war nicht mehr möglich. Charlotte hatte für Héger jene verzehrende Leidenschaft empfunden, die umso tiefer leiden läßt, als sie ohne Hoffnung ist. Durch ihre Flucht aus Brüssel hatte sie ihre Liebe zu ersticken versucht, jedoch durch die Trennung übermächtig geworden, hielt diese sie in ihrem quälenden Bann. Die stolze, strenge Charlotte wurde die demütig bittende Sklavin eines Mannes, der sie nicht begehrte.

Wenn Frau Gaskell, die diese Briefe kannte, in ihrer Biographie nur einige rührende, aber harmlose Sätze zitierte, wenn sie dadurch eines der Hauptdramen ihrer Heldin verschweigt, so tat sie dies, weil sie ihr Buch erst zwei Jahre nach Charlottes Tod schrieb und weil ihr Vater, ihr Mann und die Familie Héger noch lebten. Auch konnte sie sich nicht entschließen, diese Entdeckung zu veröffentlichen, die sowohl als Beleidigung, wie auch als Indiskretion wirken konnte, und die — so glaubte sie — einen Schatten der Mißbilligung, vielleicht sogar der Ablehnung auf ihre edle Freundin geworfen hätte.

Heute, wo ihr Geheimnis gerade durch den Nachkommen des Mannes, den sie so heiß geliebt hatte, entschleiert wurde, erscheint uns Charlotte im Gegenteil durch ihre Schwäche viel näher zu sein und der Achtung und des Mitleids würdig. Wir sehen deutlicher, daß diese energische Seele auch ein zärtliches Herz hatte. Sie hat mehr gelitten, war viel demütiger und viel tiefer liebend, als es ihre vorsichtige Biographin zu sagen wagte.

In dem Brief, den die »Times« zuerst nachdruckte (geschrieben im Juli 1844), und dessen Ton demütiger Ergebenheit besonders rührend ist, entschuldigt sich Charlotte:

»Oh, Herr Héger! Ich habe Ihnen einmal einen ziemlich unbesonnenen Brief geschrieben, weil der Kummer an meinem Herzen nagte, aber ich werde es nicht mehr tun. Ich werde mich bemühen, nicht mehr egoistisch zu sein, und da Ihre Briefe das höchste Glück sind, das mir zuteil wurde, werde ich geduldig solange warten, bis es Ihnen paßt, mir wieder zu schreiben.«

Dann teilt sie ihm mit, daß sie jeden Tag eine Seite französisch lernt, um nicht Gefahr zu laufen, die Sprache zu vergessen, um nicht stumm bleiben zu müssen, wenn sie ihren Lehrer eines Tages wiedersehen werde: »Ich weiß noch nicht wie und wann, aber es muß sein, denn ich wünsche es sehr... Wenn ich französische Worte ausspreche, ist es mir, als wenn ich mich mit Ihnen unterhalte.« Und als Nachtrag fügt sie hinzu, wie gerne sie eine Antwort erhalten möchte, doch »wenn ich glauben müßte, Sie haben mir nur aus Mitleid geschrieben, würde mir das sehr weh tun«. Und sie erklärt ihm, daß sie, sowie sie genügend Geld verdient habe, nach Brüssel fahren werde, um ihn wiederzusehen, sei es »auch nur für einen Augenblick«.

Am 24. Oktober 1844 folgt ein zweiter, sehr kurzer Brief, in dem Charlotte auf eine Antwort drängt und erzählt, daß sie alle Bücher, die Héger ihr schenkte, einbinden ließ: »Zuerst die gesammelten Werke von Bernardin de Saint-Pierre, dann die ‚Pensées' von Pascal, ein Gedichtband, zwei deutsche Bücher und (was mehr wert ist als alle anderen) zwei Reden des Herrn Professor Héger, gehalten bei der Preisverteilung im Athénée Royal.«

Am 8. Januar 1845 drückt sie ihre Enttäuschung darüber aus, daß Herr Taylor und seine Schwester, die aus Brüssel zu Besuch kamen, ihr nichts von Herrn Héger mitbrachten:

»Ich habe mich bemüht, nicht zu weinen, mich nicht zu beklagen. Aber wenn man nicht klagen kann und sich gewaltsam beherrschen will, widersetzen sich die Fähigkeiten, und man bezahlt die äußere Ruhe durch einen beinahe unerträglichen, inneren Kampf.

Tag und Nacht finde ich weder Ruhe noch Frieden. Wenn ich schlafe, suchen mich quälende Träume heim, in denen Sie immer streng, düster und gereizt gegen mich erscheinen.

Ich weiß, daß Sie ungeduldig sein werden, wenn Sie diesen Brief lesen. Wieder werden Sie sagen, daß ich überspannt bin, quäle mich mit düsteren Gedanken usw.... Sei es, Herr Héger, ich versuche nicht, mich zu rechtfertigen. Ich überschütte mich selbst oft mit mancherlei Vorwürfen; was ich aber weiß, ist, daß ich mich nicht damit abfinden kann und will, gänzlich die Freundschaft meines Lehrers zu verlieren; ich ziehe es vor, die größten körperlichen Leiden zu erdulden, als daß mir in schmerzlicher Reue das Herz zerrissen wird. Wenn mein Lehrer mir gänzlich seine Freundschaft entzieht, würde ich gänzlich der Verzweiflung verfallen; wenn er mir sie nur ein wenig, ein ganz klein wenig schenkt, werde ich zufrieden und glücklich sein, ich würde dann einen Grund haben, um zu leben und zu arbeiten.

Herr Héger, die Armen sind genügsam, sie brauchen nicht viel, um zu leben, sie verlangen nur die Brosamen, sie befinden sich ständig in Not. Auch ich brauche nicht viel Zuneigung von jenen, die ich liebe; ich würde nicht wissen, was man mit einer ganzen und vollständigen Freundschaft anfangen sollte — ich bin daran nicht gewöhnt — aber Sie bezeugten mir früher ‚ein wenig' Interesse, als ich in Brüssel Ihre Schülerin war, und es liegt mir daran, dieses ‚wenige' zu erhalten, ich hänge daran, wie am Leben.

... Ich will diesen Brief nicht nochmals durchlesen. Ich schicke ihn, wie ich ihn geschrieben habe ... Man leidet schweigend, solange man die Kraft dazu hat, und wenn diese Kraft fehlt, spricht man, ohne die Worte abzuwägen. (Hier folgen zwei Zeilen, die von Charlotte durchgestrichen wurden und die unleserlich sind.)«

Im November — in der Zwischenzeit hat Charlotte noch andere Briefe geschrieben, die nicht erhalten blieben — ist der Ton trauriger denn je:

»Ich sage Ihnen offen, daß ich mich unterdessen bemühte, Sie zu vergessen, denn die Erinnerung an eine Person, die man nicht mehr wiederzusehen glaubt und die man doch so sehr schätzt, nimmt zu sehr mit, und wenn man diese Art von Unruhe ein oder zwei Jahre lang ertragen hat, ist man bereit, alles zu unternehmen, um seine Ruhe wiederzufinden. Ich habe alles getan, ich habe versucht, mich zu beschäftigen, ich habe mir streng die Freude versagt, von Ihnen zu sprechen — selbst vor Emily — aber ich konnte weder meine Klagen, noch meine Ungeduld besiegen. Es ist demütigend, seine eigenen Gedanken nicht beherrschen zu können, Sklave eines Bedauerns, einer Erinnerung, einer alles beherrschenden und fixen Idee zu sein, die den Geist tyrannisiert. Warum kann ich nicht gerade nur so viel Freundschaft für Sie empfinden, wie Sie für mich, nicht mehr und nicht weniger! Dann wäre ich so ruhig, so befreit; ich könnte dann zehn Jahre hindurch ohne Mühe Schweigen bewahren.

...Herr Héger, ich habe eine Gnade von Ihnen zu erbitten: wenn Sie auf diesen Brief antworten, sprechen Sie doch ein wenig von sich selbst, nicht von mir, denn ich weiß, wenn Sie von mir sprechen, geschieht dies, um mich zu tadeln, und dieses Mal möchte ich Ihre wohlwollende Seite sehen... Ihr letzter Brief war mir Stütze und Nahrung während sechs Monaten; gegenwärtig fehlt mir ein anderer, und Sie werden mir ihn geben, nicht weil Sie für mich Freundschaft empfinden — Sie können ja nicht viel für mich übrig haben — sondern weil ihre mitfühlende Seele niemanden zu langem Leiden verurteilen würde, nur um Ihnen selbst einige unangenehme Augenblicke zu ersparen.

Mir verbieten, Ihnen zu schreiben, sich weigern, mir zu antworten, würde bedeuten, mir die einzige Freude zu rauben, die ich auf der Welt habe, es hieße, mir mein letztes Vorrecht zu nehmen, ein Vorrecht, auf das ich niemals freiwillig verzichten werde. Glauben Sie mir, mein Lehrer, wenn Sie mir schreiben, tun Sie ein gutes Werk. Solange ich weiß, daß Sie einigermaßen zufrieden mit mir sind, solange ich die Hoffnung habe, von Ihnen Nachrichten zu erhalten, solange kann ich ruhig und nicht allzu traurig sein, aber wenn ein düsteres und langanhaltendes Schweigen mir ankündigt, daß sich mein Lehrer von mir entfernt, wenn ich von Tag zu Tag auf einen Brief warte und tagaus, tagein die Enttäuschung mich in eine schmerzliche Niedergeschlagenheit zurückwirft, und wenn diese süße Freude, Ihre Handschrift zu sehen, Ihre Ratschläge zu lesen, wie eine nichtige Erscheinung entschwindet, dann habe ich Fieber, verliere den Appetit und den Schlaf und sieche dahin.

Kann ich nochmals im kommenden Mai Ihnen schreiben? Ich wollte ein Jahr warten, aber das ist unmöglich, es ist eine zu lange Zeit.«

Diesem herzzerreißenden Brief fügt Charlotte auf Englisch ein Postskriptum hinzu, wo sie sich für ihre Fehler entschuldigt. Sie hörte nur einmal seit Brüssel französisch sprechen, aber »dies war wie Musik für meine Ohren. Jedes Wort war mir umso wertvoller, als es mich an Sie erinnerte. Ihretwegen liebe ich die französische Sprache von ganzem Herzen und von ganzer Seele«.

Es ist unmöglich, ohne innere Erregung diese Hilferufe zu lesen, die in die Weite, über die Trennung hinweg geschickt werden, und es berührt uns tief, dieses lange, unnütze Flehen, diese Geständnisse des Elends und der Verzweiflung. Eine solche Seele, empfindlich bis zur Uebertreibung, verwundbar von allen Seiten, konnte nicht vergessen. Sie kämpfte gegen ihre Leidenschaft und blieb ihr dennoch treu, denn es war eine Leidenschaft voller Verlangen und völliger Demut zugleich. Charlotte verwandte die Worte »Freundschaft« und »Verehrung« weder aus Anstand, noch aus Heuchelei, sondern weil alles zu Ende gewesen wäre, wenn sie die wirklichen Worte gebraucht hätte. Damit Charlotte mit ihrer strengen Gewissenhaftigkeit, mit ihren Aengsten und ihrer Schüchternheit die Liebe kennenlernte, mußte es vielleicht so sein, daß sie selbst sie nicht als solche erkannte.

Der Mann, der sie in Gedanken beherrschte, lebte weit von ihr entfernt, war von anderen Gefühlen erfüllt, durch seine Pflichten in Anspruch genommen, verheiratet, Familienvater, glücklich ohne sie. Wenn sie wieder vor ihm gestanden hätte, mit welchem strengen Blick würde er sie betrachtet haben! Sie wußte genau, daß sie niemals mehr nach Brüssel zurückkehren würde. Sie wußte auch, daß er sie nicht liebte: sein endloses Schweigen, seine kalten Ratschläge verrieten es hinreichend. Trotzdem konnte sie sich nicht von ihm losreißen, denn eine einzige Zeile von seiner Hand genügte, um in ihr die Lebensflamme anzufachen. Um diese Freude zu erhalten, verzichtete sie auf ihren Stolz und ließ mit einer wunderbaren Reinheit und einer nicht minder bewundernswerten Naivität die Glut, die Ergebenheit, den Gehorsam, die Selbstverleugnung, zu der sie fähig war, sehen.

Alles, was Charlotte seit ihrer frühesten Kindheit geträumt, gefühlt, gedacht hat, ihr so zärtliches und edles Herz, das Genie, das in ihr loderte und durch diesen langen Schmerz reifte, schenkte sie ihrem Lehrer, und es ist peinlich, dieses so begabte Menschenkind vor diesem Pädagogen auf die Knie fallen zu sehen. Aber Héger, der nun wußte, von welcher Natur das Gefühl Charlottes war, wurde immer schweigsamer. Nachdem die Briefe dieser überspannten Engländerin ihn gelangweilt hatten, begannen sie ihm zweifellos unangenehm zu werden. Er zeigte sie seiner Frau, und ihr diktierte er die seltenen Antworten. Welche zusätzliche Bitterkeit für Charlotte, die Handschrift jener Frau zu erkennen, deren Dasein allein ihr das Glück verbot. Herr Héger nahm sich nicht einmal die Mühe, alle Briefe, die aus England an ihn kamen, aufzubewahren. Und den letzten benutzte er, um darauf den Namen und die Adresse eines Schuhmachers zu notieren; man kann dies noch in seiner ganzen Kleinlichkeit auf dem bescheidenen Blatt Papier, wo das Herz Charlottes blutete, lesen.

Den längsten Liebesbrief an Herrn Héger schrieb sie später, durch andere Schmerzen endlich geheilt, in dem großen Roman »Villette«, in welchen sie ihre verachtete Leidenschaft übertrug. Und auf diesem Umweg ist der vergängliche Herr Héger für immer der unsterbliche »Herr Paul« geworden.

VII.

Die verkannten Gedichte. — Currer Bell wird berühmt.

Charlotte machte im Herbst 1845 eine Entdeckung, die das Leben ihrer Familie verändern sollte.

Eines Tages öffnete sie zufällig Emilys Pult, fand darin Gedichte und erkannte die winzige Handschrift ihrer Schwester. Das war weiter nicht verwunderlich, denn in allen Schubfächern des Pfarrhauses lagen Manuskripte, doch dieses erschien ihr sehr überraschend. Diese Gedichte, sagte sie, ähnelten nicht jenen, die im allgemeinen Frauen schreiben. Sie waren »klar und bündig, stark und aufrichtig. Sie waren für meine Ohren eine besondere, wilde, melancholische und erregende Musik«.

Als sie darüber zu ihrer Schwester sprach, war Emily entrüstet. Wie konnte man es wagen, in ihren persönlichen Sachen herumzustöbern? Charlotte entschuldigte sich und drückte ihre Bewunderung für die Gedichte aus. Emilys Zorn, die Entrüstung ihres gekränkten Zartgefühls und ihres Stolzes, sind bezeichnend: um keinen Preis ließ sie es zu, daß man ihr intensives und verstecktes Leben kannte, das sie neben den anderen führte und nicht teilen wollte. Sich der Geständnisse zu bemächtigen, die sie sich selbst machte, hieß nicht nur eine Taktlosigkeit begehen, sondern ihr Innerstes anzutasten. Stunden waren nötig, um sie mit der Vorstellung auszusöhnen, daß ihre Gedichte entdeckt wurden.

Gleichzeitig erkühnte sich Anne zu zeigen, daß auch sie Verse verfaßt hatte. Nun gestand Charlotte die ihrigen. So hatte jedes von den drei Geschwistern ohne Wissen des anderen, um die gemeinsamen Prüfungen zu ertragen, in der Dichtkunst Trost gesucht. Warum hatten sie davon einander nichts gesagt? Aus Vorsicht, weil diese lyrischen Ergüsse mehr verrieten, als die früheren Abenteuerromane? Aus Zweifel an sich selbst bei Charlotte und Anne und aus der Sucht nach Einsamkeit bei Emily?

Als die drei Manuskripte nebeneinander ausgebreitet vor ihnen lagen, fühlten sie sich wieder von ihrem früheren Wunsch beseelt — Emily leistete langen Widerstand, bevor sie einwilligte —, ihre Werke drucken zu lassen. Nach langen Beratungen beschlossen sie, aus den Manuskripten gemeinsam eine Anthologie zusammenzustellen und sie einem Verleger zu unterbreiten.

Im voraus beängstigt, lehnten sie es jedoch ab, ihre Namen darauf zu setzen: »Wir hatten die unbestimmte Vorstellung, daß ein Vorurteil gegen Schriftstellerinnen bestehe.« Der Gedanke, Neugierde zu erwecken, sich öffentlich zur Schau zu stellen, kam ihnen wie etwas Unschickliches vor. Sie zogen es vor, Pseudonyme zu wählen, die männlich klangen und nannten sich Currer (Charlotte), Ellis (Emily) und Acton (Anne) Bell. Bell war ein in der Gegend geläufiger Name.

Sie wandten sich nacheinander an mehrere Verleger, ohne eine Antwort zu erhalten. Branwell schlug vor, ihren Sendungen eine Briefmarke beizulegen, und so erhielten sie schließlich die Antwort eines Verlegers aus Edinburg, der ihnen einige Ratschläge gab; doch lehnte er es ab, sie zu drucken. Nun sandten sie ihre Manuskripte an die Firma Aylott & Jones, deren Bureauräume sich ausgerechnet in Paternoster Row befanden, eine der wenigen Straßen Londons, die sie kannten, und sie erklärten sich bereit, die Druckkosten zu übernehmen. Aylott & Jones willigten ein, sie gegen Bezahlung von einunddreißig Pfund zu drucken. Charlotte spielte die Rolle der Beauftragten der Brüder Bell und schickte ihnen das Geld. Dann gab sie das gewünschte Format an, verlangte gutes Papier, stellte eine Versandliste auf, bat, daß man ihr über die eventuellen Besprechungen berichtet und erklärte sich sogar bereit, Anzeigen in den Zeitschriften zu bezahlen, die sich günstig über das Buch aussprechen würden. Sowie sich eine Betätigungsmöglichkeit ergab, ein Hoffnungsschimmer auftauchte, wurde sie flink und praktisch.

Man findet diesen praktischen Sinn, zu dem sich Romantik gesellt, in den Geldsorgen wieder, die sie zu dieser Zeit beschäftigten. Das kleine Kapital der Brontës war in Aktien der York und Midland Eisenbahngesellschaft angelegt. Es ereignete sich ein beträchtliches Fallen ähnlicher Wertpapiere, und Charlotte dachte an den Verkauf der Aktien, um andere zu erwerben, die sicherer waren, selbst wenn sie einen kleineren Profit abwerfen würden. Aber ihre Schwestern teilten ihre Ansicht nicht. Man ist gerührt über diese Unterhaltung zwischen Geschöpfen von einer solch vollständigen finanziellen Unkenntnis. Charlotte gab nach und erklärte, daß sie es vorzieht, lieber »die Gefahr eines Verlustes auf sich zu nehmen, als sich Emilys Meinung zu widersetzen, wenn dies ihre Gefühle verletzte«. Die Ereignisse bewiesen einige Jahre später, auf Kosten ihrer mageren Ersparnisse, daß Charlotte die Lage richtig eingeschätzt hatte.

Im Mai 1846 erscheint endlich der Gedichtband. Sein Wert war sehr ungleich. Die Gedichte von Charlotte und Anne sind nicht von Interesse. Charlotte war nur in der Prosa eine Dichterin. Emilys Dichtungen, viel hervorragender, trotz gewisser Ungeschicklichkeiten, bieten ergreifende Schönheiten, die Begeisterung einer schmerzvollen Leidenschaft, und die Kritik hätte in diesen wenigen Seiten die Feder eines großen Künstlers erkennen müssen. Aber nur das »Atheneum« vom 4. Juli sprach mit einer gewissen Sympathie kurz darüber. Das »Dublin University Magazine« meldete noch das Erscheinen, und das war alles. Man verkaufte zwei Exemplare. Charlotte versandte einige andere mit einem Begleitbrief an bekannte Schriftsteller, wie Quincey und Tennyson, die natürlich nicht antworteten. Und die »Herren Bell« blieben ebenso unbekannt unter ihrem angenommenen Namen, wie unter ihrem wirklichen.

Ohne die Veröffentlichung des Buches abzuwarten, hatte Charlotte ihrem Verleger drei Romane vorgeschlagen, einzeln oder zusammen herauszugeben und diesmal nicht auf Kosten der Autoren. Aber diese Manuskripte — es handelte sich um den »Professor«, »Wuthering Heights« und »Agnes Grey« — ließen die Firma Aylott & Johnes gleichgültig. Sie interessierten auch die anderen Verleger nicht, an die sich Charlotte nachher wandte, wobei sie vergaß, auf dem Paket die Adressen jener zu entfernen, die vorher die Manuskripte abgelehnt hatten. Nach vielen Wochen sandte man sie ohne Begründung zurück.

Zu den Enttäuschungen, die der Mißerfolg ihres Gedichtbandes und ihrer Manuskripte verursachte, kam eine neue Sorge hinzu: ihr Vater war beinahe ganz erblindet. Er konnte nicht mehr lesen und schreiben. Er irrte herum, er bahnte sich tastend seinen Weg mit einem Stock oder ausgestreckten Armen; er erkannte nur noch an den Stimmen die Personen, denen er sich näherte. Mit seiner ihm eigenen Unerschrockenheit bestieg er jedoch noch immer den Predigerstuhl. Aber er verfiel einer tiefen Melancholie.

Charlotte nahm sich seiner an, pflegte ihn, las ihm vor, versuchte seine düsteren Gedanken zu verjagen. Schließlich brachte sie ihn nach Manchester, um einen berühmten Augenarzt zu konsultieren. Dieser beschloß, sofort den grauen Star von Herrn Brontë zu operieren. Der Eingriff war sehr zufriedenstellend, und der alte Mann ertrug mutig diese angst- und schmerzvollen Tage, sowie die langen Stunden, die er hernach in der Dunkelheit verbringen mußte.

Am selben Tag, als in Manchester die Operation erfolgte, mitten in den Sorgen, die nicht allein der Zustand ihres Vaters, sondern auch der ihres Bruders auslöste — die schwere Last sich Branwells anzunehmen, hatten ihre Schwestern während ihrer Abwesenheit übernommen — erhielt Charlotte ihren Roman »Der Professor« auch von dem letzten Verleger zurück. Wie stets, fügten sich zum Kummer die Niederlagen. Eine weniger starke Seele hätte da den Kampf aufgegeben.

Aber Charlotte war unerschrocken, wie ihr Vater. Auf zweierlei Weise antwortete sie auf diese Niederlage: sie schickte das verachtete Manuskript an einen anderen Verleger und begann »Jane Eyre« zu schreiben. Dann kam der Winter, ein schrecklicher Winter mit eisigen Windstößen, Schnee, Erkältungen, Zahnschmerzen, endlosem Husten, materiellen und moralischen Nöten.

Wenn man das Leben der Brontës erzählt, fragt man sich manchmal, ob man nicht zu schwarz malt, derart türmen sich getäuschte Hoffnungen und unverdiente Leiden. Aber die Tatsachen sind da. Armut, wiederholte Niederlagen, Krankheiten, Traurigkeit und Trübsinn sind ihr Los.

Nein, es heißt nicht nach billigen Effekten haschen, wenn man Folgendes zeigt: einen Greis im einsamen Pfarrhaus von Haworth, in engen, dunklen und schlecht geheizten Zimmern, fast erblindet, mit zerrüttetem Magen und der Neurasthenie verfallen; einen jungen Mann und Alkoholiker, der irre redet; drei junge, keineswegs hübsche Mädchen, die husten, brustkrank werden, sich nicht verheiraten, denen es weder gelingt eine Schule zu eröffnen, noch ihre Manuskripte zu veröffentlichen und deren außerordentliche Talente in der Finsternis dahinleben. Man füge diesem Bild hinzu: die außerordentlich bescheidenen Mahlzeiten, die Sorgen für die Tee-Empfänge der Damen aus der Kirchengemeinde, die Eintönigkeit täglicher Pflichten in kleinstem Raum und den bewölkten Himmel, die so schnell hereinbrechenden Nächte, den Regen, der unaufhörlich gegen die Fensterscheiben trommelt.

»Ich bin ganz grau, alt, verbraucht, ausgeschöpft bis zum Grunde« sagt Charlotte. »Ich werde bald einunddreißig Jahre alt, meine Jugend ist wie ein Traum verschwunden, und ich habe sie nutzlos verstreichen lassen«.

Aber diese Not erschöpft doch nicht das Leben der Brontës. Sie ist nur die Kehrseite, nicht das wirkliche Gesicht ihres Daseins. Weder erbittert sie der Verdruß, noch verhärtet er sie. Sie bleiben empfindlich, großzügig, zärtlich vereint. Diese erstaunliche Lebensenergie ist vielleicht das Wunder ihres Genies. Wenn sie den Kampf nicht aufgeben, so deshalb, weil sie nicht sterben können, bevor sie sich nicht der Welt offenbart haben.

Alles was sie erleben, die Dramen, wie die düsteren Sorgen, der Schmerz, wie die Leidenschaft, wird von ihnen verzaubert. Sie wurden durch ihre Verwandlungsfähigkeit gerettet. Sie ersetzen ihr kleinliches, armseliges Dasein durch den Glanz ihres inneren Lebens. Emily, die sich durch ihre chronische Gleichgültigkeit schützte, lebte von allen unerkannt, ihr eigenes Geschick, auf das ich noch zurückkommen werde. Charlotte wurde manchmal schwankend, die erhaltenen Schläge blieben nicht ohne Spuren, doch richtete sie sich dann wieder auf, um ihre Familie durch ihr Beispiel, durch ihre Ermutigungen zu stützen, und um während dieser langen, qualvollen Monate »Jane Eyre« zu schreiben. Anne lebte durch die Liebe, die sie für ihre Angehörigen, für die Dienstboten, für die armen Leute, für die ganze Natur empfand.

Und endlich hatte die Vorsehung Mitleid mit ihnen. Ein Verleger, bei dem Charlotte um die Drucklegung des »Professor« nachgesucht hatte, kam auf den Einfall, dem zurückgesandten Manuskript einen Brief beizulegen, in welchem er die kommerziellen Gründe seiner Absage darlegte und die Mängel, wie auch die Verdienste des Romans erörterte. Charlotte las diese zwei Seiten mit einer tief empfundenen Dankbarkeit, da sie mit der Versicherung schlossen, ein neues Manuskript würde sorgfältig geprüft werden. Daher schickte Charlotte, sowie »Jane Eyre« im August 1847 beendet war, das Manuskript den Verlegern Smith & Elder in London zu.

Diese übergaben den Roman einem ihrer Lektoren, Herrn Williams, der sofort eine so glühende Bewunderung für dieses unbekannte Werk empfand, daß sie sich darüber lustig machten. Aber ein zweiter Lektor, Herr Taylor, war derselben Ansicht. Herr George Smith, der junge Leiter des Verlagshauses, beschloß nun, an einem Sonntagvormittag, bevor er zu einem Freund gehen wollte, ihn selber zu lesen. Er war von dem Roman derart gefesselt, daß er dem Freund mitteilen ließ, ein unvorhergesehenes Ereignis hindere ihn, sich mit ihm zu treffen. Als man ihm meldete, daß sein Mittagessen bereit stehe, ließ er sich nur ein belegtes Brot und ein Glas Wein bringen. Erst in der Nacht gab er das Manuskript aus den Händen.

Der Roman wurde rasch gedruckt und bald veröffentlicht.

In den literarischen Kreisen schlug das Werk buchstäblich wie eine Bombe ein. Man war sich einig darüber, daß es sich hier um ein Meisterwerk, um eine packende Neuheit handelte. Thackeray nahm es auf sich, für den Verleger eine Notiz abzufassen, in der er die Qualitäten des Romans aufzählte. Es erschienen zahlreiche Kritiken in der Tagespresse, dann in den Zeitschriften. Was das Publikum anbelangt, so warf es sich umso heftiger auf die drei Bände, als diese leidenschaftliche Erzählung als anstößig bezeichnet wurde. Welche Derbheit in der Schilderung der Liebe, sagte man. Die Leute jener Zeit waren nicht an solche Gewagtheiten — wie sie es nannten — gewöhnt, und jeder, bereit sie zu tadeln, beeilte sich, sie kennen zu lernen. Die Buchhandlungen konnten in dieser Atmosphäre der Begeisterung und des Skandals kaum den Bestellungen nachkommen. Drei Monate später mußte man eine neue Auflage herausgeben. Und zu ihrer Verwunderung erhielt Charlotte bald einen Scheck über hundert Pfund.

Ein gewisses Fräulein Rigby beschuldigte empört in der »Quarterly Review« den Autor Currer Bell — und der Artikel ist berühmt geblieben als Denkmal der Bösartigkeit und Dummheit — »einer vollkommenen Unkenntnis der gesellschaftlichen Umgangsformen, eines sehr schlechten Geschmacks und einer heidnischen Vorstellung von der Religion«. »Kurz gesagt, die Autobiographie von »Jane Eyre« ist ein antichristliches Werk. Sie ist eine lange Auflehnung gegen die Rechte der Reichen und die Entbehrungen der Armen, d. h. eine Auflehnung gegen den Willen Gottes.« Nach der Unkenntnis gewisser Gebräuche und nach der Art der Beschreibung der Damenkleider zu schließen, war der Autor zweifellos ein Mann. Wäre es aber unglücklicherweise eine Frau, so müßte sie aus irgendeinem Grund seit langem aus der Gesellschaft ihres eigenen Geschlechts ausgestoßen sein. Herr Smith erzählte: »Lady Herschel fragte ihre Mutter, als sie »Jane Eyre« in ihrem Salon fand: Wie können Sie ein solches Buch hier herumliegen lassen und so Gefahr laufen, daß es Ihre Töchter lesen?«

Der unbekannte Autor erregte die Neugierde aller Leute. Niemals hatte man von ihm sprechen hören. Nach seinem Namen zu urteilen, mußte er in einer Grafschaft des Nordens wohnen. Man erkannte Tatsachen und Stätten, ohne jedoch weiter das Geheimnis lüften zu können. Ein Kritiker behauptete, Currer Bell und seine Brüder seien junge Weber aus Manchester. Andere erklärten, es handle sich um eine schamlose Frau, die zu allem noch die Geliebte von Thackeray sei, der sie in seinem Buch »Vanity fair« als Becky Sharp dargestellt hätte und die ihm dies nun zurückzahlte, indem sie ihn als Rochester schilderte. Dieses Gerede wurde unfreiwillig von Charlotte selbst bestätigt, da sie die neue Auflage von »Jane Eyre« dem Autor von »Pendennis«, aus reiner Bewunderung und ohne ihn jemals gesehen zu haben, widmete.

Smith & Elder wurden mit Fragen bestürmt. Sie schworen, daß sie nichts wüßten, sondern sich damit begnügten, mit dem Vertreter des Autors, einem gewissen Fräulein Brontë, zu korrespondieren, die irgendwo in Yorkshire wohnte. Dieser geheimnisvolle Autor erweckte in ganz England allgemeine Neugierde, und der Verkauf des Buches schwoll an.

In Haworth hatten die drei Schwestern zu niemandem von ihrem literarischen Ehrgeiz gesprochen, nicht einmal gegenüber der geliebten Ellen Nussey, und als diese es erraten zu haben glaubte und eine Anspielung machte, schworen sie, daß sie sich täusche. Sie hatten auch zu ihrem Vater nichts gesagt: wozu mit ihm eine Hoffnung teilen, die sich wahrscheinlich als trügerisch erweisen würde? Der Briefbote wunderte sich jedoch darüber, daß so viele Briefe für »Currer Bell, Hochwohlgeboren« an die Adresse der Tochter des Pastors kamen. Wo versteckte sich nur dieser Unbekannte? Im Pfarrhaus? Schließlich befragte er Herrn Brontë, der ihm gutgläubig antwortete, daß dieser Name in seiner Pfarrgemeinde unbekannt sei.

Als sich aber der Erfolg von »Jane Eyre« ruhmvoll behauptete, beschloß Charlotte, ihren Vater davon in Kenntnis zu setzen. Sie trat in sein Kabinett ein, versehen mit den drei Bänden und einigen lobenden Artikeln, zu denen sie aus Stolz auch einen ungünstigen hinzufügte.

»Papa«, sagte sie, »ich habe ein Buch geschrieben.«

»Wirklich, mein Kind.«

»Ja, und ich bitte dich, es zu lesen.«

»Ich fürchte, ein Manuskript ermüdet meine Augen zu sehr.«

»Aber es ist gedruckt.«

»Mein Gott, hast du an die Kosten gedacht? Sicherlich wirst du das Geld verlieren, wie hast du dir denn den Verkauf gedacht? Niemand kennt dich.«

»Aber Papa, ich glaube nicht, daß ich dabei Geld verlieren werde, und du wirst auch meiner Ansicht sein, wenn du mir erlaubst, dir eine oder zwei Kritiken vorzulesen.«

Der Vater las »Jane Eyre«. Danach fragte er sehr aufgeregt seine anderen Töchter:

»Sagt mir, wußtet ihr, daß Charlotte einen Roman geschrieben hat und daß er weit besser ist als schicklich?«

Sie gestanden es freudig ein und sagten nicht ein Wort über ihre eigenen Manuskripte, die bei einem anderen Verleger, Herrn Newby, auf die Drucklegung warteten.

Nach dem großartigen Erfolg von »Jane Eyre« beeilte sich jedoch Herr Newby, im Dezember 1847, und zwar auf Kosten der Verfasser, den Roman von Ellis und den von Acton Bell herauszugeben. Er rechnete damit, daß sich das Interesse, das der erste Bell hervorrief, sich auch auf die Werke der beiden anderen übertragen würde.

Darin täuschte er sich. »Wuthering Heights« erschien beinahe unbemerkt, und »Agnes Grey« fand nur die Aufmerksamkeit einiger Leute[1].

Die Personen, welche diese Bücher durchblätterten, vermuteten, es wären Jugendwerke, verfehlte Versuche des erfolgreichen Currer. Der Verleger stand in Verhandlungen mit einem amerikanischen Kollegen und benutzte kühn diese Vermutung. Er ging sogar so weit, zu erklären, daß der nächste Roman von Acton Bell »The tenant of Wildfell Hall« der beste in der Serie wäre.

Im folgenden Sommer erfuhr jedoch der Verlag Smith & Elder, als er gerade dabei war, die Verlagsrechte von »Shirley« nach Amerika zu verkaufen, diese Behauptungen und verlangte von Charlotte Aufklärung. Die Brontës erschraken darüber, in den Augen von Smith & Elders unehrlich zu erscheinen. Charlotte beschloß, sofort mit Anne nach London zu fahren. Sie packten schnell die Koffer und schafften sie durch ein Fuhrwerk nach Keighley. Sie selbst begaben sich zu Fuß, bei heftigem Gewitter, bis zu dieser Stadt, nahmen den Zug für Leeds, stiegen dort um nach London, wo sie

[1] Charlotte gab nach dem Tode ihrer Schwestern, im Jahre 1850, die beiden Romane mit einem Vorwort, in welchem sie ihre Bewunderung ausspricht, neu heraus. Aber man mußte noch lange warten, insbesondere auf die begeisterte Fürsprache von Swinburne und Matthew Arnold, damit »Wuthering Heights« den hervorragenden Platz erhielt, der ihm gebührt.

am Morgen vor Müdigkeit erschöpft ankamen. Natürlich ging Charlotte mit ihrer Schwester in das einzige Hotel, das sie kannte, ins Chapter Coffee House in der Paternoster Row. Sie machten sich schnell zurecht, frühstückten hastig, und anstatt einen Wagen zu nehmen, wie sie es zuerst vorhatten, stürzten sie nach Cornhill, fremd und verloren in dem Gewühl, betäubt vom Lärm, dem Kommen und Gehen der Wagen und Pferde und fürchteten sich derart, die Straßen zu überqueren, daß sie eine Stunde brauchten, um eine Entfernung von einer halben Meile zurückzulegen.

Sie hatten sich vorher nicht angemeldet. Sie verlangten Herrn Smith zu sprechen, aber nachdem sie sich weigerten, ihren Namen zu sagen, ließ man sie sehr lange warten. Endlich beschloß Herr Smith, die Unbekannten zu empfangen, die wahrscheinlich lästige Bittstellerinnen waren. Er sah zwei kleine Geschöpfe eintreten, mit blassen und ängstlichen Gesichtern, einander ähnlich in ihrer lächerlichen Bekleidung. Eine von ihnen, die den großen und eleganten jungen Londoner prüfend durch ihre Brille betrachtete, näherte sich und übergab ihm den Brief, den er an Currer Bell geschrieben hatte.

»Wie erhielten Sie dieses Schreiben?« fragte er verwundert.

»Durch die Post, denn es war an mich gerichtet. Wir sind gekommen, um Ihnen zu zeigen, daß die Bells zu mindestens zwei Personen sind.«

Das also war der Romanschriftsteller, über den ganz England sprach! Herr Smith war so bestürzt, daß er Herrn Williams rufen ließ, den ersten und begeisterten Leser von »Jane Eyre«, der nun seinerseits sein Erstaunen nicht verbergen konnte.

Herr Smith fand im Anfang Charlotte eher interessant als anziehend. Ihr Kopf, sagte er, schien zu groß für ihren Körper. Sie hatte schöne Augen, aber ihr Teint und die Form ihres Mundes schadeten dem Gesicht. Sie wirkte unruhig, wenig selbstsicher und zu gewissenhaft.

Er schlug den Schwestern vor, die Bekanntschaft von Schriftstellern, glühenden Bewunderern von »Jane Eyre« zu vermitteln. Charlotte lehnte ab. Sie zog es vor, unbekannt zu bleiben. Sie wies auch sein liebenswürdiges Anerbieten zurück, bei ihm zu wohnen, wo seine Mutter sie gerne empfangen hätte. Sie erlaubte lediglich, so scheu war sie, daß diese sie im Hotel besuchte.

Sie kehrten nach Chapter Coffee House zurück und waren so aufgeregt durch diese Unterhaltung, durch die Geständnisse über die Autorenschaft, daß sie sich niederlegen mußten. Gegen Ende des Nachmittags trafen die Smiths in Abendkleidung bei ihnen ein, um sie in die Oper zu führen, wo der »Barbier« von Rossini gegeben wurde. Die Einladung war so liebenswürdig vorgebracht worden, daß die beiden Schwestern zusagten, obwohl sie sich nicht sehr elegant kleiden konnten. Und sie gingen zugleich glücklich und aufgeregt mit.

Als sie die Treppe zur Oper betraten, sagte Charlotte zu Herrn Williams, der sie führte: »Ich bin an solche Dinge überhaupt nicht gewöhnt.« Ihr Herz schlug vor Erregung und freudiger Erwartung. Aber sie verlor den Kopf nicht. Und Williams, empfänglich und wohlwollend, war darüber sehr gerührt.

»Während wir vor der noch geschlossenen Logentür standen, betrachteten uns unverhohlen feine Herren und Damen mit einem Anflug höflicher, aber wohl verständlicher Verachtung« hat Charlotte später erzählt. Vielleicht gab ihr in jenen Augenblicken die Vorstellung Mut, daß das Verhalten dieser Leute sich sofort ändern würde, wenn sie ihnen gesagt hätte: »Ich bin Currer Bell.«

Am nächsten Tag, einem Sonntag, führte Herr Williams sie in die Sankt Stephan Kirche, wo sie einem berühmten Prediger hören wollten. Abends aßen sie bei den Smiths. Am Montag gingen sie in die Royal Academy und in die National Gallery, zur größten Freude Charlottes, die bereits seit langem die berühmten Gemälde nur von Reproduktionen her kannte. Hatte sie nicht, bevor ihre Kurzsichtigkeit sich verschlimmerte, davon geträumt, einmal eine große Malerin zu werden?

Dann waren sie nochmals bei den Smiths zu Gast, nahmen den Tee bei Herrn Williams, und Dienstag verließen sie London, beladen mit Büchern, die ihnen Herr Smith geschenkt hatte. Betäubt, verblüfft, ermüdet kehrten sie zum schweigsamen und traurigen Haworth zurück, wo der Ruhm nichts galt.

VIII.
Jane Eyre.

»Jane Eyre« ist die Geschichte eines einsamen und armen Geschöpfes, das gegen Mißgeschick und die unbarmherzigen Mächte des Hochmuts und des Geldes kämpft. Sie verliebt sich, trotz ihrer untergeordneten Stellung in einen Mann, der die Stärke ihrer Seele entdeckt und sich um sie bemüht. Ein unvorhergesehenes Hindernis trennt sie, und sie flüchtet aus Schamgefühl und Stolz vor ihrer Liebe.

Diese Geschichte ist Charlottes eigenes Leben, außer daß niemand sie geliebt hatte, und daß der glückliche Ausgang des Romans in allen Teilen erfunden ist. Sie ist die verklärte, dramatisierte Heraufbeschwörung ihrer Vergangenheit. Sie ist eine Herausforderung des Schicksals, eine Vergeltung, ein unverwirklichbarer, aber glaubhafter Traum. Die zarte, erst verzweifelte, dann triumphierende Heldin, ist nicht die einfache, entsagungsvolle und traurige Charlotte, wie ihre Umgebung sie kannte, sondern die unbekannte Charlotte, die es verdient hätte, das leidenschaftliche Schicksal zu leben, das sie erfand. Jane Eyre ist Charlotte, wie sie sein wollte, so wie sie — wer kann es wissen — vielleicht hätte sein können.

Jane Eyre wurde von ihrer Tante, Frau Reed, die sie ungerecht und grausam behandelt, als Waise aufgenommen. Ihre Vettern quälen sie, sie leidet unter der moralischen Einsamkeit, in der sie lebt. Sie lehnt sich dagegen auf, doch vergeblich, denn niemand versteht sie. Daher freut sich die Zehnjährige sehr darüber, daß sie in die Schule von Lowood geschickt wird. Trotz der Härte des Direktors, trotz Hunger und Kälte fühlt sie sich dort wohl. Sie lernt die seelische Größe der kleinen Helene Burns kennen und findet Trost bei Fräulein Temple, der Leiterin der Schule. Dann, als sie ihre Studien beendet hat, wird sie selbst Lehrerin.

Aber getrieben von dem Wunsch nach Veränderung, nimmt sie in Thornfield House bei einer alten Dame, Frau Fairfax, eine Stellung als Lehrerin an. Sie hat sich bei ihr mit einem kleinen Mädchen namens Adele zu beschäftigen. In Wirklichkeit ist Frau Fairfax nur eine Gouvernante; das Schloß gehört Herrn Edward Rochester, der auf dem Festland lebt.

Eines Tages kommt dieser zurück. Er ist ein eigenwilliger, mürrischer Mann über dreißig, Jane ist noch nicht zwanzig Jahre alt. Er bemerkt, daß die kleine Lehrerin klug ist. Sie gefällt ihm. Er gesteht es ihr, obwohl er sie weiter mit Kälte behandelt und sie zuweilen barsch abweist. Er erzählt ihr, Adele sei die Tochter einer seiner Geliebten, einer Pariser Schauspielerin, mit der er brach, als er entdeckte, daß sie ihn betrog. Er läßt dieses Kind erziehen, obzwar er glaubt, daß er nicht der Vater ist.

Jane Eyre bewundert diesen Ehrfurcht einflößenden und unglücklichen Mann. Sie erträgt geduldig seine brutalen Ausbrüche, und Rochester ist von ihrem Mut bezaubert. Er betrachtet ihre Zeichnungen, lauscht ihrem Klavierspiel. Sie beginnt ihn zu lieben. Und sie fragt sich, welcher unbekannte Kummer, unter seinem Jähzorn und seinen Launen verborgen, wohl auf ihm lasten kann.

Das Schloß ist nicht weniger geheimnisvoll als sein Besitzer. Jane hat manchmal auf den Gängen ein teuflisches, von Stöhnen begleitetes Gelächter vernommen. Im zweiten Stock wohnt eine eigenartige Person, Grace Poole, eine Art Dienstbote, verschlossen und feindlich. Unerklärliche Dinge ereignen sich im Schloß. Eines Nachts öffnet Jane aufgeregt ihre Zimmertür und sieht den Flur voller Qualm. Sie geht zum Zimmer von Rochester und findet es in Flammen gehüllt. Sie weckt ihn, rettet ihn vor dem sicheren Tod. Er läßt sie glauben, Grace habe das Feuer gelegt, aber er weigert sich, diese der Justiz auszuliefern oder sie zu entlassen.

Bald darauf geht Rochester auf zwei Wochen zu Freunden, die er mit nach Thornfield bringt. Das bis dahin stille und traurige Haus, mit seinen großen, leeren Räumen, ist nun von Lichtern erhellt, von dem Stimmengewirr der Unterhaltungen erfüllt, zu dem sich das Rascheln seidener Röcke, das Klirren der Silberbestecke gesellt. Die Besucher, Aristokraten aus der dortigen Grafschaft, reiten aus, unterhalten sich mit Rätselspielen. Und Jane, deren Anwesenheit im Salon jeden Abend von Rochester verlangt wird, ist von wilder Scheu erfaßt. Sie sieht sich von den Gästen, die ihr nur Unangenehmes sagen, verächtlich behandelt; mit blutendem Herzen schaut sie zu, wie ihr Gebieter einem schönen, jungen und hochmütigen Mädchen hartnäckig den Hof macht. Man erzählt von dieser Blanche Ingram, daß Rochester sie heiraten wird.

Zu dieser glänzenden Gesellschaft tritt bald ein neuer Gast, Herr Mason, der eben aus den Antillen zurückkehrte. Noch in der Nacht seiner Ankunft wird Jane durch einen schrecklichen Schrei aufgeweckt, der aus dem zweiten Stock ertönt. Sie lauscht, sie hört den Lärm eines Ringens, Hilferufe. Türen öffnen sich, Fragen schwirren hin und her. Rochester taucht plötzlich auf und bittet seine Gäste, sich zu beruhigen. »Es war nur ein Dienstbote, der einen Alpdruck hatte« sagte er. Aber nachdem sich alle in ihre Zimmer zurückgezogen haben, befiehlt er Jane, mit ihm hinaufzugehen. Dort, bei Grace Poole, sieht sie Mason mit Blut bedeckt und verbindet ihn, ohne Fragen zu stellen. Grace, zweifellos Urheberin dieses Attentats, hält sich unsichtbar im Nebenzimmer auf. Mit diesem geheimnisvollen, verbrecherischen Mordversuch schließt der erste Teil des Romans.

Zu Beginn des zweiten Teiles läßt Frau Reed, die Tante, Jane zurückrufen. Sie liegt im Sterben und will sie noch einmal sehen. Sie gesteht ihr, daß sie vor vielen Jahren von einem Onkel ihrer Nichte, der nach Madeira ausgewandert war, einen Brief erhalten hat. Dieser wünschte, nachdem er dort reich geworden war, seine Nichte zu adoptieren, um sie als Erbin seines Vermögens einzusetzen. Frau Reed hatte ihm geantwortet, Jane wäre gestorben. Das ist das Geheimnis, dessen sie sich entledigen wollte, bevor sie diese Welt verläßt. Sie stirbt, und Jane empfindet nur Mitleid und Trauer.

Nach Thornfield zurückgekehrt, entdeckt Jane bestürzt, entzückt, in einer langen Unterhaltung, die im Garten bei Dämmerung und Mondschein geführt wird, daß Rochester niemals Blanche Ingram geliebt hat, sondern sie, Jane Eyre, und daß er sie heiraten will. Verlobt, entwerfen sie strahlende Zukunftspläne.

Eines Nachts wird Jane von neuem durch ein Licht aufgeschreckt: jemand ist in ihr Zimmer getreten. Sie sieht eine unbekannte Frau mit verwüsteten Gesichtszügen, die über den für die Hochzeit vorbereiteten Schleier herfällt, ihn wütend zerreißt und dann verschwindet. Rochester erbebt, als Jane ihm von dieser nächtlichen Erscheinung erzählt und beschleunigt die Vorbereitungen für die Heirat.

Endlich kommt der erwartete Tag. Das Paar ist in der Kirche. Aber in dem Moment, als der Segen ausgesprochen werden soll, sieht sich der Pastor durch zwei Personen unterbrochen, die sich heimlich eingeschlichen hatten und von denen eine ruft, daß sie gegen diese Heirat Widerspruch erhebt, denn Herr Edward Rochester ist bereits verheiratet und seine Frau lebt. Allgemeine Bestürzung. Der Mann, der soeben gesprochen hat, ist ein Londoner Notar, und sein Begleiter, Herr Mason, erklärt, daß er der Schwager von Rochester sei.

Dieser leugnet erst und gesteht schließlich. Seine Frau, geborene Berthe Mason, ist eine unglückliche Irre, die er heimlich in Thornfield House gefangen hält. Nicht Grace Pool, sondern sie stößt in der Nacht jene schrecklichen Schreie aus, sie war es, die ihren Mann, dann ihren Bruder töten wollte und die den Hochzeitsschleier von Jane zerriß. Rochester führt alle zu der Wahnsinnigen: sie wirft sich auf ihn und versucht ihn zu erwürgen.

Diese Enthüllungen stürzen Jane in Verzweiflung. Vor Entsetzen erstarrt hört sie Rochesters heftige Rechtfertigung an: Er ließ sich sehr jung von seinem Vater mit einer schönen und reichen Kreolin verheiraten. Am Tage nach der Hochzeit entdeckte er die ersten Anzeichen einer ererbten Geisteskrankheit, die man ihm verheimlicht hatte. Seine Frau zeigte sehr bald einen niedrigen und zynischen Charakter. Sie hat ihn skrupellos bloßgestellt und betrogen, bevor sie gänzlich dem Wahnsinn verfiel. Rochester betrachtete sich frei, er will glücklich sein, und er fleht Jane an, nachdem die Heirat unmöglich ist, mit ihm nach dem Festland zu fahren.

Mehr als je vergöttert Jane diesen Unglücklichen, aber sie weigert sich, seine Geliebte zu werden. Und als sie fühlt, daß sie trotz ihres Flehens zu Gott, vielleicht schwach werden könnte, beschließt sie zu fliehen. Mit den wenigen Schillingen, die sie besitzt, nimmt sie die Postkutsche, steigt irgendwo auf der Landstraße aus und wandert ziellos weiter.

Die Obdachlose wird bald vom Hunger gequält. Sie schläft in der Heide, bettelt erfolglos in einem Dorf. Nach zwei Tagen der Angst wieder zur Heide zurückgekehrt, erblickt sie beim Hereinbrechen der Nacht ein Licht. Es kommt aus einem einsamen Haus, wo zwei verwaiste junge Mädchen mit einer alten Dienstmagd wohnen. Diese verweigert zuerst der Unbekannten, die vor Schwäche fast zusammenbricht, jedwede Hilfe. Aber der Bruder der jungen Mädchen, Saint-John, der Pastor dieser Gegend ist, läßt sie eintreten. Man gibt ihr zu essen, man stärkt und pflegt sie, denn sie wird schwer krank.

Ihre Gastgeber, die Rivers, merken wohl, daß sie nicht irgendeine gewöhnliche Person ist, aber sie respektieren ihr Geheimnis. Sie sagt ihren Namen nicht, aus Angst, ihr Versteck könnte durch Rochester entdeckt werden. Man läßt sie in der kleinen Dorfschule in den Anfangsklassen Unterricht erteilen. Nach einiger Zeit erfährt sie, daß Saint-John in die Tochter eines reichen Industriellen verliebt ist, aber seiner Liebe entsagt, weil er sich zu einem viel höheren Glück berufen fühlt: er soll nach Indien als Missionar fahren. Und bald versucht er Jane zu bewegen, mitzufahren, um ihm bei seiner Aufgabe zu helfen.

Mittlerweile liest Saint-John auf einem Blatt ihres Albums den Namen Jane Eyre. Er steht gerade in einem Briefwechsel mit einem Londoner Notar, der eben dieses junge Mädchen sucht, um ihr mitzuteilen, daß ihr Onkel in Madeira gestorben ist und sie sein Vermögen erbt. Saint-John wird darüber auf dem laufenden gehalten, da seine eigene Mutter eine Eyre war, also eine Schwester von Janes Vater sowie vom Onkel in Madeira, die sie aus den Augen verloren hatte. So entdeckt Jane plötzlich drei Verwandte. In einer Aufwallung ihrer Großzügigkeit und aus Freude darüber, endlich eine Familie zu besitzen, setzt sie durch, daß sie einwilligen, mit ihr die Erbschaft zu teilen.

Und als Saint-John weiterhin darauf besteht, sie nach Indien mitnehmen zu wollen und ihr nun anbietet, seine Frau zu werden und sie sich dagegen sträubt, hört sie plötzlich eine Stimme, die sie geheimnisvoll ruft: es ist Rochesters Stimme, er braucht sie. Sofort fährt sie nach Thornfield. Doch bei ihrer Ankunft findet sie das Schloß nicht mehr vor, und im Dorf erfährt sie: eines Nachts hat die Wahnsinnige das Schloß in Brand gesteckt und ist auf das Dach geflüchtet. Rochester stieg bis zu ihr hinauf, um sie zu retten, aber sie stürzte sich auf das Pflaster des Hofes hinunter und starb. Rochester aber, verwundet durch das Einstürzen einer Mauer, verlor eine Hand und ein Auge, auch das andere Auge wurde schwer verletzt. Nun lebt er blind und einarmig auf seinem einsamen Gut Ferndean.

Ihr Heißgeliebter ist Witwer, also frei, er ist unglücklich, also bedarf er des Trostes. Jane eilt nach Ferndean, wo Rochester sie in seine Arme schließt. Der Roman endet mit ihrer Hochzeit. Jane teilt übrigens am Schluß noch mit, daß ihr Mann sich operieren ließ und das Augenlicht wieder gewann. Sie haben ein Kind. Und sie sind nicht das einzige, ungetrübt glückliche Paar: auch die beiden Schwestern Rivers sind verheiratet und vollkommen glücklich. Was nun Saint-John betrifft, so heiratet er nicht: er lebt für den Allmächtigen und wird für ihn sterben.

*

Man sieht aus dieser gedrängten Uebersicht zur Genüge, daß »Jane Eyre« eine dramatische Geschichte ist, voll unvorhergesehenen, sogar außergewöhnlichen, sprunghaften Ereignissen. Die unerwartete Ankunft des Schwagers von Rochester, die Verwandtschaft zwischen Jane und den zufällig getroffenen Rivers, die Erbschaft, die vom Himmel fällt, die Feuersbrünste, die im Schloß ausbrechen, und die Entdeckung der Gefangenen, was für Ueberraschungen und Zufälle! In »Jane Eyre« stehen den großzügigen Seelen Wesen von einer seltenen Bösartigkeit gegenüber. Ein junges, unschuldiges Mädchen, ein sündhafter und finsterer Geliebter erleben intensiv eine reiche Gefühlsskala, vom Zorn zum Schrecken, vom Stolz zur Angst, um sich in der Liebe zu entfalten, aber in einer Liebe, welche das vollkommene Ineinanderaufgehen zweier Seelen im Angesicht des Herrn ist.

Man muß nicht vergessen, daß »Jane Eyre« nicht Charlotte Brontës erster Roman war, sondern bereits eine Fortsetzung, nämlich die Fortsetzung der unzähligen Geschichten, die sie in ihrer Kindheit und ersten Jugend geschrieben hatte, und die alle schillernd und wechselvoll waren. »Jane Eyre« ist wie »Green Dwarf« oder »Angria and the Angrians«, wie die vielen Gedichte, Legenden und willkürlichen Erfindungen, in denen sie sich versuchte, reich an plötzlichen Wendungen, an überraschenden Episoden, an schrecklichen Gefahren, aus denen die Helden jedoch ganz sicher unbeschadet hervorgehen. In dieser Hinsicht gleicht dieses Werk der Gefühlswelt des Abenteuerromans, welchen die Jugend liebt, des romantischen Romans, den junge Mädchen gern haben, des Fortsetzungsromans, den Einfache wie Raffinierte gerne lesen und selbst des tragischen Romans, der jeden interessiert.

Vielleicht sind wir übertrieben streng, wenn wir uns über das Uebermaß an Schicksalswendungen beklagen. Enthalten nicht alle großen Romane, die von Stendhal und von Balzac, von Dickens und Dostojewski, ebenfalls plötzliche Ereignisse, unerwartete Zufälle, überraschende Wendungen? Charlotte reizt uns oft durch die Willkür ihrer Kombinationen, den melodramatischen Zug der Handlung, aber sie tut es, weil sie mehr Vertrauen zu den unendlichen Möglichkeiten des Lebens hat als wir. Sie ist sehr naiv, aber es ist die schöne Naivität des schöpferischen Menschen, der an das glaubt, was er erfindet.

Gewisse scheinbare Uebertreibungen hat sie übrigens der Wirklichkeit entnommen. So wirkt es unwahrscheinlich, daß Rochester Jane heiraten will, während seine Frau versteckt im Schloß lebt, und er so Gefahr läuft, schwer für Bigamie verurteilt zu werden. Aber Charlotte kannte eine ähnliche Geschichte, die sich in der Nähe von Haworth zugetragen hatte.

Und dank dieser originellen Gegensätze, der unerwarteten Ereignisse, des lebhaften Tempos, behält ihr Roman noch heute seine Anziehungskraft. Manche Kapitel sind veraltet, aber das Ganze erregt noch immer die Neugierde. Hie und da erhebt der Leser Einspruch, aber er verweilt dabei nicht, denn er will die Fortsetzung kennenlernen und läßt sich mitreißen. Er spürt trotz der anekdotischen Verschrobenheit, daß »Jane Eyre« psychologisch wahr ist und sich die Leidenschaft in wirklich existierenden Wesen verkörpert. Er errät, daß diese erreignisreiche Erzählung von genauen Beobachtungen, Gefühlsregungen, Schicksalsschlägen und erlebten Wünschen genährt ist.

Man hat bis ins Einzelne nachgeforscht, was Charlotte sichtbar von ihrer eigenen Existenz in den Roman hinübernahm. Die Personen, und an erster Stelle Jane, die sie selbst ist, wurden ihrer Umgebung entnommen. Die beiden Schwestern von Saint-John, sind Emily und Anne, und Tabby begleitet sie. Selbst die Häuser sind der Natur nachgebildet:

das Pfarrhaus der Rivers ist Haworth, mit seinen Zimmern und den mit Sand bestreuten Steinböden, mit dem Torffeuer, der Wanduhr, den Körben mit Handarbeiten und selbst mit dem »wie ein Spiegel polierten Nußbaumtisch«, auf dem eben Charlotte »Jane Eyre« geschrieben hat. Wenn Rochester am grauen Star operiert wird, so liefert ihm dafür Herr Brontë das Beispiel. Und auch die geliebten »moors« sind da, »die blühende, in Purpur getauchte Heide«, das Farnkraut, die Wasserfälle, die eintönige, gewellte Ebene, wo Jane wie Charlotte Schutz und Trost fand.

Man muß sich in die Zeit versetzen, in der »Jane Eyre« erschien, um zu verstehen, was dieser Roman an konkreten Tatsachen enthält: stets richtige, Atmosphäre atmende Landschaftsschilderungen, genaue Beschreibung der Häuser und ihrer Ausstattung. Man findet in dem Roman kleine Leute, deren Sprache dem Leben abgelauscht wurde. Man kennt die Stunde, die Zeit der Handlung. Eine Anzahl passender, vertrauter Einzelheiten vergegenwärtigt uns den heraufbeschworenen Vorgang.

Dort, wo die direkte Beobachtung versagte, verrät Charlotte ihre Unzulänglichkeit. Das Bild, das sie von den Leuten der großen Gesellschaft entwirft, ist schreiend falsch. Sie verwandelt die aristokratischen Gäste, die Rochester bei sich empfängt, in Marionetten; sie unterlegt ihnen eine Taktlosigkeit, ein Benehmen, eine Rohheit, eine anmassende Sprache und sogar eine besondere Art sich zu kleiden, durch die sie zu schwerfälligen Karrikaturen werden. Sie tat dies, weil sie selbst bei reichen, bedeutenden und hochmütigen Leuten in ihrer untergeordneten Stellung gelitten hatte. Sie malt diese Leute nicht wie sie sind, sondern wie sie im Innern einer kleinen, gekränkten Lehrerin erscheinen.

Selbst bei Jane und Rochester kann man einige Widersprüche finden. Jane macht manchmal durch die Art ihres Denkens und Handelns den Eindruck, viel älter zu sein, als sie ist. Und ihre pedantische Ausdrucksweise, ihr Gefallen daran, Gleichnisse allzu oft anzuwenden, stammen von einer Schriftstellerin und nicht von einer unerfahreren Jugendlichen. Rochester ist manchmal mit dem gleichen feierlichen Pomp geschildert. Die Beichte seines Lebenswandels entlockt ein Lächeln, und er macht auf uns den Eindruck, eher durch Treuherzigkeit, als durch Verdorbenheit gesündigt zu haben. Aber vielleicht entspringt die Naivität dieses Lebemannes einem enttäuschten Idealismus, der sich durch Ausschweifung rächt, ohne darin etwas Unrechtes zu finden. Doch was bedeuten schon diese Irrtümer in den Einzelheiten, die zwar in die Augen springen, aber an die man nicht mehr denkt, sowie man sie festgestellt hat, gegenüber der ergreifenden und tiefen Darstellung, die Charlotte von ihren Hauptpersonen gegeben hat!

Was zuerst betroffen macht, ist ihre Unerschrockenheit und ihr Ungestüm. Es gibt kein Schwanken bei ihnen, sie folgen ihren Gefühlen bis zum Aeußersten. Sie nähern sich einander, als wollten sie sich angreifen, und selbst in der Liebe lassen sie sich zu einer erstaunlichen Brutalität hinreißen. So sind beispielsweise die Unterhaltungen zwischen Jane und Rochester scharfe Auseinandersetzungen, eine Abrechnung, in der niemand auf den anderen Rücksicht nimmt. Jeder wird auf seine Weise davon getroffen, aber läßt es hochmütig nicht merken. Diese stürmischen Zwiegespräche binden sie aneinander, wie seltsame Umarmungen, unter dem Zwang der Abneigung hervorgerufen. Später finden wir zwischen Jane und Saint-John dieselbe erbitterte Art und Weise einander herauszufordern und den andern sofort an seiner empfindlichsten Stelle zu verwunden. Es sind ganze Wesen, unfähig Ausflüchte zu machen, zu heucheln oder einfach ironisch zu sein. Sie haben weniger in der Welt und ihren Kompromissen gelebt, als in der Einsamkeit mit all ihrer Beharrlichkeit. Die Organisatorin dieser Schlachten ist Emilys Schwester und der Paroxysmus von »Wuthering Heights« war das Vorspiel zu den Gewalttaten in »Jane Eyre«.

Aber diese aufbrausenden Charaktere sind nicht aus einem Guß, und wenn sie brutal zusammenstoßen, muß man sie dennoch nicht für gefühllos halten. Sie leiden furchtbar an ihren Wunden, sie empfinden abwechselnd Stolz, Scham, Wut, Verzweiflung. Durch die Beschreibung ihres maßlosen Benehmens erstrebte Charlotte keineswegs eine allzu leichte Gestaltung. Nein, sie zeichnet das treue Bild einer stolzen, heftigen Rasse, die sich nach langer Zurückhaltung durch einen plötzlichen Ausbruch befreit. Die Rauheit dieser Rasse stammt aus Yorkshire, ihre ständige Ruhelosigkeit aus Irland und ihr Hang zu mystischen Träumen aus Cornwall; es ist die englische Rasse der Brontës.

Sehen wir uns Rochester an: er ist nicht schön, sondern »düster, streng, energisch«, mit einer eckigen Stirn, mit dichten schwarzen Brauen über den feurigen Augen, mit kräftigem Gebiß und der massiven Statur eines Athleten. Gebieterisch und zugleich mürrisch, finden wir bei ihm oft Zornausbrüche oder, da er wunderlich ist, eine spöttische Verachtung, mit der er seinen Gesprächspartner verwundet.

Aber diese Rauheit, diese unbeständige Gemütsart verraten eine vom Leben zerrissene Seele, die grollt, weil sie unter der Ungerechtigkeit und den Lügen gelitten hat, und weil Angst und Reue auf ihr lastet. Es ist eine starke Seele, gehemmt durch Mißtrauen zu den Menschen und durch Gewissensbisse, die Rochester vergeblich zum Schweigen zu bringen versucht.

Jane möchte diesem Mann, den sie ihren Herrn nennt und wie ein Gefesselter sich wehren sieht, beistehen und zuerst seine Qualen lindern. Ihre Augen können sich nicht von diesem männlichen, gebräunten Gesicht, das sie ganz gefangen nimmt, losreißen, und sie beginnt ihn zu lieben, um ihn von einem Kummer zu heilen, den sie nicht kennt. Findet sie übrigens nicht in der bitteren Heftigkeit Rochesters ihre eigene wieder, gerade erst erweckt und den Gerechtigkeitssinn, der sie im Alter von zehn Jahren bereits veranlaßt, sich gegen die grausame Tyrannei der Frau Reed aufzulehnen?

Alles trennt sie von Rochester, und dennoch weiß sie, er gehört zur gleichen Menschenart wie sie.

Er verteidigt sich gegen ihre Sympathie. Er bedenkt sie reichlich mit hämischen Worten, mit hochmütigen Verweisen, mit beinahe groben Neckereien. Er gefällt sich darin, ihre Anwesenheit zu übersehen oder dieses so bescheidene Geschöpf zurechtzuweisen. Wenn er später sie glauben läßt, er würde Blanche Ingram heiraten, so tut er dies zweifellos, um sie, aber auch sich selbst, auf die Probe zu stellen, auch verabscheut er es nicht, sie leiden zu sehen. In diesem brutalen Mann steckt Sadismus.

Welche unverschämte Redeweise findet man sogar in ihren Liebesgesprächen, in den feierlichen oder gekünstelten Aeußerungen, die unvermittelt von Geständnissen unterbrochen werden, in denen man ihr Herz entdeckt, das sich ihnen plötzlich auf die Lippen drängt! Wenn Jane ihrem Verlobten trotzt, widersetzt sie sich wie es Charlotte tat, gegen den Mißbrauch der Autorität der Männer, der zu ihrer Zeit allgemein üblich war. Sie will, daß er sie wie seinesgleichen behandelt. Harten Charakteren könne sie nur mit »gänzlicher Unterwerfung oder offener Auflehnung« begegnen, erklärt Jane. Sie wählt den Widerstand.

Wenn Rochester, der gereifte Mann, sich in Erzählungen seiner Ausschweifungen ergeht, so tut er dies, um sich von einer Vergangenheit zu befreien, die ihn bedrückt. Aber gefällt er sich nicht darin, dieses junge Mädchen, das beinahe noch ein Kind ist, zu provozieren, bei diesem schamhaften, so blassen Mädchen im »Quäkerkleid mit weißem Kragen« die Vorstellung der Lust zu erwecken? Er flößt ihr Interesse ein, reizt sie, bringt sie zum Erröten und scheucht so die kleine verschlossene Person auf, die durch ihre Zurückhaltung unnahbar war.

Jane wiederum zögert nicht, diesen Schuldigen dafür zu bestrafen, d. h. sie demütigt seinen Mannesstolz, der ihn tatsächlich beherrscht. So verschafft sie sich Geltung. Andererseits empfindet sie eine bittere Genugtuung darin, ihn und sich selbst unaufhörlich daran zu erinnern, daß sie nur eine einfache Gouvernante ist, »die man bezahlt«, wie sie unterstreicht, um sich so ihrerseits vor ihm zu erniedrigen. Die Betonung ihrer untergeordneten Stellung, eine geschickte List, fesselt Rochester weit mehr als die hochmütige Miene von Blanche Ingram. In ihm ist zu viel Groll gegen die Frauen aufgespeichert, als daß er ihren Hochmut ertragen könnte. Errät er in der übertriebenen Demut Janes einen Stolz, der durch seine Raffiniertheit seinen eigenen besiegt?

Stumm ist Jane, außer wenn man das Wort an sie richtet; sie verschwindet lautlos, ist aber stets da, wenn man sie braucht, immer bereit, die Wünsche ihres Herrn zu erfüllen, mutig in der Gefahr, niemals anmaßend, niemals feige, geduldig, trotz der Verhöhnungen Rochesters und seiner Freunde, doch schlagfertig im Entgegnen. In ihrer Unterwürfigkeit, die sie gerne übertreibt, um Abstand zu wahren und den anderen ihr Unrecht fühlen zu lassen, wird ein schmerzhafter Stolz sichtbar. Jane, das zarte Kind, handelt mit einer um so wirksameren Koketterie, als sie sich dessen nicht bewußt ist. Nach und nach erreicht sie, daß ihr furchtbarer Partner den Ton ändert, sie sogar mit anderen Augen betrachtet und endlich sein Herz sprechen läßt. Indem sie sich ihm widmet, ohne ihn erobern zu wollen, bringt sie ihn zu Geständnissen, zu Klagen, Bitten und wird ihm unersetzlich. Gewiß wird ihr Verhalten von einer tiefen Liebe ausgelöst, aber die Schliche dieser zunehmenden Verstrickung werden mit einem nie versagenden Taktgefühl ersonnen.

Als Jane in dem Augenblick, wo Rochester sie heiraten will, seine Ehe erfährt, und sie beschließt aus Thornfield zu fliehen, trägt sie ihm seinen Betrug nicht nach. Könnte man nicht in ihrer Flucht einen äußerst geschickten Versuch erblicken, um ihn für immer an sie zu fesseln? Jane handelt zweifellos aus erhabenen Beweggründen, und sie leidet grausam unter ihrem Verzicht. Sie will sich nicht entwürdigen, nicht gegen ihre religiösen Ueberzeugungen verstoßen; sie opfert sich, um ihm und sich selbst würdig zu bleiben. Sie irrt verloren herum, von nun an des Glücks beraubt und bringt sich selbst als Sühnopfer dar. Es kann nichts Schöneres geben.

Wenn sie die Vorschläge Rochesters angenommen hätte, wäre sie Gefahr gelaufen, von ihm auf eine Stufe mit seinen früheren Geliebten gestellt und ebenfalls verabscheut zu werden. Sie spürt, denn auch die Unschuld hat ein Ahnungsvermögen, daß sie durch ihre Hemmungen reizvoller wirkt und daß der Mann, der sie verfolgt, einmal befriedigt, nicht mehr in ihr die Frau sehen würde, die er als einmalig ansah. Wenn sie aber vor seinen sinnlichen Wünschen flieht, bleibt Rochester ihr seelisch, also für immer, verbunden.

Die Flucht verhindert übrigens nicht die Rückkehr, wenn die Vorsehung oder der Autor hier handelnd eingreifen, was auch geschieht. Und Jane triumphiert, weil sie es verstanden hatte, die Stunde des Sieges zu verzögern: es ist der Sieg des Mutes, der Treue und der Tugend.

*

In diesen schönen romantischen Bildnissen entdeckt man um so mehr geheime Beweggründe, je tiefer man sich in sie versenkt. Wenn aber Jane und Rochester bewundernswerte Persönlichkeiten sind, so ist ihnen Saint-John ebenbürtig.

Er spielt nicht die schmeichelhafte Rolle des Liebhabers. Ich glaube, daß kein Leser für ihn Partei ergreift und sein Glück wünscht. Und dennoch gelang es Charlotte, mit der Schilderung dieser leidenschaftlichen Person einen außerordentlichen und dabei eben so wahren Charakter darzustellen, wie es die beiden ersten sind.

Ihr junger Pastor besitzt, was Rochester fehlt: eine schöne Gestalt. Er ist dreißig Jahre alt, groß, schlank und hat mit seiner geraden Nase und seinem »athenischen Mund« die Züge eines Griechen des klassischen Altertums. Seine Augen sind blau, und über seine sehr hohe, weiße Stirn fallen blonde

Strähnen. Doch dieses reine Gesicht, diese ernste Stimme, diese strenge Haltung verschleiern eine tiefe Zerrissenheit. In ein junges Mädchen verliebt, das auf ihn wartet, entsagt er genau wie Jane seiner Liebe. Weil er sich gänzlich Gott weihen will, fürchtet er sich vor seiner Zuneigung zu diesem Geschöpf, das ihn von seiner Missionartätigkeit abwenden würde.

Jane hat unter seiner scheinbaren Trockenheit, die keine Gefühlslosigkeit ist, sondern die Wirkung eines sich auferlegten Zwanges, seinen Schmerz erraten. Wenn die von ihm geliebte Rosamunde da ist, scheint Saint-John wider Willen von der fieberhaften Leidenschaft besessen zu sein, die er zu bezwingen bemüht ist. Andererseits begeistert ihn die Vorstellung, bald als Missionar abzureisen, denn in seiner priesterlichen Seele wohnt auch eine Künstler- und Vagabundennatur.

Diese Kämpfe des Glaubens und der Liebe zerreißen das Herz eines jungen Mannes, und Charlotte schildert dies, ohne jemals dem Herkömmlichen und einem falschen Idealismus zu verfallen. Der christliche Held erregt mit seiner ganzen widerspruchsvollen Beschaffenheit unser brennendes Interesse. Wenn er auch zögerte, seiner Berufung zu folgen und schließlich doch eine Entscheidung traf, so geschah dies um den Preis eines Verzichts, der ihn mit Stolz erfüllt und zugleich sein Herz zerbricht. Die sich selbst gegenüber geübte Strenge fordert er auch von anderen; sie hindert ihn, aufzutauen, zu lachen, sie macht ihn gelegentlich hart und herzlos. Jedoch Charlotte läßt uns tiefer in diesen düsteren und schönen Charakter eindringen, der durch seinen Glauben nicht gewandelt, sondern eher überspannter wird. Auf Rosamunde verzichten, seine Schwestern und sein Heim verlassen, verursacht eine solche Leere im Herzen von Saint-John, daß er sie unbewußt auszufüllen sucht. Da er Jane in der hindostanischen Sprache unterrichtet, macht er sich dies zunutze, um sie zu beeinflussen und sie zu beherrschen. Er schlägt ihr vor, mit ihm nach Indien zu gehen, sie lehnt dies ab; daraufhin quält er sie, indem er sich darauf beruft, sie habe eine fromme Pflicht zu erfüllen. »Heiraten Sie mich« sagt er ihr schließlich. »Aber ich liebe Sie nicht« antwortet Jane. »Die Liebe« meint Saint-John, »kommt nach der Hochzeit«. Gewiß ein schreckliches Gespräch zwischen diesem beharrlichen Gewissenlenker und dem gläubigen, aber auch natürlichen und ehrlichen Geschöpf, das durch ein solches Anerbieten einer Ehe ohne Liebe vor Schreck erstarrt und Schande und Verachtung empfindet.

Als er versuchte, Janes Willen zu brechen, wollte er sich vielleicht dafür rächen, daß er seinen eigenen Willen nicht durchsetzen konnte und sich an der Demütigung der Leidenschaft ergötzen, indem er diese spöttisch verzerrt. In einigen gewagten, scharfsinnigen Worten läßt uns Charlotte den Abscheu und vielleicht auch die Verzweiflung fühlen, die in seinem Starrsinn vorhanden ist. Der Vorgang ist kurz: jeden Abend küßt Saint-John seine Schwestern; eine von ihnen sagt, um ihn zu necken, er solle auch Jane küssen. Er zögert erst, dann küßt er sie in einer Art, daß diese schreibt:

»Es gibt keine Küsse aus Marmor oder aus Eis, sonst würde ich sagen, die Begrüßung meines geistlichen Vetters gleicht einer dieser Materien. Aber es kann auch Versuchsküsse geben, und dies war ein Versuchskuß. Als er ihn mir gab, betrachtete er mich, um die Wirkung einzuschätzen, die übrigens nicht besonders war: ich bin sicher, daß ich nicht errötete; vielleicht wurde ich ein wenig blaß, denn es schien mir, daß dieser Kuß die Versiegelung meiner seelischen Fesseln war.«

Welches auch die Abneigung sein mag, die Saint-John in diesen Momenten Charlotte einflößt, so versäumt sie es doch nicht zu zeigen, daß seine gräßlichen Mängel die Folge seiner starken Eigenschaften sind: das ganze Bild besteht aus solchen unerläßlichen Verflechtungen und ihrer gegenseitigen Abhängigkeit. Diese überlegene und freiwillig verstümmelte Natur erweckt Abneigung und Bewunderung, Furcht und auch Mitleid. Saint-John lebt, indem er nicht mehr Rücksicht auf sich nimmt, als auf andere, nach strengen Regeln, doch geschieht dies für den Allmächtigen.

Sowie es sich um das Seelenheil handelt, finden wir bei ihm menschlichen Respekt und vorsichtige Höflichkeit. Um Jane zu überreden, behauptet er, daß sie nicht schön sei. »Sie sind für die Arbeit geschaffen, nicht für die Liebe... Ich verlange Sie nicht zu meinem Vergnügen, sondern um meinem Herrn zu dienen« sagt er. Er ist ungerecht, grausam, unerbittlich. Er ist sich seiner Grausamkeit bewußt und leidet darunter, vielleicht empfindet er es als ein Vorgeschmack des Märtyrertums; aber groß ist er durch seinen Glauben, sein Bedürfnis nach dem Absoluten und seine vollkommene Ergebenheit. Er hat die Fehler eines Despoten und die Tugenden eines Apostels. Charlotte hatte sich die schwierige Aufgabe gestellt, einen Heiligen zu schildern und seine Kehrseiten zu zeigen, und dies ist ihr großartig gelungen.

Nichts kommt der Pathetik der letzten Szene gleich, wo das junge, tödlich erschrockene Mädchen, das beinahe seine Zustimmung gibt, sich verzweifelt wehrt und Saint-John eine unheilbare Wunde schlägt. Sie hatte ihn am Vorabend mit der Aeußerung verwirrt, daß sie das Glück der Würde vorziehe und bittet ihn nun deshalb um Verzeihung. Er antwortet hochmütig und mitleidig, daß er sich nicht verletzt fühle. Also wagt sie sich weiter vor. »Wenn ich Sie heiraten würde«, erklärt sie heftig, »wäre das mein Tod.« Er wird sehr blaß und erklärt diesmal, er halte es als Christ für seine Pflicht, ihr zu verzeihen. Aber sie errät, daß er sie jetzt haßt und ruft aus: »Ich sehe, daß ich Sie jetzt zu meinem ewigen Feind gemacht habe.« Und Saint-John weiß, sie spricht die Wahrheit, aber er weigert sich, dies zuzugeben. Stolz und Glaube, Natur und Gnade bekämpfen sich in seiner Seele. Er hält es nicht mehr aus und wirft den Namen Rochester ins Gespräch. Jane leugnet nicht, daß sie ihn noch immer liebt. Mit Erschütterung sieht er, daß ihm diese Seele nicht nur entgleitet, sondern sich auch verirrt. Außer sich vor Besorgnis und Scham findet er nur Zuflucht im Gebet. Auch Jane fleht zum Himmel.

So erhebt sich diese menschliche Auseinandersetzung in leidenschaftlicher Heftigkeit und Stellungnahme bis zum Paroxysmus getragen und unversöhnlich geworden, über das Irdische hinaus, um bei Gott Zuflucht zu suchen. Gott wird antworten, Gott, der auf geheimnisvolle, aber unwiderlegbare Weise bereit ist, einzugreifen... Wenn ein Autor stets wahrheitsgemäß Seelen und Körper schildert, erzielt er solche Wirkungen, verleiht er dem Roman das, was eigentlich nur der Dichtkunst eigen zu sein scheint: er erreicht das Erhabene.

*

Ich sagte bereits, daß der Roman »Jane Eyre« bei seiner Veröffentlichung Anstoß erregte. Diese Geschichte eines jungen, reinen Mädchens, das sich der Liebe aus Tugendhaftigkeit entzieht, wurde als unschicklich, sogar als unanständig angesehen. Ein solcher Vorwurf interessiert uns nur als geschichtliche Tatsache, denn schließlich haben die Engländer seitdem ganz andere Werke gesehen; dennoch wird es nützlich sein, die Neuheit dieses Romans zu jener Zeit, als er erschien, aufzuzeigen.

Charlotte hatte, ohne sich dessen bewußt zu sein, ein Werk geschrieben, das unter den süßlichen und dem Zeitgeschmack angepaßten Romanen damals Aufsehen erregte, weil es gegen die allgemein geltenden Konventionen verstieß. Sie beschrieb ein junges Mädchen, d. h. ein Wesen, das schon seiner Bestimmung nach ein unschuldvoller Engel sein mußte, und sie wagte es, sie leidenschaftlich zu zeigen, denn sie wußte, daß die Leidenschaft auch eine menschliche Unschuld ist. Jane Eyre, eine kleine, arme Lehrerin, erlaubte sich, ihre Augen zu ihrem Herrn zu erheben. Jane Eyre gesteht einem Mann ihre Liebe zu einer Zeit, wo die jungen Mädchen keine Initiative ergreifen durften und mit gesenkten Augen warten mußten, bis man sich ihnen achtungsvoll näherte. Sie verstieß wirklich zugleich gegen die Moral und gegen die guten Sitten.

Das unordentliche Leben Rochesters, seine Liebschaften, sein Versuch der Bigamie, mit Gefallen zur Schau gestellt, die Sympathie, mit welcher Jane ihm zuhört, die Anwesenheit seines eigenen unehelichen Kindes, sein Vorschlag an Jane, seine Geliebte zu werden — alles das erschien einer Gesellschaft, die Angst vor den Worten hatte, eine empörende Schamlosigkeit zu sein. Gewisse Dinge durften niemals ausgesprochen werden, da man dann annehmen konnte, daß sie überhaupt nicht existierten.

In einer Zeit, wo man darauf hielt, Abstand zwischen den Menschen zu wahren und ihnen zahlreiche Hindernisse in den Weg zu legen, erregten sogar scheinbar harmlose Kleinigkeiten Anstoß. Durch Thornfield House begünstigt — Frau Fairfax, die Gouvernante, ist beinahe niemals da, und die Dienstboten zählen nicht — leben Rochester und Jane in enger Vertraulichkeit. Bei der ersten Feuersbrunst wirft Jane einen Morgenrock über und tritt so kühn bei Rochester ein. Das Zwiegespräch wird bald zur Annäherung, die fast einer Umarmung gleichkommt. Der aufregende Gegensatz von drohenden Gefahren und offen bekundeter Zurückhaltung, von Gewagtheit und Schamgefühl, den wir überall im Buch finden, sieht sehr als im Widerspruch zur Anständigkeit aus.

Doch wieso bemerkten die entrüsteten Leute nicht, daß Charlotte die Fehler Rochesters deshalb nur so ausführlich schildert, um ihn hernach durch die Liebe zu läutern und daß sie Janes Tugend in Versuchung bringt, um ihren Sieg um so eindrucksvoller kundzutun? Warum haben sie nicht bewundert, mit welchem Heroismus sie sich von ihrer Leidenschaft losreißt und wegläuft? Das Pathetische dieses Bruches, gestehen wir es ein, berührt kaum noch den größten Teil der heutigen Leser, und Jane erscheint ihnen ein wenig absurd und sogar lächerlich mit ihren Keuschheitshemmungen. Aber

1847 hätte man diesen Roman der Leidenschaft, der auch ein Roman des Opfermutes ist, loben müssen.

Und wie rührend ist für uns diese Fluchtepisode, wenn man darin ganz offenbar die kleine, glühende Christin aus Haworth erkennt, deren Tugend ihrem Stolz glich und ihrer Sorge darum, was die Prinzessinnen bei Racine ihren »Ruhm« nennen. Sie ist auch die Verliebte aus Brüssel, mit dem durch Trennung und Verzicht zerrissenen Herzen. Charlotte hat für sich selbst gesprochen, als Jane erklärte, daß, wenn die Liebe das Höchste im menschlichen Leben ist, sie durch Ueberwindung noch größer wird.

Ist es nicht auch merkwürdig, daß die Zeitgenossen von »Jane Eyre« in diesem Roman das bemängelten, was sie in der Poesie zuließen? Warum waren sie Charlotte nicht dafür dankbar, daß sie die Romantik in das Alltagsleben und in das Bürgertum verpflanzte? Rochester, der sich allein gegen die Gesellschaft wendet, zugleich schuldig und gequält, ist ein Byronscher Held. Jane ist arm, schwach, unterdrückt, sie ist ein Paria, ein mit Vorliebe behandelter Typ. Ihre verzehrende Leidenschaft entspricht jener der großen Liebeslegenden. Das Mitleid mit den Verbrechern, die eigentlich nur Unglückliche sind, die Errettung der Ausgestoßenen durch die Liebe einer Jungfrau, diese romantischen Themen sind die hauptsächlichsten Triebfedern dieses Romans. Jane ist eine Eloa[1], die ihren geliebten Satan heiratet, anstatt sich für ihn in die Verdammnis zu stürzen.

Romantisch ist auch die Flucht in die Natur, als Jane in der einsamen Heide Schutz und Frieden sucht. Weit von den Menschen entfernt, findet sie dort im Angesicht des Herrn wieder zu sich selbst zurück. Dieses ganze Kapitel, mit Begeisterung geschrieben, ist wahre Herzenslyrik, getragen von musikalischem Schwung.

---

[1] Allegorische Gestalt des Dichters Alfred de Vigny, Anmerkung der Uebersetzerin.

Und schließlich, warum hat das Publikum jener Zeit in der Leidenschaftlichkeit dieser Personen nicht seine eigene, durch die Romantik übertriebene Energie wiedererkannt? Zweifellos haben die heutigen, ziemlich undankbaren Engländer die Gewohnheit angenommen, über das viktorianische Zeitalter, das eine der großartigsten Epochen ihrer Geschichte war, geistreich zu spotten oder es, mit einer Härte, in der man den Groll spürt, zu kritisieren. Sie werfen ihm seine Strenge, seine herkömmlichen Gebräuche vor und vergessen, daß man in dieser Welt nur dann ein großes Werk vollbringt, wenn man sich auf diese langweiligen Tugenden stützt. Alle Nationen, die nach einem großen Reich lechzen, verlangen, um ihr Ziel zu erreichen und ihre Macht zu rechtfertigen, eine strenge Moral, eine scharfe gesellschaftliche Disziplin und eine offizielle Heuchelei. Charlotte Brontë ist viktorianisch durch ihre Tapferkeit, ihren Stoizismus, ihre Gegensätze. Scheinbar nur widerspricht sie dem viktorianischen Zeitalter, doch sie bekräftigt seine tiefen Tugenden. Sie zeigt den heroischen Zug der moralischen Strenge oder, wenn man will, der Vorurteile. Und sie meistert die Leidenschaft durch ein Gesetz, das über sie hinausgeht; sie verwandelt das instinktive Herz Jane Eyres in ein gläubiges Gewissen. So betrachtet und mit dem Rückblick auf jene Zeit, versinnbildlicht der Roman eine der ruhmreichsten Epochen Englands.

Wenn der Protest der Viktorianer gegen die »Gewagtheiten« von Currer Bell aus der Zeitentfernung ziemlich komisch wirkt, so ist es nicht weniger belustigend festzustellen, daß heute gewisse englische Kritiker, vor allem Frauen, Charlottes »Schüchternheit« tadeln. Zweifellos anerkennen sie ihr Genie und bewundern sie ihre Werke. Aber sie haben eine solche Furcht »moralisch« zu erscheinen, daß sie sich in glänzender und ironischer Weise oder mit dem herablassenden Mitleid emanzipierter Personen ereifern, um ihr vorzuwerfen, was sie ihre geistige Engstirnigkeit nennen: ihre Treuherzigkeit, ihr Festhalten an veralteten Prinzipien, ihre Frömmigkeit und ihren Verzicht. Man bedauert, daß sie in der Provinz gelebt hat, man jammert über ihre Sittenstrenge. Beinahe würde man ihr noch vorwerfen, im Jahre 1816 geboren zu sein.

Oder man hält sich über ihren »Idealismus« in der Liebe auf. Welche überschwengliche Vorstellung machte sich doch diese arme Unwissende von der Leidenschaft! Welche verzwickten Bedenken für eine so einfache Sache wie eine Umarmung! Bernhard Shaw mit seiner Satire auf die Sentimentalität und Professor Freud mit seinen heiklen Theorien sind in diesen Aeußerungen zu spüren. Jetzt ist es große Mode geworden, die Komplexe der Brontë zu entdecken: ihr Minderwertigkeitsgefühl springt in die Augen, aber man sucht auch nach sexuellen Komplexen.

Ist es aber der Mühe wert, derart abfällig über die viktorianischen Vorurteile zu sprechen, wenn man nur andere an ihre Stelle setzt? Und bedenkt man nicht, daß durch unsere Nachkommen Freud auch einmal psychoanalysiert und Shaw lächerlich gemacht wird?

Charlotte war Christin, die christliche Lehre aber besteht darin, sich nicht damit zufrieden zu geben, wie man ist. Das ist das Gegenteil der modernen Doktrin, welche jede Richtschnur und jedes Vorbild aufhebt, so die menschliche Natur schmeichelt und sie dafür lobt, nicht anders sein zu wollen, als sie ist. Man wird doch nicht nachträglich Charlotte daraus einen Vorwurf machen können, diesen Umbruch der moralischen Werte nicht erraten zu haben? Wäre es nicht klüger, ihre Umgebung und ihre Zeit in Betracht zu ziehen, anstatt sie mit unseren heutigen Maßstäben zu messen?

Wenn Charlotte im Leben von ihrem Glauben beengt wurde (obzwar sie nicht glücklich gewesen wäre, wenn man es ihr zu leicht gemacht hätte), so hat er doch ihr Werk bereichert. Die puritanische Disziplin bietet dem Romanschriftsteller durch ihre Zucht, ihr »Tabu«, ihr Doppelspiel, das sie verursacht, durch ihre Verdrängungen und Absonderlichkeiten und sogar durch die Auflehnung, die sie hervorruft, einen viel gehaltvolleren und köstlicheren Stoff, als die abwechslungsarme Zügellosigkeit der gegenwärtigen Gesellschaftsordnung. Jane, Lucy, Rochester, Herr Paul, Shirley und Caroline würden weniger standhaft und farbenfroh wirken, wenn für sie keine verbotenen oder wenigstens gefährlichen und schwierigen Dinge beständen und wenn sie sich keine pathetische Vorstellung von der Liebe machen würden.

Was Charlottes Kunst auszeichnet, ist nicht — wie es die Viktorianer dachten — der Verstoß gegen die weltlichen und moralischen Vorschriften, auch nicht — wie es gewisse heutige Kritiker sagen — dieselben zu sehr geachtet zu haben, sondern es ist ihr Eindringen in die tiefsten Geheimnisse der menschlichen Wesen, dorthin, wo sich ein unaufhörlich neu begonnener Kampf zwischen Verlangen und Verweigern abspielt; es ist die Entlarvung des Bösen und des Guten in ihnen und die Aufzeichnung ihrer ursprünglichen Beschaffenheit.

Dieses Einfühlungsvermögen, diese Kühnheit im Ergründen ist ihr Genie. Sie hat sich selbst charakterisiert, als sie unter dem Deckmantel von Jane schrieb: »Ich konnte niemals mit starken, keuschen, überlegenen Seelen (die einzigen, die sie interessieren und ihr gleichen) des einen oder des anderen Geschlechts Beziehungen unterhalten, ohne daß ich nicht die vorgeschriebenen Grenzen ihrer Zurückhaltung überschritt, ihr Vertrauen erwarb und mich in ihren Herzen verankerte.« Diese Forderung, diese Unerschrockenheit offenbaren sich in Charlottes Leben. Sie manifestieren sich auch in ihren Werken und haben dadurch aus ihr eine große Romanschriftstellerin gemacht.

IX.

Branwell.

Nachdem Charlotte aus London, wo sie sich trotz ihrer Berühmtheit von ihrer Anonymität überzeugen konnte, zurückgekehrt war, hätte man annehmen können, daß es ihr nun vergönnt war, endlich ein wenig ruhiger zu leben, ihre kurzen, aber aufregenden Erinnerungen aus der großen Stadt noch einmal zu bedenken und mit Vertrauen an ihrem neuen Roman »Shirley« zu arbeiten.

Aber ach, gerade diese Periode ihres Lebens ist für sie die grausamste, denn diejenigen, die sie liebt, werden ihr Schlag auf Schlag entrissen. Die so innig vereinigte Gruppe zerfällt. Und der erste, der sie verläßt, ist jener, auf den man die größten Hoffnungen setzte.

Gewiß sind es Emily und Charlotte, die von der Nachwelt bewundert werden, aber man muß zugeben, daß zu ihren Lebzeiten, bevor sich ihr Schicksal erfüllte, es noch fraglich blieb, wer von den Geschwistern vor allem berühmt sein würde. Selbst in den Augen der Brontës war ganz offenbar keine der drei Schwestern die wichtigste Person der Familie, sondern Branwell.

Als einziger Sohn unter fünf Töchtern kam ihm das Vorurteil zugute, das besonders zu jener Zeit und in jenen Kreisen dem Mann den Vorrang zusprach. Branwell war ein reizender, kleiner Junge, mit goldblonden, beinahe rötlichen Haaren gewesen; er wuchs zu einem Jugendlichen von intelligentem und lebhaftem Aussehen heran. Er war liebenswürdig und von frohem Gemüt.

Er hatte mit seinen Geschwistern die Lektüre, die literarischen Arbeiten, die romantischen Träumereien geteilt, er war ebenso frühreif wie sie und ließ sich die Bewunderung seiner Schwestern gefallen, die ihm gehorsam folgten. Als Liebling seines Vaters, der in seinem Sohn die eigene ungestüme Jugend wiederfand und gerne mit ihm arbeitete, kam er nicht in ein College. Er besuchte nur die Dorfschule, wo er natürlich seine Mitschüler alle überragte.

Er war vielseitig begabt. Er schrieb in einer flüssigen und eleganten Sprache. Schon in seinen ersten Erzählungen verstand er es, die Gestalten sicher zu umreißen, der Handlung Schwung zu verleihen. Später erwarben sich seine Gedichte die Anerkennung des Dichters Coleridge. Sie wurden häufig im »Leeds Mercury« gedruckt. Er übersetzte die Oden von Horaz. In der Malerei offenbarte er ein unbestreitbares Talent. Seine Bilder und Zeichnungen, sauber und sorgfältig ausgeführt, sind von naivem und köstlichem Humor. Die Porträts, die er von seinen Schwestern malte und die sich jetzt in der National Portrait Gallery befinden, sind anscheinend sehr lebenstreu und vermitteln das bezwingende Gefühl ihrer Gegenwart. In dem schweren träumerischen Blick spürt man die innere Intensität, etwas Starres und beinahe Verstörtes. Sie haben das Aussehen von sich selbst besessener Menschen.

Branwell — und darin zeigt sich das irische Erbe — liebte zu scherzen, zu schwatzen und Reden zu halten, die manchmal glänzend waren. Die verschiedenen Themen der Literatur, der Philosophie, der Moral, der Politik begeisterten ihn. »Wenn ihn ein Schriftsteller interessierte«, so erzählte ein wohlwollender Zeitgenosse, »erhob er sich und beschrieb in einer wunderbaren Sprache, mit einer Leichtigkeit die Persönlichkeit des Autors, wie ich es bei niemandem sonst gefunden hatte«. Er verfügte über ein erstaunliches Gedächtnis und konnte lange Gedichte von Shakespeare, Shelley und Byron auswendig rezitieren, ohne jemals zu versagen. Er sprach mehrere Sprachen. Er machte den Eindruck, alles gelesen zu haben und alles zu wissen.

Das Schauspiel der Natur versetzte ihn in lyrische Begeisterung. Aufmerksam hatte er Blumen und Pflanzen studiert; er kannte die wilden Tiere, ihre Gewohnheiten, ihre Bedürfnisse; man hätte fast glauben können, daß er den Gesang der Vögel verstand. Als er in seiner Kindheit zum erstenmal die Stimme der Nachtigall hörte, fühlte er sich wie verzaubert.

Im Gegensatz zu Charlotte, die sich quält, innerlich mit sich ringt, ist er durch nichts beunruhigt. Von einer frohen Phantasie beschwingt, schwebt er über dem Dasein. Erst später lernt auch er nervöse Angstzustände kennen und verliert sein Gleichgewicht. Anfangs aber war dieser so begabte Junge voller Zuversicht. Für seine Schwestern war er ein Held, der zwar in einem Dorf vergraben lebt, aber eines Tages die Welt bezwingen wird. Stolz und zugleich gerührt betrachteten sie diesen außerordentlichen Bruder, der allein fähig war, das harte Schicksal zu beschwören und der einmal allen Brontës einen wunderbaren Aufstieg bringen würde. Und Branwell, im Bewußtsein seiner Fähigkeiten und seiner Zukunftsaussichten, ließ es gerne gelten, die Hoffnung der Familie zu sein.

Doch hätte man bereits einige besorgniserregende Züge erkennen können. Seinen Jugendstreichen mit Alterskameraden brauchte man zwar keine Bedeutung beizumessen, doch zeigte er manchmal eine gewisse Charakterschwäche, einen Hang zu Launen und zur Unbeständigkeit. Als Jüngling besuchte er die Jahrmarktsfeste der Umgebung und verweilte oft in den Gasthäusern. Man lud ihn gerne zum Beerdigungsmahl ein, wo es Brauch war, den Kummer mit großem Lärm zu übertönen. In Haworth selbst war er gleichzeitig Mitglied der Gesellschaft der Temperenzler und Sekretär der Freimaurerloge »Drei Grazien«, in der sich der Totengräber John Brown Großmeister nannte. Die beiden waren gute Freunde:

Branwell nannte sich »Philosoph« und gab dem Totengräber den Spitznamen »alter Trumpfbube«.

Und vor allem war er Stammgast von »Black-Bull«.

»Black-Bull«, dieses Haus aus grauem Stein, in dem er so viele Stunden verbrachte, um sich am Alkohol und an Worten zu berauschen, steht noch immer oben an der Ecke der steilen Straße. Der Wind, der unaufhörlich über das Land bläst, schaukelt sein klapperndes Schild. Im Innern durchquert man mehrere kleine Zimmer, das letzte links war von ihm bevorzugt. Man sieht dort noch jetzt in der Nähe des Kamins seinen Sessel, die Klingel, deren er sich bediente, wenn er trinken wollte und das Fenster, durch das er entwich, wenn sein Vater sich beim Wirt nach ihm erkundigte.

Der Wirt war in Patrick, wie man Branwell im Dorf nannte, vernarrt, und wenn die Stimmung seiner Gäste zu wünschen übrig ließ, zögerte er nicht, ihn holen zu lassen. Und Patrick erschien, flink, dreist, mit zerzausten Haaren und begann heftig endlose, hochtrabende Reden zu halten, verflocht im wirren Durcheinander poetische Bilder mit witzigen Einfällen, inmitten eines Kreises von Tölpeln, die über seine seltsame Redseligkeit lachten. In der ganzen Gegend ist er berühmt geworden. Der Kirchendiener wollte gesehen haben, wie Branwell, während er sich mit seinem Vater unterhielt, mit einer Feder in jeder Hand auf zwei Bogen zu gleicher Zeit schrieb. Ein vielversprechender Junge!

Wer zu jener Zeit Branwell Brontë traf, hielt ihn unzweifelhaft für eine bedeutende Persönlichkeit, erlag seinem Reiz und selbst seinem Einfluß. Mit achtzehn Jahren stellte sich die Frage seiner Berufswahl. Seine Angehörigen dachten nur an die Künstlerlaufbahn und an den Ruhm. Unter der begeisterten Zustimmung seiner Familie beschloß er, in die Art School der Royal Academy einzutreten. Er dachte dabei vor allem an das Vergnügen in London zu leben, in der riesigen Stadt, deren Plan er schon im voraus gründlich studiert hatte und wo er alle Genüsse des Daseins auskosten würde. Fröhlich verließ er das bescheidene, verlorene Dorf, um in die Hauptstadt zu gehen, die ihn erwartete.

Es ist nicht leicht zu verstehen, warum er beinahe sofort wieder nach Haworth zurückkehrte. Vielleicht hatte ihn die Disziplin der Schule abgeschreckt, vielleicht aber vergeudete er einfach so schnell das Geld, das ihm sein Vater mitgegeben hatte. Er lebte dann einige Zeit in Bradford, wo er als Porträtmaler einigen Erfolg aufweisen konnte. Er trank viel und machte Schulden. Er war auch einige Monate als Erzieher bei der Familie Postlethwaite in Broughton-in-Furness. Man besitzt von ihm aus dieser Zeit einen an den alten »Trumpfbuben« gerichteten Brief, in welchem er schwungvoll erzählt, wie er sich in seiner Stellung für einen tugendhaften, sanften und maßvollen Philosophen ausgibt. »Ich kleide mich in schwarz und lächle wie ein Heiliger oder ein Märtyrer. Jede Dame ruft aus: Was für ein guter, junger Mann ist doch der Erzieher der Postlethwaite!« Aber hinter ihrem Rücken machte er das wieder wett, bei einer wüsten Schwelgerei in einem Hotel, wo alle Anwesenden und er als erster sich berauschten: »Sie hielten mich für einen Doktor und gaben mir den Vorsitz. Ich hielt einige Reden, die reichlich begossen wurden, bis sich vor meinen Augen das Zimmer drehte und die Kerzen tanzten ... Ich wachte am nächsten Morgen in meinem Bett auf, mit einer Flasche Portwein, einem Glas und einem Korkzieher an meiner Seite«. Und er fügte weiter hinzu: »Was die jungen Mädchen anbelangt, so sitzt da eine mir gerade gegenüber, hübsch, mit blauen Augen und dunklen Haaren, ein sanftes Kind von achtzehn Jahren. Sie ahnt nicht, daß der Teufel ihr so nah ist.«

Dieser Zynismus war bei ihm nur Unbändigkeit der Jugend, Prahlerei eines zu gut erzogenen Jungen. Trotzdem verließ er seine Stelle, von einer Art Unruhe getrieben. Vielleicht war es angeborene Unbeständigkeit oder — wie bei seinen Schwestern — das Unvermögen sich andern anzupassen, die Unfähigkeit in der Welt einen Platz zu finden.

Zum Pfarrhaus oder besser gesagt nach »Black Bull« zurückgekehrt, fand er wieder seine alte Zuhörerschaft, vor der er schwadronieren konnte und die ihm die Schmeicheleien sagte, die er brauchte. Er schrieb erneut Artikel und Gedichte, die er an Zeitschriften sandte. Stets selbstsicher, verbrachte er so seine Zeit in der Erwartung eines prächtigen Schicksals, das nur ein bißchen auf sich warten ließ, ständig bewundert von seinem Vater, verhätschelt von der Tante und von seinen Schwestern, die jetzt bei ihm Faulheit und Energielosigkeit vermuteten, und ihn mit einer gewissen Bestürzung betrachteten.

1841 wurde er überraschenderweise Bahnhofangestellter in Sowerby Bridge, dann Vorsteher in der einsamen, kleinen Station Luddenden Feet der Eisenbahn Manchester-Leeds. Diese Strecke war gerade eröffnet worden. Branwell hatte fast nichts zu tun, er war schlecht entlohnt, er langweilte sich und kritzelte Zeichnungen auf den Rand seiner Registerbücher. Vielleicht begann er um diese Zeit Opiumraucher zu werden, um sich zu zerstreuen, um alles kennenzulernen oder um dem Beispiel Quinceys zu folgen; später tat er es, um seine Anfälle zu beschwichtigen. Wie sein Vorbild wird er nach und nach Sklave dieses Giftes. Oft überließ er die Verantwortung für den Dienst seinem einzigen Angestellten und ging fort, streifte durch die Gegend, von einer Schenke zur andern, vom »Roten Löwen« zum »Anker«.

Grundy, der ihn zu jener Zeit kannte, beschrieb ihn folgendermaßen:

»Er war wirklich sehr klein, was für ihn eine der Prüfungen seines Lebens war. Er besaß einen dichten rötlichen Haarschopf, der in die Höhe gekämmt war — wohl um über seine kleine Statur hinwegzutäuschen — darunter die hohe, gewölbte Stirn eines Intellektuellen, die fast die Hälfte seines Gesichts einnahm; kleine, sehr tiefliegende Spüraugen, die hinter der Brille, die er stets trug, noch mehr verschwanden; eine hervorspringende Nase und eine schlaffe untere Gesichtshälfte. Sein Aussehen war düster und leblos, außer wenn hier und da ein hastiger Blick aufloderte.

Trotzdem seine Schwächen immer stärker in Erscheinung traten, erweckte er auch weiterhin die Neugierde und Sympathie seiner Umgebung. Grundy befreundete sich mit ihm, belustigt durch seine brüsken Einfälle, bezaubert von seiner außerordentlichen Intelligenz und seiner seltenen Kultur. In seiner einsamen, entlegenen Bahnhofstation wirkte er auf ihn wie ein fremdes und strahlendes Wunder.

Unglücklicherweise ließ die Eisenbahnverwaltung seine Buchhaltung überprüfen und fand sie in Unordnung, allerdings konnte man ihm keine Unterschlagungen vorwerfen. Nach der Untersuchung wurde er entlassen, und er kehrte nach Haworth zurück.

Er fand das Pfarrhaus beinahe leer vor: Charlotte und Emily waren in Brüssel, Anne in Stellung. Er faulenzte herum, langweilte sich und verfaßte Gedichte. Das Alleinsein erschreckte ihn, weil er dann sich selbst gegenüberstand. »Ich höre nichts anderes«, schrieb er an Grundy, »als den Wind, der in den alten Kaminen oder in den noch älteren Eschen stöhnt; ich sehe nichts anderes, als die mit Heidekraut bedeckten Hügel, die ich so oft durchlief, als mir das Leben nur Hoffnungen und noch keine Reue schenkte. Und ich habe keine anderen Gesprächspartner als die langweiligen, seit fünftausend Jahren verstaubten, alten Griechen und Römer.«

Es fehlte ihm die Energie oder sagen wir die Tugend, im klassischen Sinne des Wortes, welche bei seinen Schwestern die Heftigkeit und die vielleicht ererbten Gleichgewichtsstörungen regulierte. Er war moralisch gebrechlich, so wie sie es körperlich waren. Von den leidenschaftlichen Eigenschaften besaß er nur die Unordnung. Er war lebhaft und unbeständig, sonderbar und vergnügungssüchtig. Es gelang ihm nicht, seine Einbildungskraft der Wirklichkeit anzupassen, um zu handeln oder seine Träumereien in wahrhafte

Kunstwerke umzusetzen. Er war ein sehr talentierter, aber undisziplinierter, durch Faulheit geschwächter, durch Trunksucht erstarrter Geist, und alle seine Gaben verschwendete er in Worten.

Um diese Zeit wurde er gewahr, daß sich der Zustand seiner Tante verschlimmerte, und dies beunruhigte ihn. Die alte Dame hatte ihn stets mit ihrer Liebe umgeben. Sie hatte seine Mißerfolge beklagt, ohne jedoch jemals den Glauben an ihn zu verlieren. Und nun sollte er sie für immer verlieren. »Ich bin am Sterbebett meiner Tante, die seit zwanzig Jahren für mich eine Mutter war ... Verzeihen Sie meine schlechte Handschrift, meine Augen sind zu sehr vom Kummer getrübt, als daß ich klar sehen könnte.« Als sie verschied, schrieb er von neuem an Grundy: »Ich fürchte eine gewisse Verwirrung meines Geistes zu zeigen, aber ich habe zwei schlaflose Nächte hinter mir, war Zeuge eines schmerzlichen Todeskampfes, den ich nicht einmal meinem schlimmsten Feinde wünsche. Ich habe den Lenker meiner glücklichen Kindheit verloren.«

Charlotte und Emily waren in aller Eile aus Brüssel zurückgekommen, auch Anne traf ein. In Gesellschaft seiner Schwestern wurde Branwell wieder heiter und zärtlich. Sein Selbstvertrauen kehrte zurück, zumindest prahlte er damit, um gewisse Gewissensbisse zu ersticken, die ihn zu quälen begannen. Ein Freund, der ihn in Haworth im Kreise seiner Angehörigen wie zuvor begeistert und gesprächig vorfand, erzählte, daß Branwell, als er mit ihm allein war, in Schluchzen ausbrauch und schwor sich zu bessern.

Der Zynismus, den er zur Schau trug, verriet ebensoviel Unbehagen und sogar Angst, wie die abfälligen Bemerkungen Charlottes gegenüber den Leuten, die sie anstellten, oder wie das steife, menschenscheue Benehmen von Emily. Die Brontës bemühten sich, durch Spott und gezwungenes Benehmen ihre Neigung zur Unruhe zu verbergen. Wenn sie sich, nachdem sie lange zusammengelebt hatten, in Gegenwart Fremder befanden, wollten sie ihre Schwächen verschleiern und die eventuelle Neugierde von sich ablenken. Man könnte meinen, sie hätten niemals die Pappmaske vergessen, die ihr Vater ihnen in ihrer Kindheit schenkte, und daß sie diese auf ihrem Gesicht behielten. Ebenso bezeichnend ist die Manie der drei Schwestern Pseudonyme anzuwenden, der Wunsch, um jeden Preis ihren wirklichen Namen zu verbergen. Zugegeben, daß es Schamgefühl und Schüchternheit war, so war es aber auch der Wille, ihre tiefinnere Persönlichkeit nicht aufdecken zu wollen. Wenn Branwell sich in Reden erging, Beruf und Stellung wechselte, gehorchte er demselben Wunsch, seine Spuren zu verwischen.

Die Veränderung seines Benehmens konnte für Charlotte nicht unbemerkt bleiben. Sie sprach darüber zu Ellen Nussey und versuchte sogar, obwohl ihr dies infolge ihrer jungfräulichen Unkenntnis der Dinge nicht gelang, sich über seinen Zustand klar zu werden, um zu wissen, ob er nicht sittlich sehr verdorben war. Sie sah seine unnatürlich glänzenden Augen, seine wechselnden Stimmungen, seine plötzliche Niedergeschlagenheit.

Ende Januar 1843 fuhr sie wieder nach Brüssel, Anne ging als Gouvernante zurück zu den Robinsons in Thorp Green, und Emily blieb allein mit Branwell. Man bot ihm wieder die Stellung in Luddenden an, aber er lehnte ab. Schließlich willigte er ein, zu den Robinsons, bei denen auch seine Schwester angestellt war, als Erzieher zu gehen. Und nun nahm sein Leben, das sich bis dahin hingeschleppt hatte, eine dramatische Wendung.

Frau Robinson, die Mutter seiner Schüler, siebzehn Jahre älter als er, reich und einflußreich, gehörte zur besten Gesellschaft. Sie verliebte sich in diesen wunderlichen und bezaubernden Jungen derart, daß sie — wie man erzählt — sogar in Gegenwart ihrer Kinder Annäherungsversuche unternahm. Anne durchschaute nur zum Teil, was da vorging. Sie wagte weder ihren Bruder zu verraten, noch ihn zu tadeln oder ihre Schwestern zu benachrichtigen und kehrte schließlich voller Furcht und Scham nach Haworth zurück. Im Januar 1844 kehrte auch Charlotte heim; sie wurde von Emily wegen des beunruhigenden Zustandes ihres Vaters zurückgerufen, und so riß sie sich von ihrem Leben in Brüssel los.

Als Branwell im Juli zu kurzem Ferienaufenthalt in Haworth war, erhielt er einen Brief. Herr Robinson hatte alles entdeckt und verbot ihm das Haus. Er überhäufte ihn mit Vorwürfen und untersagte ihm, jemals auch nur die geringste Beziehung mit seiner Familie wieder aufzunehmen.

Voller Wut und Verzweiflung erging sich Branwell in flammenden Worten, die seinen Schwestern sein Verhältnis enthüllten. Freimütig und dreist gestand er ihnen alles, beinahe hätte er ihnen sogar die Briefe seiner Geliebten zum Lesen gegeben, die angeblich seine Taschen füllten. Der Gedanke, für immer von ihr getrennt zu sein, entriß ihm laute Klagen. Haßerfüllt wünschte er den Tod des Ehemanns. Niemals hatten sie ihn dermaßen furchtbar erregt gesehen.

Die Aufregung der Schwestern war nicht geringer. Zu jener Zeit und in jenen Kreisen betrachtete man den Ehebruch als ein Verbrechen. Daß der Sohn eines Pastors, daß ihr inniggeliebter Bruder so seinen Gastgeber hinterging, daß er, anstatt der Familie Ruhm einzutragen, sie mit Schande bedeckte, war eine Katastrophe! Die rechtschaffene und anständige Charlotte war entrüstet: Branwell verletzte durch sein Verhalten die göttlichen und menschlichen Gesetze. Die kleine Puritanerin empfand instinktiven Abscheu gegen die Lüge und besaß ein starkes Ehrgefühl. In ihren Romanen bekannten sich ihre Personen für ihre schlechten Taten schuldig, Branwell aber prahlte mit seinem Fehltritt und widersprach so sowohl der Aesthetik, wie der Moral seiner Schwestern. Außerdem weckten seine pathetischen Geständnisse Charlottes eigene Liebe schmerzhaft wieder auf, machte ihre Bemühungen zunichte, diese vergessen zu wollen. Um die Zeit, als Branwell den Brief von Herrn Robinson erhielt, schrieb Charlotte das erstemal an Héger. Diese beiden Tragödien, die eine laut und ausgesprochen, die andere vor allen verborgen, kreuzten sich unter dem Dach des Pfarrhauses und hatten einen geheimnisvollen Einfluß aufeinander. Denn der Held der einen empfing dadurch, ohne es zu wissen, einen zusätzlichen Tadel und die Heldin der anderen zusätzliche Leiden und Scham. Wie hätte auch Charlotte über dieses Zur-Schau-Stellen von schuldvollem Verlangen, von schluchzenden Eingeständnissen der Schwäche nicht empört sein sollen, sie, die standhaft das Opfer des Verzichts auf sich genommen hatte und nur einige gleichgültige Zeilen von dem von ihr so vergötterten Mann erhielt?

Sie legte sich Rechenschaft darüber ab, daß Branwell selbst den liebevollsten Vorhaltungen unzugänglich blieb und sie ihn nur noch stillschweigend lieben konnte. Zwei Jahre verbrachte sie auf diese Weise sehr unglücklich an der Seite des Bruders und richtete nur selten das Wort an ihn. An Ellen Nussey schrieb sie: »In diesem Haus kennt niemand die Ruhe. Ich glaube, wir müssen uns auf eine Zeit der Qual und Sorge vorbereiten... Ich möchte Ihnen gerne ein Wort zu seinen Gunsten sagen, aber ich kann es nicht, ich schweige lieber... Ich war in seinem Zimmer, um mit ihm zu sprechen ... aber ich hätte mir die Mühe sparen können, denn er schenkte mir überhaupt keine Aufmerksamkeit und gab mir keine Antwort: er war völlig abgestumpft.« Und sie litt unter Annes Kummer, die ihren Verdacht bestätigt sah. Anne, die lautere Unschuld und Reinheit, war von dieser entsetzlichen Sünde schwer getroffen.

Vielleicht war nur Emily stark genug und zugleich mitleidsvoll oder ziemlich unvoreingenommen, um Branwell nicht aufzugeben und nicht zu verurteilen. Wenn er aus dem Dorf, wo er Trost gesucht hatte, verstört, mit heiserer Stimme, schwankend heimkehrte, dann war sie es, die ihn stützte, sein Fieber linderte und ihn in sein Zimmer brachte. Sie pflegte den unglücklichen Jungen und hörte ihm zu. Ohne es merken zu lassen, gefiel ihr sein Ungestüm. Sie erkannte darin ihr eigenes Temperament, das sie jedoch zu zäumen verstand. Sie hörte die Erzählung eines Vergehens an, das auszuführen sie vielleicht nicht imstande war, aber von ihrem tief gesunkenen Bruder an ihrer Stelle begangen worden war. Und in dieser Atmosphäre des Dramas, der nervösen Ueberreizung, der Verzweiflung, schrieb sie »Wuthering Heights«.

Eines Abends suchten die Schwestern spät ihr Zimmer auf, um schlafen zu gehen. Da erblickte Charlotte durch die offene Zimmertür Branwells einen hellen Schein.

»Emily, es brennt«, schrie sie.

Emily und Anne brachten sie zum schweigen, da sie ihren Vater nicht beunruhigen wollten. Hastig lief Emily zum Erdgeschoß hinunter, stieg mit Wassereimern beladen wieder hinauf, und mutig löschte sie allein das Feuer. Branwell hatte in seiner Trunkenheit die Kerze auf seine Decke fallen lassen und schlief ahnungslos wie Rochester in den Flammen. Emily schleppte ihn in ihr eigenes Zimmer und ließ ihn dort schlafen.

In den langen Monaten nach diesen traurigen Ereignissen litt Branwell schwer. Nach den Erzählungen einer Bedienten des »Black Bull« kam er morgens blaß und mit roten Augen in das Gasthaus, grüßte höflich wie immer, ließ sich vor einem Glas Gin oder Whisky nieder und blieb dann lange Zeit in Schweigen versunken. Ebenso wie seine Schwestern besaß auch er eine pathetische Seele, die nach überspannten Gefühlen hungerte. Es marterte ihn der Schmerz, die geliebte Frau verloren zu haben, und es peinigte ihn der Kummer, den er seinen Angehörigen verursachte und die Mißbilligung, die schwer auf ihm lastete.

Manchmal bäumte er sich auf und versuchte sich zu bessern. Ein kleines Mädchen aus der Sonntagsschule, um die sich alle kümmerten, war krank geworden. Er besuchte sie und las ihr den Psalm vor, den sie hören wollte. »Ich hatte Lust, mit ihr zu beten«, erzählte er mit vor Erregung zitternder Stimme, »aber ich wagte es nicht. Wie könnte ich mir erlauben, für eine andere zu beten, nachdem ich es nicht mehr für mich selbst tun kann? Mit schwerem Herzen kam ich heim, denn ich war sicher, daß sie sterben würde... Ich sehnte mich nach jemand, der mir Mut zusprach.« Als er zu Hause anlangte, fragte ihn Charlotte, warum er so bekümmert sei. »Sie warf mir einen Blick zu, den ich niemals vergessen werde, als hätte man mir ins Gesicht geschlagen. Er war so voller Bedeutung. Es war ein Blick des Zweifels. Er durchdrang mich, befragte und prüfte mich, als wäre ich ein wildes Tier... Und dann folgte ein schmerzlicher, fassungsloser Blick, das Schlimmste von allem. Sie wollte sagen: »Ich frage mich, ob es wahr ist.« Charlotte ging, um das Mädchen zu besuchen, und Branwell verbrachte die Nacht im »Black Bull«, voller »Ekel und Verzweiflung. Warum wollten sie mir nicht glauben, wenn ich versuchte mich zu bessern?«

Es ist jedoch möglich, daß Branwell im Grunde seines Elends eine geheime Lust darin fand, seine Fehler zur Schau zu stellen. Er wußte genau, daß man zuviel von ihm erwartet hatte und er bald als Versager dastehen würde. Unfähig, den Erwartungen seiner Angehörigen zu entsprechen, würde er so mindestens ihre Befürchtungen erfüllen. In Ermangelung des Ruhms bringt er ihnen den Skandal, und zwar einen gehörigen Skandal, der dem Widerhall des ihm entgangenen Ruhms nicht nachsteht. So war er stets in der Pose einer außerordentlichen Persönlichkeit, und seine Eitelkeit befriedigte sich an seinem Verfall.

Im Mai 1846 erfuhr er plötzlich Herrn Robinsons Tod. Alles änderte sich mit einem Schlage, denn Frau Robinson hatte dem jungen Mann versprochen, ihn zu heiraten, wenn sie frei wäre. Also würden sie nun vor den Augen der Welt zusammenleben können. Seine Liebe frohlockte vertrauensvoll: Während ihres Verhältnisses, sagte er, habe ihm seine

Geliebte öfters vorgeschlagen, mit ihm zu fliehen. Trotz ihrer Trennung und der verflossenen Zeit, fühlte er sich ihrer sicher. Man sah ihn vor dem Hause vor Freude zwischen den Gräbern des Friedhofes tanzen.

Als er sich gerade vorbereitete, um zu seiner Freundin zu fahren, wurde er benachrichtigt, daß in »Black Bull« ein Mann auf ihn warte, der von ihr geschickt sei. Er begab sich dorthin und hatte mit diesem in dem kleinen Zimmer, in dem er gewöhnlich saß, eine lange Unterredung. Der Bote ging wieder fort, und lange Zeit danach fand die Bedienerin Branwell mit entstellten Gesichtszügen auf dem Boden liegend: Frau Robinson hatte ihm sagen lassen, er solle niemals versuchen, sie wiederzusehen, denn das Testament ihres Mannes enterbe sie für den Fall ihrer Wiederverheiratung. So zog sie das Vermögen dem nun vergessenen Liebhaber vor.

Unter diesem furchtbaren Schlag wurde Branwell beinahe wahnsinnig. Vergeblich versuchten die erschrockenen Geschwister ihn zu beruhigen, ihn vor seinen Zornausbrüchen zurückzuhalten. Ueber seine Lippen kamen nur Hohn und Verwünschungen, er verfiel vom Zorn in Schluchzen. Jetzt war die Vergangenheit verleugnet, die Illusionen verloren, die Hoffnungen erstorben, und das Unglück vollendete sich.

Man konnte ihn durch keine Beschäftigung ablenken, er lehnte alle Stellenangebote ab. Trotz der Ueberwachung seiner Angehörigen floh er aus dem Pfarrhaus und kehrte betrunken oder opiumbetäubt zurück. Er nötigte seinem Vater Geld ab und machte noch in der ganzen Gegend Schulden. Bald verfluchte er seine Geliebte, bald wieder nannte er sie wahnsinnig, von Gewissensbissen gegenüber ihrem Mann geplagt. »Er hat die Kontrolle über sich selbst verloren« sagte Charlotte, und das war für einen Engländer ein unverzeihlicher Fehler. Er erging sich ständig in seinen Erinnerungen und Klagen, und dies schwächte seinen Geist. Zwangsvorstellungen peinigten ihn. Der Größte der Brontës war nur noch ein elendes, zusammenhanglos stotterndes, gebrochenes Wesen.

Grundy hielt sich kurz in Haworth auf und lud ihn eines Abends zum Essen in das Gasthaus ein. Er ließ in einem reservierten Zimmer decken, das mit seinen roten Gardinen einen angenehmen Eindruck machte, und wo — wie er sagte — die tanzenden Flammen des Herdfeuers ihren Widerschein auf die Silberbestecke und die Gläser warfen. Zuerst kam der alte Herr Brontë, mit seinem Stock an den Wänden tastend, um über seinen unglücklichen Sohn zu sprechen und mitzuteilen, daß Branwell zu Bett lag, aber seinen Freund sehen möchte.

Der Vater ging fort, und nach einiger Zeit sah Grundy, wie sich vorsichtig die Tür öffnete und ein üppiger rötlicher, zerzauster Haarschopf sichtbar wurde. Es war Branwell. Er hatte eingefallene Wangen, die Lippen waren von einem unaufhörlichen Zittern befallen, in den tiefliegenden Augen flackerte der Wahnsinn. Sein Freund umgab ihn mit liebevoller Zuvorkommenheit, ließ ihn einen warmen Grog trinken, und seine Furcht verschwand nach und nach. Er schien sich zu beruhigen, aber selbst in dieser vorübergehenden Entspannung sprach er von seinem Wunsch, vor den Schrecken seines gegenwärtigen Lebens in den Tod zu flüchten.

Nach Beendigung der Mahlzeit zog er ein Messer aus seiner Tasche und legte es auf den Tisch: da er nicht mehr hoffte, seinen Freund jemals wiederzusehen, hatte er geglaubt — sagte er — der Teufel lade ihn zum Essen ein, und er war entschlossen, ihn zu erstechen. Grundy, der bald darauf abreisen mußte, behielt von dieser Begegnung die furchtbare Erinnerung zurück, wie Branwell barhäuptig und weinend am Rande der Straße stand.

Er lebte noch drei Jahre und sank immer tiefer.

Manchmal litt er unter schrecklichen Anfällen des Delirium tremens. Wilde Zornausbrüche schüttelten ihn. Um sich mehr um ihn kümmern zu können, ließ ihn der alte Pastor Brontë in seinem Zimmer schlafen, obwohl Branwell mehrmals erklärt hatte, daß vor Morgengrauen entweder »der

Alte« oder er nicht mehr leben würden. Aber der Vater wollte seinen geliebten Sohn, den Stolz seines Lebens, der nun ein Gestrandeter war, nicht endgültig zugrunde gehen lassen.

Welche Nächte, welche Tage waren dies für die Familie, die diesen Verrückten umgab, seine Zornausbrüche fürchtete und in ihrer Würde so erniedrigt wurde! Verschwunden war der friedliche Rhythmus der Arbeit und des Lesens sowie die früher so zärtliche Vertrautheit; statt dessen zog eine drückende Traurigkeit, eine ständige Unruhe bei ihnen ein. Plötzlich durchbrachen Schreie die Stille des Hauses, man stürzte zu dem Unglücklichen, der sich fluchend in seinem Bett wand. Oder er irrte allein herum, halluzinierend, mit flatternden, unordentlichen Kleidern auf seinem erschreckend abgemagerten Körper und murmelte vor sich hin:

»Es ist ihre Schuld, i h r e!«

Sein Todeskampf, der bereits nach eintägiger Krankheit eintrat, war kurz und brachte ihm eine unerwartete Beruhigung.

In seiner letzten Stunde bezeugte er den Seinen sogar durch den sanften Tonfall seiner Stimme eine unerwartete Zärtlichkeit wie in den Tagen seiner Kindheit. Und sie erwiderten sie in ihren verschwiegenen Herzen, empfanden nur noch Mitleid für seine Leiden und erinnerten sich schmerzlich, daß dieses Wesen, das nun von ihnen schied, ein Teil ihrer eigenen Seele war.

Seit langem hatte er erklärt, daß er aufrecht sterben würde. In seiner letzten Stunde leistete ihm nochmals die Energie seiner Rasse Beistand, er konnte sich erheben und dem Tod ruhig ins Auge sehen. Auch sein religiöser Glaube lebte noch einmal auf. Sein Vater, seine Schwestern, angesichts seines nahen Todes vor Schmerz zerquält — Charlotte mußte vor Erschöpfung und Angst, am Ende ihrer Kräfte, aus dem Zimmer geführt werden — hörten ihn mit leiser Stimme beten. Als Herr Brontë für seinen letzten Gang Gottes Segen erflehte, murmelte er »Amen«.

So starb dieser schlechte Sohn, dieser Trunkenbold, dieser gescheiterte Dichter, dieser entlassene Hauslehrer und abgewiesene Liebhaber; so auch starb Alexander Percy, Graf von Northangerland, mächtiger Herr und Minister, siegreicher General vieler Schlachten und glücklicher Gatte der strahlenden Zenobia, die erdachte Figur seiner jugendlichen Phantasie.

*

Frau Gaskell urteilt in ihrer berühmten Biographie über Charlotte Brontë sehr streng über Branwell, vor allem aber verurteilt sie Frau Robinson. Natürlich nennt sie ihren Namen nicht, denn die Dame lebte noch, aber sie verzieh ihr weder ihren Ehebruch, noch ihre Hartherzigkeit gegenüber einem schwachen, leichtsinnigen, jungen Mann, der trotz allem weniger verdorben war als sie. Und sie entrüstet sich darüber, daß dieses Geschöpf, nachdem es so viel Unglück verursachte, auch weiterhin gewissenlos ein glückliches Dasein führt, umgeben von der Achtung, die das Geld verschafft. »Ich lese ihren Namen in den Zeitungen als Vorstandsdame von Weihnachtsbällen; ich höre in den Londoner Salons über sie sprechen!« ruft sie entrüstet aus.

Zweifellos war dies der Fall. Die Dame nahm diese Bemerkungen jedoch übel auf und erklärte, daß an dem ganzen Gerede kein wahres Wort sei. Frau Gaskell zog daraufhin ihre Anschuldigungen in einem in der »Times« am 26. Mai 1857 veröffentlichten Brief zurück. Fürchtete sie sich vor einem Prozeß wegen Verleumdung, der in England schwere Folgen haben konnte, oder hatte sie eingesehen, schlecht informiert gewesen zu sein? Herrn Robinsons Testament wurde publiziert: er verbot keineswegs seiner Frau eine Wiederverehelichung. Hatte also die Liebschaft zwischen Frau Robinson und dem jungen Erzieher nur in der krankhaften Einbildungskraft des Letzteren bestanden?

Heute erscheint es wahrscheinlich, daß Branwell diese Geschichte von Anfang bis zu Ende erfunden hat. Verliebt in Frau Robinson und von ihr abgewiesen — das würde seine Entlassung erklären — wollte er sich rächen oder erfand er vielmehr einen ganzen Roman als Ersatz, um sich vor sich selbst Geltung zu verschaffen?

Seiner Herkunft nach gehörte er zu einer Rasse, die fähig war, Hirngespinste mit der Wirklichkeit zu vertauschen und die realen Tatsachen nach Belieben zu verwandeln. Synge zeigt uns in seinem Buch »Balladin du monde occidental«, welchem Grad ehrlicher Selbsttäuschung der Ire erliegen kann. Branwell atmete seit seiner Kindheit eine mystische Atmosphäre; er hatte sich mit seinen Schwestern darin geübt, verschiedene Persönlichkeiten darzustellen und sich in die erfundenen Schicksale einzuleben. Vielleicht setzte er dies Spiel fort, vermischte die Wirklichkeit mit dem Traum, um so mehr als diese Wirklichkeit ihn betrog. Seine Alkoholräusche und seine Opiumhalluzinationen verwischten schließlich bei ihm in eigenartiger Weise den Trennungsstrich zwischen Wahrem und Ersehntem.

Er war unfähig, sich eine bestimmte Richtung zu geben und etwas zu vollbringen. Er war nervenkrank, vom Wunsch befallen, sich bei seinen Schwestern und bei Grundy zur Geltung zu bringen, selbst wenn er bei ihnen nur Aergernis erregte. Er war darum besorgt, seiner Entlassung eine Begründung zu geben, die ihm schmeichelhaft erschien und seine zunehmende Maßlosigkeit mit einem Suchen nach Trost zu rechtfertigen. Warum sollte daher dieser Lügner oder vielmehr dieser phantasiereiche Kranke nicht eine Erzählung unerlaubter Liebe zusammengebraut haben? Die Tatsache, daß man ihm verbot, seine Vielgeliebte wiederzusehen und daß sie sich selbst später von ihm abgewandt hätte, ermöglichte es ihm, jeder Nachprüfung der Wahrheit zu entgehen. Seine Angehörigen kannten diese Geschichte nur von ihm, und sein Einfluß auf sie war groß genug, um seine Darstellung der leichtgläubigen Familie aufzudrängen[1].

Nach alledem war Branwell das erste Opfer seines Märchens. Wie alle Geschichtenerzähler glaubte er schließlich an seine erfundene Leidenschaft und litt wirklich unter seinem eingebildeten Schmerz, denn der Künstler ist immer der Genarrte seiner Schöpfung. Diese dramatische Geschichte war für Branwell wahr, auch wenn er sie nur erfand. Und so hat dieser Begabteste der Brontë, nachdem er das Verhängnis ihres gemeinsamen Genies nicht durch literarische Werke beschwören konnte, zumindest einen Roman erlebt.

Aber hat er wirklich keinen geschrieben? Grundy gegenüber bezeichnete er sich als Autor von »Wuthering Heights«. Ein anderer Gefährte von ihm, William Dearden, will ihn einen Abschnitt aus einem Werk vorlesen gehört haben, an dem Branwell gerade schrieb, und eben dieser Abschnitt ist in »Wuthering Heights« enthalten.

Nachdem die Brontës in England Gegenstand zahlloser Kommentare waren und ihre Werke nach allen Richtungen hin analysiert wurden, nachdem man auch die kleinsten Einzelheiten ihres wahrhaft einfachen Lebens überprüft hatte, fand diese letzte Hypothese, neben anderen, einigen Glauben. Sie ist jedoch unhaltbar.

Das Ansehen dieses außerordentlichen Jungen hat wahrscheinlich bei seinen Bewunderern eine Sinnestäuschung hervorgerufen und die lange zurückliegenden Erinnerungen verwirrt. George Searle Philipps behauptet, daß er im »Black Bull« lange Reden über die literarische Begabung seiner Schwestern hielt. Doch im Oktober 1848 schrieb Charlotte an Herrn Williams: »Mein unglücklicher Bruder hat niemals

---

[1] Es berührt eigenartig, daß Frau Robinson, nach Branwells Entlassung, ihren Töchtern erlaubte, ihre ehemalige Lehrerin Anne in Haworth zu besuchen. Man würde diesen Besuch nicht verstehen, wenn tatsächlich ein Skandal existiert hätte.

etwas von der literarischen Tätigkeit seiner Schwestern gewußt; es blieb ihm unbekannt, daß sie je auch nur eine Zeile veröffentlichten.« Zwischen diesem bestimmten Zeugnis der Schwester und der mündlichen Aeußerung, die von einem hochmütigen Trunkenbold und Halbverrückten kam, ist die Wahl unschwer zu treffen.

Ziehen wir einen Augenblick in Betracht, Branwell hätte »Wuthering Heights« ganz oder nur teilweise geschrieben. Warum sollten dies seine Schwestern verheimlicht haben? Sie wären im Gegenteil überglücklich gewesen, seine Verdienste bekannt zu machen, um damit sein Ansehen wieder herzustellen. Sie liebten ihn innigst. Kann man glauben, daß sie das Verbrechen begangen hatten, ihn seines Werkes zu berauben? Kann man glauben, daß Emily sich eines Werkes rühmte, das sie einem anderen gestohlen hatte? Kann man glauben, daß Charlotte nach Branwells und Emilys Tod diesen Betrug aufrecht erhielt und ihre Schwester zum Nachteil ihres Bruders verherrlicht hätte? Ein solcher Zynismus ihren geliebten Verstorbenen gegenüber ist moralisch unbegreiflich, auch ist kein Grund für eine solche Handlungsweise ersichtlich.

Es genügt übrigens, »Wuthering Heights« mit den Originalmanuskripten Branwells zu vergleichen, um festzustellen, daß sie nichts miteinander gemein hatten.

Und dennoch hat Branwell an »Wuthering Heights« mitgearbeitet, wie an »Jane Eyre«, aber ohne es zu wissen. Seine Schwestern haben das schreckliche Drama, das er ihnen erzählte, miterlitten. Sie kannten oder erkannten vielleicht durch seine Beichten die Qualen und die Macht der Leidenschaft, und sie haben in ihren Werken die Liebe teilweise nach seinen Erzählungen dargestellt. Das phantasievolle Gemälde, das er ihrer brennenden Neugierde, ihrem Mitleid, ihrem Abscheu bot, ersetzte ihnen die wirkliche Erfahrung. Und das Schauspiel seines Verfalls stand ihnen stets vor

Augen, wenn sie zur Feder griffen. Branwell geistert, bald verschleiert, bald schmerzhaft erkennbar, wie ein Gespenst durch die Bücher seiner Schwestern.

Sie verdanken ihm Episoden, Gefühle, Charakterzüge. Er regte sie an, weil er ihnen ähnlich war trotz seines Wahnsinns und weil er das Opfer der gleichen phantasiereichen und unruhigen Natur war, über die sie sich erheben konnten, und auch weil das rauhe Haworth ihrer aller Wiege war.

X.

Emily

Im September 1848 überquerte Branwells Sarg, von den Trauernden auf den Armen getragen, den kleinen Garten des Pfarrhauses, dann die Umzäunung des Friedhofes, um in der Kirche unter dem Grabstein bestattet zu werden, wo seine beiden kleinen Schwestern ihn erwarteten, die ihm im Tode vorangegangen waren.

Der Herbst meldet sich früh in Yorkshire. An diesem bereits kalten Tage fühlte sich Emily, zitternd vor Schmerz, wie erstarrt. Kaum heimgekehrt, beginnt sie zu husten und leidet in den darauffolgenden Wochen unter starken Brustschmerzen. Charlotte beobachtet sie voller Besorgnis und bedrängt sie, angesichts ihrer Blässe und Magerkeit, doch etwas gegen ihre Krankheit zu tun. Emily weigert sich. In dem Augenblick, wo ihr Lebenslicht zu schwanken begann, wollte sie sich noch enger mit ihrem Geheimnis einschließen.

Wie soll man sie enträtseln, dieses schlanke und große Mädchen — sie ist die einzige, die des Vaters hohe Statur geerbt hat, die einzige Brontë, die hübsch ist — mit dem »weichen und klaren« Blick, bald grau, bald tiefblau (ein Zeitgenosse sprach von diesem unvergeßlichen Blick, der an nichts haften blieb)? Wie soll man diese glühende und dennoch verschwiegene Natur, deren unsterbliches Meisterwerk beinahe ebenso rätselhaft ist wie sie, verstehen? Branwell erklärt sich durch seine maßlosen Ueberspanntheiten, Anne durch ihre schwache Zartheit. Charlotte hat Seelennöte, die sie überwindet, aber eingesteht und sie uns näher bringen; wir kennen sie dank ihrer umfangreichen Korrespondenz und den an Herrn Héger gerichteten Briefen, dank der ausführlichen Biographie von Frau Gaskell, an der sie mitgearbeitet hat und dank der Erinnerungen, die ihre Londoner Freunde uns hinterlassen haben. Aber Emily?

Vor Unbekannten blieb sie stumm, unbeweglich, hinter einer gewollten Zurückhaltung verschanzt. Sie liebte es nicht, auszugehen, sich in Gesellschaft zu begeben. »Mit Ausnahme der Kirchenbesuche oder Spaziergängen auf den Hügeln, überschritt sie selten die Schwelle des Hauses.« Die Berichte ihrer Schwestern genügten ihr: Charlotte wird mir schon alles erzählen, sagte sie. Sie hatte keine Freunde, sie schrieb keine Briefe. Reisen zu unternehmen, war ihr ein Greuel. In Roe Head und in Halifax wurde sie vor Heimweh krank, und man mußte sie unverzüglich heimschicken. In Brüssel richtete sie an niemanden das Wort, außer an Herrn Héger, der sie für egoistisch hielt. Er bewunderte sie aber wegen ihrer Charakterfestigkeit, ihrer unbeugsamen Logik und ihrer intellektuellen Gaben, die er höher als diejenigen Charlottes einschätzte. »Wenn sie ein Mann gewesen wäre, würde sie ein großer Seefahrer geworden sein«, sagte er seltsamerweise. Sie hatte für ihre belgischen Mitschüler, die sich über sie lustig machten, nichts übrig. Sie konnte deren Katholizismus jesuitischer Prägung und überhaupt das, was Charlotte »römisches System« nannte, nicht leiden. Und wenn ihre Landsleute, die Jenkins und Dixons sie zum Tee einluden, blieb sie steif auf ihrem Stuhl sitzen, antwortete nur mit ja oder nein, so daß sie schließlich darauf verzichteten, sie einzuladen.

Vorherrschend war bei ihr weder die Feindseligkeit gegen andere, noch die Verachtung, sondern das Gefühl, sich mit ihnen nicht vertragen zu können. Sie hatte den Leuten nichts zu sagen, weil diese sie nicht verstanden hätten und weil sie keinen Wert darauf legte, sie zu verstehen. Sie verachtete die unaufrichtige Höflichkeit, die geläufigen Banalitäten der Unterhaltung; sie brauchte Aufrichtigkeit und noch mehr

Emily Brontë

Gemälde von Patrick Branwell Brontë
National Portrait Gallery, London

Schrankenlosigkeit. Im Kreise von Fremden erschreckten sie die lauten Stimmen, die Manieren, die ihr zudringlich erschienen, und sie wurde verschlossen. Durch ihre steife Ablehnung wirkte sie dann gleichgültig und linkisch.

Der einzige Ort auf Erden, wo sie leben konnte, war das düstere, kleine, von der Heide umgebene Haus in Haworth. Dort war sie sicher in ihren Bewegungen und wurde sie frei, dort konnte sich ihr Genie entfalten.

Doch selbst in Haworth mußte sie sich manchmal wehren. Sie kümmerte sich nicht um die Wohltätigkeit, außer daß sie die Kranken besuchte. In der Pfarrgemeinde hielt man sie für hochmütig. Sie schüchterte die Vikare ihres Vaters ein, die sich schnell aus dem Staube machten, wenn sie sie allein im Hause antrafen. Aber Emily war noch schüchterner, denn wenn sie einen Lieferanten in der Küche erscheinen sah, rannte sie in die Vorhalle.

Sogar ihren Angehörigen gegenüber bewahrte sie Abstand. Sie war mit ihrem Vater und mit ihrer Tante niemals intim. Sie fürchtete sich vor dem aufmerksamen Eifer Charlottes, vor ihren beharrlichen Versuchen, die Familie zu lenken. Es schmerzte Charlotte, daß Emily sich manchmal ihrer Zuneigung entzog. »Ihr eine Frage stellen, ihr Hilfe anbieten, ist ihr unangenehm« sagte sie traurig. Es ist dies nur ein kleiner Zwiespalt unter den Geschwistern, denn sie waren einander herzlich zugetan und stets einer um des anderen Glück und Gesundheit besorgt. Aber Emily brauchte eine Rückzugsmöglichkeit, eine geheime Zone, wo niemand sie erreichen konnte. Branwell zerbrach sich darüber nicht den Kopf, und Anne ahnte kaum, was im Innern ihrer geliebten Emily brodelte.

Bei all ihrer Schüchternheit, ihrem peinlichen Schweigen, ihrer Liebenswürdigkeit zu ihren Angehörigen blieb ihr Charakter unverändert. Sie zog es vor, zu schweigen oder fortzugehen, aber wenn sie ihre innere Freiheit beschützen mußte oder einen Zwang zu bekämpfen hatte, zeigte sie sich unbeugsam. Charlotte erzählte Frau Gaskell, daß niemand Emily zu widersprechen gewagt hätte, wenn in ihrem blassen Gesicht die Augen sprühten und ihre Lippen hart wie Stein wurden. Sie wirkte gleichzeitig heftig und unempfindlich. Selten ließ diese Spannung bei ihr nach, und auch dann war es nur von kurzer Dauer, denn bei dem kleinsten alarmierenden Anzeichen verfiel sie wieder in wachsame Abwehr.

Charlotte zeichnete von ihr in wenigen Zeilen ein wunderbares Porträt:

»In Emilys Natur schien äußerste Kraft und Einfachheit ineinanderzufließen; unter einer echten Kultur, einem natürlichen Geschmack und einem anspruchslosen Aeußeren befand sich eine Macht und eine Flamme, die Geist und Blut eines Helden hätte entzünden können; sie kannte jedoch die alltägliche Lebensweisheit nicht; ihre Fähigkeiten waren nicht für das praktische Leben geschaffen, sie hätte darauf verzichtet, ihre handgreiflichsten Rechte zu verteidigen und den ihr zustehenden Vorteil wahrzunehmen. Ein Vermittler hätte stets zwischen ihr und der Welt stehen müssen. Ihrem Willen fehlte es an Geschmeidigkeit, und er stand meist zu ihrem eigenen Interesse im Gegensatz. Ihr Temperament war großzügig, aber brüsk und aufbrausend, ihre Seele war unbeugsam.«

Man muß jedoch nicht glauben, daß Emily ausschließlich in sich versunken war. Niemand war rühriger als sie. Sie stand früh auf, sogar vor den Dienstboten. Sie half eifrig im Hause. Wie bei den anderen Brontës war ihr Geist ständig in Bewegung. Während sie Kartoffeln schälte oder Brot knetete, grübelte sie unaufhörlich. Und wenn sie plättete — eine Arbeit, worin sie glänzte — schlug sie auf dem Tisch ein Buch auf und las darin während sie das Eisen handhabte. Oder sie setzte sich zum Klavier, denn die Musik war auch ihre Sprache; sie spielte in einer »genauen und brillanten« Weise. Es kam sogar vor, daß sie lachte, wenn irgendein plötzlicher Einfall sie packte. Um z. B. Charlotte zu necken, machte sie sich ihre Kurzsichtigkeit zunutze, führte sie in eine Umzäunung, wo Kühe weideten und belustigte sich über ihr Erschrecken.

Lebhaft, erfinderisch und auch autoritär — man hatte ihr den Spitznamen »Major« gegeben — brachte sie in ihre Familie ein Element sprühender Lebhaftigkeit, der Phantasie und der Ueberraschung. Dann wieder verfiel sie plötzlich in ihr Stillschweigen oder verließ, ohne den Grund zu sagen, das Zimmer.

Nur inmitten der Natur ließ sie ihrem wahren Charakter freien Lauf. Charlotte hat erzählt, wie sie die Heide vergötterte, deren melancholische Einsamkeit ihr wie das Paradies erschien und die mit ihrem eindrucksvollen Himmel, den wilden Vögeln, die vorbeizogen und dem hartnäckigen Gesumm der Bienen über dem blühenden Heidekraut im Sommer, jedenfalls die wahre Heimat ihrer Seele war. Dort atmete sie mit vollen Lungen die Freiheit, ohne die sie zugrunde gegangen wäre.

Behend in ihrem knabenhaften Gang brauchte sie die unbegrenzte Weite, die Verbundenheit mit der Erde, dem Regen oder der Sonne, die Abwesenheit der Menschen und die Gegenwart der Tiere. Frau Mary Robinson, die für ein im Jahre 1883 veröffentlichtes Werk an Ort und Stelle die mündlichen Ueberlieferungen sammelte, erzählt, daß sie oft nach Hause kam mit einem Vogel oder einem kleinen Hasen in ihren Händen und zärtlich mit ihm sprach. »Ach, Fräulein Emily, man könnte meinen, daß er Sie versteht«, sagte ihr das Dienstmädchen eines Tages.

»Davon bin ich überzeugt«, antwortete sie und wiederholte es nochmals.

Sie hing sehr an einer schwarzen Katze namens Tom. »Unsere arme kleine Katze war zwei Tage krank und ist soeben gestorben. Emily ist sehr traurig«, schrieb Charlotte.

Aber ihr wirklicher und getreuer Gefährte war Keeper. Diese starke, stämmige Dogge, mit rollenden, reizbaren Pupillen sprang jedem an den Hals, der es wagte, ihn respektlos zu behandeln. Emily war es gelungen, seine wilde Natur zu zähmen. Man sah sie oft im Sprechzimmer auf dem Teppich vor dem Feuer sitzen, in der einen Hand ein Buch, in dem sie las, und mit der andern Hand hielt sie den Hals ihres Hundes umschlungen. Und das grimmig aussehende Tier blieb unbeweglich und friedlich, um sie nicht im Lesen zu stören.

Unglücklicherweise nahm Keeper die Gewohnheit an, in die erste Etage hinaufzugehen, auf ein Bett zu klettern und dort auf einer Fußdecke zu schlafen, die er durch den von draußen hereingeschleppten Schmutz verunreinigte. Tabby, zugleich verärgert und ängstlich, denn sie fürchtete sich vor seiner Wildheit, beklagte sich eines Tages darüber, daß er sich wieder auf die schönste Fußdecke des Hauses niedergelassen hatte. Emily erblaßte, dann erhob sie sich — Charlotte wagte nicht, sie zurückzuhalten — stieg hinauf, packte ihn am Genick und zog so den wütenden Keeper herunter. Sie nahm keinen Stock, um ihn durchzuprügeln: mit ihrer zarten, bloßen Hand schlug sie kräftig zu, ungeachtet der Gefahr, von ihm schrecklich gebissen werden zu können. Nachher verband sie die Wunden, die sie ihm geschlagen hatte. Zuerst bestürzt und wütend, schließlich durch die Tapferkeit des Mädchens besiegt, wurde sie von nun an von dem Hund mit jener treuen Zärtlichkeit geliebt, die man wohl nur bei den Tieren findet.

Vielleicht hat Emily nur Keeper in ihr Vertrauen gezogen, wenn er ihr mit hängender Zunge auf den Fersen folgte oder mit freudigem Gebell um sie herumsprang. Oder hat sie es dem Wind gesagt, diesem unermüdlichen Wind, der über die Heide wirbelt, klagt, sich beruhigt und sein Spiel von neuem beginnt, der manchmal eine Seemöve mit ausgebreiteten Flügeln vor sich hertreibt oder aus dem Süden die ersten Frühlingsdüfte bringt? Aber diese vertraulichen Gespräche hat der Wind mit sich fortgetragen.

Ueber Emily Brontë lassen sich nur Vermutungen anstellen, ohne jemals sicher zu sein, das Richtige getroffen zu haben.

Man findet bei ihr das Mißtrauen eines jungen, armen Mädchens, die dem Mißgeschick mit schweigender Herausforderung begegnet. Sie besitzt die Schüchternheit eines Kindes, das abseits, weit entfernt von den Städten und den Menschen erzogen wurde. Sie ist schlecht gekleidet, hat im Umgang mit Menschen ein gezwungenes Benehmen und ist steif und unnahbar, wenn sie Spott zu befürchten glaubt. Sie besitzt auch den Stolz eines außerordentlichen Wesens, das sich von Natur aus verschieden gegenüber den andern fühlt, mit denen es nichts gemein hat. Es ist auch der berechtigte Stolz eines großen Dichters, gesteigert durch die Ironie, sich verkannt zu wissen. In ihr wohnt der Wille, sich vor allem dem Werk zu widmen, das sie in sich trägt und das ihr Wesen rechtfertigt. Vielleicht ist es auch das Schamgefühl eines Herzens, das von der Leidenschaft gequält und von niemand umworben wird, oder sie ahnte voraus, daß sie nie einen Gefährten finden wird. Vielleicht aber war es im Gegenteil die überlegene Gleichgültigkeit eines Geschöpfes, das sich selbst genügt und niemand benötigt.

*

Noch in den letzten Wochen ihres irdischen Daseins, in jenem verhängnisvollen Herbst 1848, nach der Beerdigung von Branwell, blieb Emily unbeugsam und geheimnisvoll. Die langen Spaziergänge waren nun für immer zu Ende. Sie konnte keine Arbeit mehr im Haus verrichten. Vom Fieber glühend, zitterte sie vor Müdigkeit und Erschöpfung. Ihr Gesicht fiel mehr und mehr ein, doch blieb sie, wie es Charlotte erzählt, sich selbst gegenüber mitleidslos und ihr Geist erschöpfte ihren Körper.

Keine Klage kam über ihre blutlosen Lippen, keine Anspielung über ihr nahes Ende. Mehr als je suchte sie sich den anderen zu entziehen. Es war, als spürte sie jenes wilde Verlangen der Tiere, die sich in der Todesstunde verstecken. So stürmisch Branwells Ende war, so unauffällig zog sich das Leben von ihr zurück. Ihre Familie hörte mit ängstlich beklommenen Herzen, wie sie mit schleppenden Schritten herumirrte, sich an den Wänden stützte, und wie dann plötzlich die Lungen von einem Hustenanfall zerrissen wurden, so daß sie schwer keuchte.

»Die Brustkrankheit und der Husten Emilys«, schrieb Charlotte an Ellen Nussey, »ist sehr hartnäckig. Ich fürchte, daß sie Schmerzen in der Brust hat, und ich beobachte manchmal, daß ihr Atem kurz wird, wenn sie eine zu rasche Bewegung macht. Sie ist sehr mager und sehr blaß. Ihre zurückhaltende Natur verursacht mir großen Kummer. Es ist unnütz, sie zu fragen, sie antwortet nicht. Es ist unnütz, ihr Medizin zu empfehlen, sie nimmt sie niemals.«

Für Charlotte war es eine namenlose Qual, »ein nicht in Worte zu fassender Schmerz«, sagte sie, ohnmächtig zusehen zu müssen, wie dieses Wesen, das ihr »ebenso teuer wie das Leben« war, dahinsiechte. Sie fragte andere um Rat, suchte Hilfe in homöopathischen Schriften und schrieb an einen berühmten Londoner Arzt. Aber dieser antwortete sehr unbestimmt.

Manchmal versuchte sie ihre Schwester zu zerstreuen. Sie las ihr einen Artikel aus der »North American Review« vor, der den drei Brüdern Bell gewidmet war. Ellis (Emily), »dieser Mann von außerordentlichem Talent, jedoch hartnäckig, brutal und mürrisch« lag blaß und schwach in einem Lehnstuhl und lächelte ein wenig. Acton (Anne) nähte in der Kaminecke und belustigte sich gleichfalls darüber, daß man sie in so düsteren Farben schilderte. Arme Brüder Bell, die ohne es zu wollen, die wohlwollenden Kritiker herausforderten!

Im Dezember suchte Charlotte in einem geschützten Flecken der Heide einen späten Heidekrautzweig und brachte ihn ihrer Schwester. Sie erkannte kaum die Blume, die man zwischen ihre mageren Finger legte. An einem der nächsten Tage aber war Emily aufgestanden und hatte sich wie gewöhnlich angekleidet, obwohl es nur sehr langsam ging, und sie bemühte sich, ihr Haar zu kämmen. Sie war so schwach, daß der Kamm ihren Händen entglitt und in das Feuer fiel, wo er zu brennen begann. Aber sie konnte sich nicht bücken. Das Dienstmädchen trat ein, und sie seufzte: »Sehen Sie, Martha, mein Kamm ist in das Feuer gefallen, und ich kann ihn nicht aufheben.«

Eines Morgens, schweigsam wie immer, ließ sie sich im Sprechzimmer nieder, um zu nähen. Ihre Schwestern und die Dienstmädchen beobachteten sie ängstlich. Sie war totenblaß und konnte kaum atmen. Ein harter Kampf spielte sich in ihr ab, der sie bis ins Innerste aufwühlte, aber niemand konnte ihr in diesem furchtbaren Ringen von Körper und Seele helfen. Mittags sagte sie leise zu Charlotte, daß sie jetzt einwillige, einen Arzt kommen zu lassen. Man trug sie zu einem Sofa, und plötzlich hauchte sie ihr Leben aus.

Als drei Monate nach Branwells Tod ihr Sarg das Haus verließ und die Einfriedung durchschritt, die den Garten vom Friedhof trennte, folgte ihm Keeper, der vor der Familie herging. Die wilde und treue Dogge trat in die Kirche ein und blieb, ohne sich um ihre Umgebung zu kümmern, während des Trauergottesdienstes regungslos. Dann ging sie zum Pfarrhaus zurück, hockte sich vor Emilys Türe hin und blieb dort stöhnend und träumend viele Tage liegen.

So war Emily mit neunundzwanzig Jahren stumm und stoisch entschwunden. Um sie zu verstehen, können wir nur in ihren Gedichten und in ihrem einzigen Roman noch ihre Spuren suchen.

XI.

Wuthering Heights

Gleich zu Beginn stürzt uns Emily's Werk »Wuthering Heights« durch die stürmische Handlung in das Drama. Sofort erweckt dieser außerordentliche Roman bei dem Leser eine Neugierde und eine Unruhe, die immer mehr zunehmen. Das ungestüme Tempo weiß der Autor bis zur letzten Zeile des Buches zu halten, er steigert es sogar nach Maßgabe der Ereignisse und trägt es ohne Schwanken zu einem beinahe unerträglichen Höhepunkt. Man beginnt mit dem ersten Gewitterleuchten, um unter dem Druck rasender Leidenschaften den Orkan zu erreichen.

Wuthering Heights — Wuthering ist ein provinzieller Ausdruck, und die beiden Worte bedeuten das Getöse des Windes auf einer ungeschützten Anhöhe — ist der Name eines entlegenen Hauses, das aus großen Steinen erbaut, von kleinen Tannen und mageren Dornbüschen umgeben ist. Dort wohnt der alte Landedelmann Earnshaw, der eines Tages, zum Unglück der Seinen, unter dem Schutz seines Mantels ein auf der Straße aufgelesenes Kind heimbringt. Es ist ein kleiner, braunhäutiger Junge mit schwarzen Augen und einer unverständlichen Sprache. Er tauft ihn Heathcliff. Earnshaw hat zwei Sprößlinge: Hindley und Catherine. Bei ihnen befindet sich eine Haushälterin, Nell Dean, welche die Geschichte erzählt, sowie Josef, ein mürrischer, abergläubischer, heuchlerischer Diener, groß im Zitieren biblischer Verse; schließlich sind noch grimmige Hunde da, deren ewiges Knurren sich zu dem Gezänk der Menschen gesellt.

Die Bewohner von Wuthering Heights leben in der Einsamkeit — rund herum erstreckt sich die unermeßliche und öde Heide, mit kaum erkenntlichen Pfaden — und zugleich in einer turbulenten Gemeinschaft. Sie leben in der niedrigen Küche und in den engen Zimmern dicht nebeneinander. Ihre Redeweise ist unglaublich ausfallend: Flüche und Beschimpfungen sprudeln nur so von ihren Lippen. Schon von Natur aus roh, sind sie gegeneinander durch unaufhörliche Streitigkeiten verbittert. Manchmal gehen sie aufeinander los.

Vier Meilen entfernt ist Wuthering Heights ein anderes Haus gegenübergestellt: es ist Trushcross Grange, wo die Lintons wohnen. Diese haben zwei Kinder von fast gleichem Alter wie die kleinen Earnshaws: Edgar und Isabelle. So aufbrausend und beinahe wild die Earnshaws sind, so fein, sanft und zart sind dagegen die Lintons.

Der Roman, der eine Zeit von zwanzig Jahren umschließt, erzählt uns den Streit, der zwischen diesen beiden Häusern ausgebrochen ist, und der nie abreißt; es ist die Geschichte einer schrecklichen Liebe, sowie einer unversöhnlichen Rache. Diese Rache wird mit einer in seiner Hartnäckigkeit erschreckenden Grausamkeit ausgeübt, mit unsagbaren Brutalitäten: durch Raub, widerrechtliche Einsperrung, Schändung von Grabstätten und zweifellos auch durch Mord und schreitet über Wahnsinn und Tod hinweg. Und die Liebe, die so viele Verbrechen fordert, wird zur anspruchsvollsten, zügellosesten, verheerendsten Leidenschaft. Es ist eine Leidenschaft, die über den Verrat siegt und über alle Verzweiflung, ja, sogar über das Grab hinaus ihrer Erfüllung entgegengeht.

Heathcliff, das gefundene Kind, hängt von seinen ersten Jahren an mit seinem ganzen Wesen an Catherine Earnshaw. Er wird ihr Spielgefährte und strolcht mit ihr herum. Er ist ein kleiner, struppiger Bauer, von brutalem Benehmen und führt unverschämte Worte im Munde. Nachdem der alte Earnshaw gestorben war, kommt sein Sohn Hindley, der das Haus verlassen hatte, verheiratet nach Wuthering Heights zurück. Er verabscheut Heathcliff, ist hart zu ihm, zwingt ihn zu den peinlichsten Arbeiten, behandelt ihn als Dienstbote. Oft schlägt er ihn.

Doch die Zeit vergeht. Catherine hatte die Lintons besucht, die ihr gute Manieren beibrachten und sie in ein schönes junges Mädchen verwandelten. Edgar Linton verliebt sich in sie, und sie willigt ein, ihn zu heiraten. »Es ist unmöglich, daß ich mich mit Heathcliff verheirate, er ist meiner nicht würdig«, sagt sie zu Nelly Dean. Heathcliff, der diese Worte hörte, entflieht. Erst nach drei Jahren sieht man ihn wieder.

Als er wieder auftaucht, nachdem er auf ungeklärte Weise zu Geld kam, ist er ein Mann geworden. Groß und gut gebaut, trägt er auf seinem düsteren Gesicht immer denselben wilden, beinahe unmenschlichen Ausdruck. Er ist zurückgekommen, um Catherine wiederzusehen und vor allem, um das nicht wieder gut zu machende Unrecht zu vergelten, das sie, Edgar, Hindley, alle Menschen und das Schicksal ihm zugefügt haben. Er will sich an seinen Gegnern nicht durch eine so gewöhnliche Wiederholung des ihm angetanen Unrechts rächen: man fühlt, daß seine Herausforderung der ganzen Schöpfung gilt.

Zuerst wendet er sich gegen Hindley, bei dem er sich niederläßt. Dieser hat seine Frau verloren, die ihm einen kleinen Jungen namens Hareton hinterließ. Aus Kummer über seine Witwerschaft führt Hindley ein unordentliches Leben. Er trinkt, spielt und lästert. Heathcliff bestärkt ihn in seinem liederlichen Lebenswandel und beschleunigt sein Verderben. Er hetzt sogar den kleinen Hareton gegen seinen Vater auf und versucht auch ihn zu demoralisieren.

Den Lintons gegenüber zeigt er sich nicht weniger rachsüchtig. Er fordert Edgar heraus, beschimpft ihn und behandelt ihn mit Verachtung. Als Edgars Schwester, Isabelle, sich in ihn verliebt, trotzdem man sie inständig vor ihm warnte, entführt er sie. Er heiratet Isabelle, aber sofort danach überhäuft er sie mit Schmach und mißhandelt sie. Dann bringt er seine verstörte Frau nach Wuthering Heights zurück und zwingt sie, ohne Dienstboten in einer abschreckenden Verkommenheit zu leben, in der Angst vor den Hunden, die sie zu zerreißen drohen, und vor Hindley, der halb wahnsinnig geworden ist und den Tod von Heathcliff plant.

Catherine liebt ihren Mann. Aber sie blieb geheimnisvoll an Heathcliff gebunden und ist glücklich, ihn wieder zu sehen. Ihr Charakter ist ebenso hitzig, wie Heathcliffs, und ihre Gespräche sind mit Hohn und Verwünschungen gespickt. Heathcliff vergöttert Catherine, aber verzeiht ihr nicht, ihn für einen anderen verraten zu haben. Nach einem heftigen Streit zwischen ihm und Edgar Linton, wird die junge Frau, aufs höchste verängstigt, von einem Nervenfieber befallen. Sie läuft weg und schließt sich in ihr Zimmer ein, verweigert drei Tage lang jede Nahrung und liegt im Fieberwahn, von Halluzinationen geplagt, darnieder.

Heathcliff sucht sie heimlich auf, und mit Verzweiflung errät er, daß sie verloren ist. Sie halten sich umschlungen, vielmehr sie klammern sich aneinander, machen sich Vorwürfe und vergießen leidenschaftliche Tränen. Da tritt Linton unvermutet herein, Catherine wird ohnmächtig, und man trägt sie leblos zu ihrem Bett. In der darauffolgenden Nacht gebärt sie, ohne das Bewußtsein wiedererlangt zu haben, ein schmächtiges Kind, die kleine Cathy, und stirbt.

Hier endet erst die erste Hälfte des Romans, und nun wendet er sich mit derselben fiebrigen Hast neuen Grausamkeiten zu. Isabelle flüchtete aus Wuthering Heights und gebärt einen Knaben namens Linton. Hindley aber stirbt im Trinkerdelirium, wenn Heathcliff ihn nicht ermordet hat. Dieser ist übrigens Besitzer von Wuthering Heights geworden, denn Hindley, verarmt, hat sein Gut zugunsten Heathcliffs mit Hypotheken belastet.

Jetzt verfolgt Heathcliff die zweite Generation mit seiner grimmigen Rache. Zwölf Jahre sind vergangen. Während dieser Zeit verfolgte er Hindleys Sohn, den kleinen Hareton, aus dem er einen Rohling gemacht hat. Seine Frau, Isabelle, starb, ohne ihn wiedergesehen zu haben. Er nimmt nun seinen Sohn, den kleinen Linton, zu sich; dieser ist ein reizbarer, leidender, lungenkranker Junge, und er will ihn mit Cathy verheiraten. Er erreicht dies nach vier Jahren, nachdem er ihn terrorisiert hat und das junge Mädchen mehrere Tage gefangen hielt. Edgar, Cathys Vater und Witwer von Catherine, stirbt nun, und der kleine Linton erbt den Besitz von Trushcross Grange. Heathcliff zwingt Linton, ein Testament zu seinen Gunsten zu machen, und nun stirbt dieser auch infolge seiner Mißhandlungen. Endlich ist jetzt Heathcliff Herr der beiden Güter, und er hält die einzigen Nachkommen seiner toten Feinde, Hareton und Cathy, unter seiner unerbittlichen Gewalt.

Seine beiden Opfer vertragen sich jedoch schließlich miteinander und vereinigen ihre beiden schwachen Kräfte gegen ihn. Der Haß hat Heathcliff endlich erschöpft. Die stete Erinnerung an seine glühend geliebte Catherine peinigt ihn, er fällt Aengsten und seltsamen Anfällen zur Beute. Er verweigert, wie Catherine, zwei Tage lang jegliche Nahrung und stirbt. Man beerdigt ihn, wie er es verlangte, an der Seite von Catherine, im selben Grab. In der Gegend bleibt er eine sagenhafte Gestalt. Und die Leute erzählen, daß sie ihm manchmal begegnen, als schreckliches und gepeinigtes Gespenst, das über die Heide irrt.

*

Eine kurze Analyse von »Wuthering Heights« läßt diesen Roman eigenartig überfüllt, übertrieben und unwahrscheinlich erscheinen. Die Kompliziertheit mancher Episoden wird noch durch die Aehnlichkeit der Namen (zwei Personen nennen sich Catherine und drei Linton) und die Verknüpfung mehrerer Generationen verstärkt. Außerdem werden diese Ereignisse zumeist durch eine eingefügte Person, Nell Dean, erzählt, und die Handlung rollt so auf mehreren Ebenen ab.

Aber die Analyse kann die Atmosphäre des Buches nicht wiedergeben, die seine unzusammenhängende Gestaltung erklärt. Seine schauerlichen Schatten, sein unerwartetes Aufleuchten in diesem unheilvollen Dunkel, lassen ihn einem bedrückenden und merkwürdigen Angsttraum ähnlich erscheinen, in dem jedoch manchmal plötzliche Sanftheit und unverständliche Freuden zum Durchbruch kommen. »Wuthering Heights« ist weniger eine Beschreibung der Wirklichkeit, als eines mysteriösen Traumes, wo die kleinste Geste, das einfachste Wort eine rätselhafte und überzeugende Bedeutung erhalten.

Wie die Träume, so rollt auch die Erzählung in bebender Spannung mit einer unerbittlichen Strenge ab, und die Zufälle darin erscheinen durch eine unbeugsame Logik verbunden zu sein. Selbst die empörendsten Charakterzüge legen von einer inneren Notwendigkeit Zeugnis ab. Niemals hat man den Eindruck, der Autor füge absichtlich Greueltaten hinzu. Die Gewalttätigkeiten, zu denen sich die Personen hinreißen lassen und die bei anderen unmöglich oder mindestens erzwungen wirken würden, erscheinen an dem Platz, den ihnen der Autor zuweist und in ihrer Verkettung natürlich und sogar schicksalshaft bedingt. Dieses Gedicht der Leidenschaft ist zugleich eine Schicksalstragödie. Die Helden von Charlotte vertragen sich nicht mit der Gesellschaft, und dennoch gehören sie zu ihr. Sie bemühen sich, ihrem Gewissen zu gehorchen; sie wissen, daß sie über ihre Handlungen Rechenschaft ablegen müssen. Bei Emily aber leben sie außerhalb jeder gesellschaftlichen Rücksichtnahme, sie lassen sich nur von ihrem Temperament leiten. Niemals fühlen sie sich schuldig. In »Jane Eyre« gesteht Rochester seine Schuld und sucht sich zu entlasten. In »Wuthering Heights« scheinen alle, sogar die Verbrecher, unschuldig zu sein, denn alle handeln nur triebhaft. Mäßigung, Sittsamkeit, Moral sind — übrigens verhöhnt — nur durch das alte, ziemlich hinterhältige Dienstmädchen Nelly Dean und durch den frömmelnden, zerfahrenen und spöttischen Schurken Josef vertreten. Nur Edgar

Linton ist wirklich edelmütig und großzügig; nur er weiß zu verzeihen und wird dafür auch unbarmherzig mit Füßen getreten.

Die Gewalt der Leidenschaften, die sich zerfleischen, wird in »Wuthering Heights« durch die herbe Trostlosigkeit der Landschaft, die unaufhörlichen Regengüsse und die Schneestürme noch verstärkt. Rund um diese zügellosen Wesen entfesseln sich die Naturgewalten und versinnbildlichen ihre Qualen. Manchmal bricht ein kurzes Aufleuchten durch, ein Frühlingsduft, eine milde Temperatur bringen flüchtige Entspannung. Doch als wäre die Natur durch die Wut der Menschen herausgefordert worden, hüllt sie sich von neuem in ihre Zornausbrüche.

Ein solcher Roman ist nicht nur wertvoll durch das Drama, das er erzählt, durch seine eigenartigen Personen, seine ergreifende Poesie, sondern auch durch das Gemälde, das er uns von den menschlichen Verirrungen im allgemeinen gibt. Ohne etwas zu erstreben oder lehren zu wollen, zeigt er uns, wohin Haß und Grausamkeit führen kann, wie die größte Liebe auch die mörderischste ist, und daß sie die natürliche und wesentlichste Perversität unserer Menschengattung ist. Indem er uns mit der Macht einer Halluzination die Vision der Erbsünde, der unaufhörlichen Leiden, die Menschen einander zufügen, aufdrängt, nimmt er die Bedeutung und Größe eines Mythos an.

*

Heathcliff ist eine der schrecklichsten Figuren, die ein Romanschriftsteller geschaffen hat, und man kann ihn nur mit den Helden von Dostojewski vergleichen. Wie diese, ist auch er ein Besessener und ein Gedemütigter. Er hat tief unter den Beleidigungen gelitten, die er erdulden und unter der Verachtung, die er ständig ertragen mußte; er sah jene sich ihm entfremden, die ihn hätte retten können, wenn sie an ihn geglaubt hätte. So fand er dann Gefallen an seiner Entwürdigung, er nährte seine Seele mit den zugefügten Beleidigungen, die er nie überwinden konnte. Die Rache ist der einzige Ausweg, der ihm bleibt, denn er kann nicht verzeihen. Nur so gelingt es ihm, sich Erleichterung zu verschaffen — wenn auch nicht sich zu heilen — wenn er schlimmere Demütigungen, als jene die er empfing, seinen Feinden und selbst Unschuldigen zufügt.

Was für Qualen denkt er sich aus, und mit welcher Methode und Hartnäckigkeit überträgt er sie im Laufe der Jahre von einer Generation auf die andere, mit welcher Raffiniertheit weiß er seine Opfer mittelbar in den Personen zu treffen, die ihnen teuer sind! Es genügte ihm nicht, Hindley und Cathy zu berauben, sich an ihrer Stelle in ihrem Hause niederzulassen, Edgar vor Schande und Zorn erbeben zu lassen, seinen eigenen Sohn durch seine Brutalität einzuschüchtern und in den Tod zu treiben: er muß auch noch Hindley ins Verderben stürzen, Isabelle entehren, Hareton erniedrigen. Ueber sein Bedürfnis, zu zerstören und seinen Rachedurst hinaus, gehorcht er schließlich seiner Grausamkeit, wie einem unerbittlichen Laster.

Heathcliff zeigt eigentlich Anzeichen einer geistigen Verirrung. Die anderen fürchten sich vor ihm, wie vor einem Wahnsinnigen mit gefährlichen Einfällen. Aber der Wahnsinn würde nicht genügen, um ihn zu erklären. Seine überspannten Launen, sein zielloses Umherstreifen, seine plötzlichen Traumzustände, sind nur übriggebliebene Schlacken eines zentralen Brandherdes, deren unheilvoller Schein in seinen Augen lodert. Im Grunde genommen ist er ein bösartiger Mensch, für den kein Gesetz gilt, der kein Mitleid kennt und seinen Nächsten nur als Beute ansieht. Er ist ein »Wolf-Mensch«.

Aber diese grausame Leidenschaft, die ihn wie ein Krebsgeschwür quält, erschöpft und erbittert ihn zugleich; sie zerrüttet ihn mit der Zeit und vernichtet ihn selbst. Unvermutet sieht man ihn schwach werden, in Schluchzen ausbrechen,

Faksimile einer Seite aus einem Gedichtband von Emily Brontë

Nach dem Manuskript im British Museum, London

als könnte er nicht mehr hassen, als verlange er Gnade von einem unsichtbaren Henker. Er ist ein unfreies Wesen, ein Wesen, das gelenkt wird; auch er ist ein Opfer, aber ein Opfer des Teufels.

In diesem Buch, dessen verborgener Sinn in dem Maße sichtbar wird, in welchem man es immer wieder liest, kann man auch das Bemühen einer düsteren Seele erblicken, die sich von ihrer Qual befreien will. Zweifellos siegt Heathcliff, aber er ist nicht befriedigt, denn über diese Welt, in der er seine Grausamkeit verübt, erstrecken sich geheimnisvolle, mit Gespenstern bevölkerte Regionen. Indem jene, die er zu besiegen glaubte, in das unbekannte Reich entschwinden, entrinnen sie ihm. Und sie kehren dann wieder zurück, unverwundbar dieses Mal, um ihn zu plagen und diesmal ihn leiden zu lassen. Er wird vom Uebernatürlichen heimgesucht, denn nichts vollendet sich auf dieser Erde. Die Folgen unserer Handlungen setzen sich anderswo bis ins Unendliche fort. »Wuthering Heights« ist auch die Schilderung des Lebens und des Todes in ihren geheimen Beziehungen zueinander.

Die Liebe, die Heathcliff für Catherine empfindet, ist nur eine andere Form seines Hasses. Es ist dieselbe Leidenschaft in umgekehrtem Sinne, dasselbe verzweifelte Verlangen nach dem Absoluten und auch dieselbe erbitterte Sprache, denn den Gotteslästerungen des Mannes antworten die Flüche der Frau. Sie ist die einzige, die ihm zu trotzen wagt. Ihre Gespräche beginnen mit Provokationen, steigern sich zu Herausforderungen, zu Drohungen und arten beinahe in Beißen und Würgen aus. Man könnte meinen, daß es die Liebe von zwei wilden Tieren ist.

Aber diese Heftigkeit bringt ihnen eine geheimnisvolle Beruhigung, entladet ihre Seelennot. Sie müssen schreien, rasen, um eine Freude zu erreichen, die sie verblüfft und die sie übrigens nicht lange aufrechterhalten können. Sie ziehen sich gegenseitig an und stoßen sich ab, fremd und verbunden zugleich. Sie können sich, wenn sie einander gegenüberstehen, nicht ertragen, und dennoch kann der eine nicht ohne den anderen leben.

Gewiß glaubte Catherine Edgar Linton zu lieben, als sie ihn heiratete, oder zumindest hat sie ihn als den einzigen Mann betrachtet, der würdig war, ihr Gemahl zu sein. Aber Heathcliff ist für sie weit mehr als ein Ehemann. »Es würde mich entwürdigen, Heathcliff zu heiraten«, hatte sie zu Nelly Dean gesagt als sie sich verlobte, »auch wird er niemals erfahren, wie sehr ich ihn liebe. Und ich liebe ihn keineswegs weil er schön ist, Nelly, sondern weil er mehr mein Ich ist, als ich selbst. Von welchem Stoff auch unsere Seelen sein mögen, seine und meine sind aus dem gleichen.«

Später, als sie ihn wiedergetroffen hat, beginnt sie von neuem, um ihre Gefühle zu erklären, die sie beunruhigen: »Mein eigentlicher Lebenssinn ist er. Wenn alles andere untergeht und er bliebe, so würde ich weiterleben; aber wenn alles andere bliebe und er unterginge, wäre mir die Welt fremd... Nelly, ich bin Heathcliff! Er ist immer, immer in meinem Gemüt, nicht wie ein Vergnügen, denn ich bin für mich selbst auch nicht immer ein Vergnügen, sondern wie mein eigenes Wesen.« Und wie sie, so weiß auch er, daß sie eins sind. Ihre Liebe ist die Versöhnung von zwei Geschöpfen, die ihre Wesensgleichheit feststellen. Sie ist anormal, denn die Liebe erfordert den Unterschied des Geschlechts und der Seelen, die sich in ihrer Paarung ergänzen. Hier aber ist es eine einzige Seele in zwei Personen, die ihre von einander getrennten Teile wieder vereinigen will.

Da jedoch diese Vereinigung nicht in Erfüllung gehen kann, weil einerseits die Umstände sie daran hindern und sie andererseits trotz allem zwei verschiedene Individuen sind, leiden sie um so mehr, und zwar in dem Maße, in welchem es den einen zum anderen drängt. »Wuthering Heights« ist der Roman oder vielmehr das lyrische Gedicht einer großen Liebe, aber auch die Tragödie der Isolierung im Schoß der Leidenschaft selbst, die Tragödie, sich einem Wesen nicht nah genug nähern zu können, um mit ihm zu verschmelzen. Ihre Vereinigung ist zugleich notwendig und unmöglich: jeder ist der andere und ist es dennoch nicht.

Von diesem Standpunkt aus gesehen, läßt »Wuthering Heights« an »Tristan und Isolde« denken. Dieselbe verhängnisvolle Umarmung, ohne daß jedoch ein Zaubertrank nötig wäre, denn das Liebesgift ist in der ganzen Atmosphäre vorhanden; dieselbe magische Glut; dasselbe Verlangen, die Grenzen der Persönlichkeit zu durchbrechen, um die Liebenden zu vereinigen; dieselbe Todesbesessenheit, um endlich das Aufgehen des einen in dem anderen zu erlangen, was das Leben verweigert. Emily Brontë hatte von ihrer Mutter her Blut von Cornwall in ihren Adern. Cornwall, wo noch die sagenhaften Ruinen von Tintagel stehen, dieses Land der Sehnsucht und des Verlangens, des ewigen Suchens und der absoluten Forderungen, war Tristans und ihre Heimat.

In der Mitte des Buches rafft der Tod Catherine hinweg, aber dennoch verschwindet sie nicht. Sie wird zum Gespenst. Selbst der Tod kann jene nicht aus Heathcliffs Herzen streichen, ohne die er nicht leben kann. Von nun an ruft er sie, verflucht sie, weil sie ihn verlassen hat, er fleht sie an, sich ihm durch Zeichen erkenntlich zu machen, und er wünscht den Tod herbei, um sie wieder zu finden. »Catherine Earnshaw« schreit er, »mögest du keine Ruhe finden, solange ich lebe. Du sagst, ich habe dich getötet, so suche doch mich heim. Die Ermordeten peinigen ihre Mörder. Ich weiß, daß Gespenster auf der Erde herumirrten. Sei für immer mit mir, ganz gleich in welcher Gestalt, mache mich wahnsinnig! Doch laß mich nicht in diesen Abgrund, wo ich dich nie mehr wiederfinde! Oh, Gott, dies ist unerträglich! Ich kann nicht ohne mein Leben leben, ich kann nicht ohne meine Seele leben!«

Am Tage ihrer Beerdigung geht er auf den Friedhof und öffnet stöhnend das Grab: »Ich werde sie noch in meinen Armen halten! Wenn sie ganz kalt ist, werde ich denken, es sei der Nordwind, der mich erstarren läßt; wenn sie reglos bleibt, werde ich mir sagen, sie schläft.« Er glaubt sie seufzen zu hören: »So, wie man die Annäherung eines Menschen in der Dunkelheit wahrnimmt, ohne ihn selbst zu sehen, so habe ich ganz sicher gefühlt, daß Catherine da war ... Sofort war ich getröstet ... Ihre Gegenwart leistete mir Gesellschaft, und selbst nachdem ich das Grab schon zugeschaufelt hatte, begleitete sie mich noch auf dem Heimweg.«

Aber diese unsichtbare Gestalt, die er spürt, kann ihn nicht umarmen. Seine Heißgeliebte ist da, ganz nah und doch unfaßbar. Er verfolgt sie unterwegs und zu Hause, von Zimmer zu Zimmer. Sowie er die Augen schließt, weiß er sie an seiner Seite, öffnet er sie, so ist sie verschwunden. Wie sind nun ihrerseits seine Opfer gerächt durch diese Marter einen Schatten anflehen zu müssen, der nicht antwortet und dadurch, daß er nur noch hoffnungslos lieben kann! Der Mann des Jähzorns und der Grausamkeit, des Raubes und der Morde, der den Willen aller brach, kann nur noch im Ueberirdischen, über das er keine Macht hat, Zuflucht suchen.

So wirft er sich nach lang ausgestandenen Leiden nun auf das, was er noch berühren und sehen kann. Da sich Catherine als Gespenst seinen Blicken entzieht, zwingt er den Totengräber, das Grab zu öffnen, wo ihr Leichnam seit achtzehn Jahren ruht. »Als ich ihr Gesicht wiedersah (es ist noch ihr Gesicht!), konnte mich der Totengräber nur schwer von ihr fortreißen«, sagte er. Er erreicht bei diesem, daß er eine Seite des Sarges entfernt, und er befiehlt ihm, dies auch später bei seinem eigenen zu tun, denn so würden sie für immer im Schoß der Erde nebeneinander ruhen. Diese Vorstellung beruhigt ihn, verscheucht seinen Alpdruck. »Die letzte Nacht war ich ruhig. Ich träumte, meinen letzten Schlummer neben ihr zu schlafen, mein totes Herz an ihrem Herzen, meine erstarrte Wange an ihrer Wange.«

Gegen Ende seines Lebens hat ihn die Besessenheit nicht mehr verlassen: »Ich kann diesen Grabstein nicht betrachten, ohne nicht dort ihre Gesichtszüge eingezeichnet zu sehen. Ihr Bild verzehrt mich, es erscheint mir in jeder Wolke, jedem Baum, des Nachts in den Lüften, tagsüber blitzt es mir in jedem Gegenstand entgegen! ... Die ganze Welt scheint diese schreckliche Aehnlichkeit zu besitzen, um mich daran zu erinnern, daß sie existierte und daß ich sie verloren habe.«

Dieser Rabiate, der so stark an den wirklichen Besitztümern hing, der so stolz war, alle Widerstände zu besiegen, scheitert nach der Unbezwingbarkeit der Liebe, an der Unbezwingbarkeit des Todes. Die Geschichte von »Wuthering Heights«, voller sinnlicher Gewalten, enthält gleichzeitig die Niederlage dieser Gewalten.

Noch ein anderer Besitz entgeht ihm, und dies um so mehr, als er sich darum nicht kümmert: der Besitz des Körpers. Keinen Augenblick denkt Catherine daran, ihren Mann zu betrügen. Und keinen Augenblick sucht Heathcliff, sie zu verführen. »Wuthering Heights« ist von Leidenschaft überflutet, aber die Sinnlichkeit spielt darin keine Rolle, nicht etwa weil die Geliebten aus Tugendhaftigkeit keusch sind, sondern weil sie gar nicht an die Wollust denken. Der Körper gilt dabei so wenig, daß selbst die Kinder, die im Verlauf der Erzählung geboren werden, auf eine unerwartete, beinahe unerklärliche Art in Erscheinung treten. Durch diese Verachtung der Körper und ihren animalischen Beziehungen, durch diese Vorliebe für den Bund der Seelen, durch seine Ueberzeugung, daß das wahre Leben das geistige ist und sich die Wirklichkeit im Unsichtbaren befindet, kann »Wuthering Heights« vielleicht ein mystischer Roman genannt werden.

Als beide ihre Hüllen abstreifen, Zorn und Verlangen aufgaben, ihren Haß fallen ließen, finden Heathcliff und Catherine schließlich nach so langer Raserei Ruhe und zur selben Zeit ihre endgültige Vereinigung. Die letzten Zeilen des Buches lassen dies erhoffen, indem sie uns von der Bedrückung, die es hervorruft, erlösen. Unter der Maske einer nebensächlichen Person sucht der Autor die Gräber seiner verschwundenen Helden auf einem verlassenen Friedhof auf: »Ich ging unter diesem so sanften Himmel um sie herum. Ich betrachtete die Nachtfalter, die zwischen dem Heidekraut und den Glockenblumen herumflattern; ich hörte den linden Wind, der das Gras bewegte, und ich fragte mich, wie man sich vorstellen könnte, daß jene, die in dieser ruhigen Erde schlafen, einen gestörten Schlummer hatten.«

Schlußharmonie nach so vielen Mißklängen. Friedliche Akkorde, endgültige Versöhnung in dem Absoluten und dem Nichts ... Doch ist es möglich, von »Wuthering Heights« nach den letzten Worten der Erzählung Abschied zu nehmen? Dieser Roman ist einer von jenen, der, je öfter man ihn liest, desto mehr fesselt; dessen Geheimnisse man erforscht, und den man wie einen Menschen befragt. Und auch er stellt uns, wie die Sphinx, Fragen und zwingt uns zu einer gewissen Wahl. Wenn er sich unserem Gedächtnis durch seine dramatische und großartige Gewalt, durch seine ergreifende Schilderung des Menschlichen einprägt, so beeindruckt er unseren Geist noch mehr durch die Geheimnisse, die er heraufbeschwört, ohne sie aufzuklären: die der Leidenschaft und der Poesie, der Schmerzen und des Lebens selbst.

XII.

Emily, ihr Roman und ihre Gedichte.

Wie ist es möglich, daß »Wuthering Heights«, dieser rauhe und gewaltige Roman, Gemälde einer übermenschlichen Liebe, einer wahnsinnigen Verzweiflung, wo Brutalität und Ekstase sich vermählen, ein junges, zartes und verschlossenes Mädchen zum Autor hat, das in einem entlegenen Dorf lebte und die Menschen und ihre Leidenschaften gar nicht kannte? Man hat zunächst den Eindruck, daß niemals ein Werk weniger Aehnlichkeit mit seinem Autor hatte.

Die Landschaftsschilderungen sind jedoch der Umgebung entnommen, in der Emily lebte. Ob zu Recht oder Unrecht, dies bleibe dahingestellt, man identifizierte das Haus, welches sie Wuthering Heights nennt und auch Trushcross Grange. Andererseits entnahm Emily den Erzählungen ihres Vaters und Tabbys manche dramatische Begebenheit. Sie hatte von Personen sprechen hören, die früher einmal gelebt hatten (»Wuthering Heights« spielt am Anfang des Jahrhunderts), von deren Eigentümlichkeiten, welche durch die Einsamkeit und Eintönigkeit des Alltags hervorgerufen wurden. Mit Ausnahme von Heathcliff, der von auswärts kam, vielleicht aus Irland oder aus Gondaland, sowie den Lintons, sind alle anderen Personen aus Yorkshire; sie sind roh und dem Trunk ergeben. Das war das Rohmaterial des Romans, zu dem man noch einigen literarischen Einfluß, z. B. Byron, die deutschen Romantiker und vor allem Hoffmann[1] hinzurech-

[1] Fräulein Romer Wilson hat auf die Aehnlichkeit der Handlung in »Wuthering Heights« und der Hoffmannschen Erzählung »Der Doppelgänger« hingewiesen.

nen muß. Woher aber kam die Inspiration, die diesen Roman belebt?

Man darf nicht vergessen, daß für alle Brontës die Heftigkeit charakteristisch ist. Der Vater ist nicht nur von Natur aufbrausend, sondern er mischt sich gern in den Streit und die Raufhändel anderer. Seine sehr gut erzogenen Töchter, die daran gewöhnt waren, sich einen Zwang aufzuerlegen, sind nicht weniger leidenschaftlich: sie verwandten ihre Energie, um gegen widrige Umstände und manchmal gegen ihren eigenen Charakter zu kämpfen und machten diese dann in ihren wachen Träumen und später in ihren Romanen nutzbar.

Emily muß unter ihrem zurückhaltenden Benehmen, ohne es merken zu lassen, ebenso starke Gefühle empfunden haben, wenn auch nicht in derselben Art, wie Catherine Earnshaw. Es genügte ihr im wahrsten Sinne des Wortes, in der Phantasie zu schwelgen und ihr Seelenleben bis zum Paroxismus zu steigern, um ihre tobsüchtigen Helden zu ersinnen. So ließ sie gefahrlos und ohne Entrüstung zu erregen ihrem Ungestüm freien Lauf, das sich in ihrem Alltag nicht ausleben konnte. Ihre Personen handeln im Auftrag ihrer verdrängten und verborgenen Gefühle.

Es ist seltsam, daß sich bei diesem zarten Geschöpf die starke Neigung zu übertriebenen Gefühlen und Taten, mit einer gesuchten Brutalität paart, die an Sadismus grenzt. Emily, die genau das Gegenteil einer Sentimentalen ist, findet Gefallen daran, die Leidenschaft bis zu ihren letzten Auswirkungen, sogar bis zu ihren physischen Ausschreitungen zu verfolgen: ein Messer, einer Frau an den Kopf geworfen; ein Kind, von einem Stockwerk heruntergestürzt; ein junges Mädchen, das geohrfeigt wird; Männer, die sich an die Gurgel springen. In »Wuthering Heights« wird das nackte Fleisch geschlagen, die Körper klagen und stöhnen. Ich möchte hinzufügen, daß Emily erstaunt war, wenn jemand gegen die Gräßlichkeit solcher Szenen protestierte und sie ihn der Zimperlichkeit verdächtigte. Diese heftigen Worte oder Gesten waren für sie ganz normal. Die Verbrecher und die sonderbaren Personen, mit denen sie ihr Werk ausstattete, beunruhigten sie gar nicht.

Und woher hatte sie eine so genaue Kenntnis der moralischen Qualen, die ihren Personen systematisch zugefügt werden und der Demütigungen, die ein Wesen verheeren, woher kannte sie das Gift, das man einem Herzen einträufelt? Wie konnte sie Hinterlist und Haß, die Gelüste der Grausamkeit und Zerstörung erraten, und warum hat sie sie mit solchem Gefallen beschrieben, sie, die von Zärtlichkeit umgeben war, sie, der niemals Schmach zugefügt wurde und die unter der Macht eines stärkeren Feindes nicht zu leiden hatte? Wie konnte sie einen Roman mit diesem ihr fremden Thema und seiner unerbittlichen Rache ersinnen?

Hatte Emily, weil sie so genau über die leidenschaftliche Wut unterrichtet war, die der Egoismus erreichen kann und ihn so überzeugend und richtig gestaltete, diese vielleicht selbst empfunden, ohne es jemals nach außen hin merken zu lassen?

War sie etwa selbst verzweifelt, weil sie ihre Personen — die Henker, wie die Opfer — mit solcher Sicherheit in den Abgrund der Verzweiflung stürzt? Und warum? Der Gedanke an den Tod, der ihr ganzes Werk wie ein unheimliches und großartiges Thema überschattet, war ihr erst durch das Hinscheiden ihrer Mutter und dann ihrer beiden Schwestern und durch die Gefahr, die über ihrem Bruder, wie auch über ihr selbst schwebte, vertraut geworden. Hindley und Isabelle sterben wie die Brontës an der Tuberkulose. Aber Emily nahm dieses unausweichliche Ende mit dem Mut einer stolzen Seele hin. Ihre Verzweiflung mußte andere Ursachen haben: vielleicht war es die Ohnmacht, sich anderen nicht verständlich machen zu können, außer durch das Mittel dichterischer Erfindung, für die sich niemand interessierte; oder war es die schicksalsschwere Einsamkeit, die methaphysische Einsamkeit, in der jeder von uns lebt? Ihre Zurückhaltung, bald schweigsam zu Unbekannten, bald liebenswürdig zu ihren Angehörigen, erklärt sich vielleicht durch die Einsicht, daß niemand sich anvertrauen kann und man seine Gefangenschaft schweigend ertragen muß. Ein solches Leiden, das an den Wurzeln eines Wesens nagt, trübt beinahe alle Freuden.

Vielleicht wurde der vollständige Pessimismus, der eigentliche Stoff ihres Romans, ihr durch die christliche Erziehung eingeflößt? »Wuthering Heights«, Anhäufung von Schmerzen und Verbrechen, stellt das Gemälde der Erbsünde dar. Viel tiefer als selbst die verbrecherischen Handlungen, tiefer sogar als die unheilvollen Leidenschaften, existiert ein wesentliches, angeborenes Uebel: die Gegebenheit unserer Natur. Emily verfolgte jedoch den christlichen Gedanken nicht bis zu Ende. Sie hofft nicht auf die Gnade, glaubt nicht an die Erlösung, die für einen wirklichen Christen, für Charlotte, für Anne, dem Erbübel entgegenwirkt.

Zuerst suchte Emily auf der Erde ihren Trost. Das Leid, das jedes individuelle Leben enthält, suchte sie zu beschwören, indem sie in dem Strom des Lebens untertauchte, sich selbst vergaß, um sich mit den unzähligen Wesen zu verbinden, welche das Weltall bevölkern. Die Natur war ihr Zufluchtsort und Stütze. Den Himmel wollte sie nur vom irdischen Dasein aus betrachten. So erklärt sich ihr endloses Wandern über die Heide, ihre Zwiegespräche mit den Pflanzen und den Vögeln. Darum war sie unfähig, in einer Stadt unter Fremden zu weilen und unfähig woanders als in Haworth glücklich zu sein. Die Einsamkeit von Haworth war für sie das Gegenteil der Einsamkeit.

Catherine Earnshaw erzählt Nell Dean einen Traum, den sie als kleines Mädchen hatte: Sie war im Paradies und konnte sich nicht darein schicken. »Ich weinte herzzerreißend, um wieder zur Erde zurückzukehren, und die Engel wurden so böse, daß sie mich zur Heide, auf den Gipfel von Wuthering Heights herunterstürzten, wo ich vor Freude schluchzend erwachte.« Und nicht weniger charakteristisch scheint die

Stelle zu sein, wo sie die Federn aus ihrem Kopfkissen herausreißt, jede einzelne erkennt und so die Vögel feststellt, die sie verloren haben:

»Diese ist von einem Truthahn, murmelt sie vor sich hin; diese von einer Wildente und jene von einer Taube... Hier ist eine von einem Auerhahn, und diese da — ich würde sie unter Millionen wiedererkennen — ist von einem Kiebitz. Welch schöner Vogel, er flatterte mitten in der Heide über unseren Häuptern! Er wollte zu seinem Nest zurückfliegen, denn Wolken verdeckten die Höhen, und er fühlte das Herannahen des Regens. — Diese Feder hier wurde in der Heide aufgelesen, der Vogel ist nicht getötet worden, letzten Winter sahen wir sein Nest voller kleiner Skelette.«

Wie sie die Vögel, ihr Gefieder, ihren so lange beobachteten Flug liebt! Catherine oder Emily, sie haben beide die Lebewesen der Heide gekannt, alles geahnt, empfunden und geteilt, und dieser tiefen Liebe zur Natur verdankt man die seltenen und flüchtigen Sonnenstrahlen, die sich in das düstere Dickicht von »Wuthering Heights« einschlichen. So z. B. diese:

»Die Glocken der Kapelle von Gimmerton läuteten noch, und das Geplätscher des voll und weich dahinfließenden Baches drang sanft aus dem Tal zum Ohr. Es ersetzte köstlich das noch abwesende Rauschen des jungen Laubs. In Grange wird diese Musik erstickt, wenn die Bäume alle ihre Blätter haben. In Wuthering Heights hört man sie immer an ruhigen Tagen, die einem großen Tauwetter oder einer langen Regenzeit folgen.«

Die Uebersetzung kann leider nicht die so seltsam zarte und gleichzeitig sehnsuchtsvolle Musik dieser wenigen Zeilen wiedergeben. Sie erwecken den Eindruck, daß Emily von der Natur und nicht von den Menschen ihr einziges Glück empfing. Und wenn die Menschen ihr brutal und bösartig erschienen, so zeigte sich die Natur ihr stets freundlich und mütterlich.

* * *

Wenn die Rache, das Hauptthema von »Wuthering Heights«, im Dasein Emilys fehlt, was soll man dann von dem andern Thema der Liebe denken, die so eng mit der Rache verbunden ist? Woher kam Emilys Wunsch, weit über die allgemeine menschliche Liebe hinaus eine geheimnisvolle Verbundenheit, ein vollkommenes Ineinanderaufgehen zu erstreben? Da nach Meinung der argwöhnischsten Biographen Emily nie jemand geliebt hat, fragt man sich oft, wie sie mit so überzeugenden Zügen eine Leidenschaft von solcher Heftigkeit ersinnen und beschreiben konnte.

Die erste Antwort, die man darauf geben kann, ist, daß ein genialer Romanschriftsteller erfindet, was er nicht kennt. Das Genie ist eben ein Ahnungsvermögen, eine unübertroffene Fähigkeit der Entfaltung und kann manchmal um so freier träumen und schildern, je weniger es von Erinnerungen belastet ist. Man kann auch sagen, daß Emily sehr viel gelesen hatte, und Romane und Gedichte dem Leser dazu dienen, ihn über das zu unterrichten, was er aus eigener Erfahrung nicht weiß. Dies trifft zweifellos zu, aber Heathcliff und Catherine sind so wenig literarische Personen, daß diese letzte Antwort unzureichend erscheint.

Charlotte war nach ihrer zweiten Rückkehr aus Brüssel von einem auswegslosen Gefühl zerrissen und hatte darüber mit ihrer Schwester lange Gespräche geführt. Vielleicht hatte sie ihren Kummer vor Emily nicht verborgen. Andererseits wird man sich noch erinnern, daß Branwell die wirklichen oder die erfundenen Episoden seiner Leidenschaft seinen Schwestern erzählte. Er gab ihnen das Schauspiel eines Mannes, den Verlangen und Verzweiflung verheeren. Erschüttert erlebten sie im Zuhören seine romantische Geschichte. Die Schreie dieser enttäuschten und gehetzten Seele konnten vielleicht Emily inspirieren, ihr neue Perspektiven eröffnen.

Aus Branwells und Charlottes Erlebnis finden wir als wesentliches Element in »Wuthering Heights« den Trennungsschmerz wieder. Charlotte mußte sich losreißen, wegfahren, allein bleiben. Catherine ist verheiratet, Heathcliff versucht vergeblich, sie wieder zu erringen, genau wie Branwell nicht erreichen konnte, daß ihm Frau Robinson folgt. Diese Niederlage finden wir auf allen Seiten des Buches: Niederlage von Edgar Linton und seiner Schwester Isabelle in der Liebe, Niederlage Hindleys, Niederlage Catherines und schließlich die höchste Niederlage, die von Heathcliff, trotz Befriedigung seiner Rache.

Die Erzählungen des rachsüchtigen und anspruchsvollen Branwell hatten wahrscheinlich manchmal Aehnlichkeit mit den Aussprüchen von Heathcliff. Und zweifellos ist die Trunksucht Hindley Earnshaws auf den vor seinem Lebensende versoffenen und verlumpten Branwell zurückzuführen. Und auch die Idee der moralischen und materiellen Verkommenheit, die wir in »Wuthering Heights« finden: Verkommenheit von Hindley, Verkommenheit von Heathcliff in seiner Kindheit, gegen die er sich auflehnt, Verkommenheit des kleinen Linton, aufgezwungen durch Heathcliff, Verkommenheit Haretons, der ihr schließlich entrinnt, und Verkommenheit des Hauses Wuthering Heights, das vor Schmutz starrte. »Wuthering Heights« erzählt einen allgemeinen Bankrott. Nur Haretons und Cathys Träume gehen vielleicht in Erfüllung, aber wir wissen nichts darüber, denn der Roman ist zu Ende. Dieses »Nein« des Schicksals haben alle Brontës außer Charlotte vernommen.

Man könnte auch meinen, Emily habe keinen Mann geliebt, weil sie kaum einen getroffen hat, denn wen kannte sie außer den Burschen im Dorf, den Vikaren ihres Vaters, die sie niemals ernst genommen hat, und einigen flüchtigen Bekannten aus Brüssel? Aber diese Erklärung durch die Tatsachen ist unzureichend. Ich glaube vielmehr, daß Emily, wenn sie niemand suchte, wenn sie jeden menschlichen Kontakt außerhalb ihrer Familie ablehnte, dies tat, weil sie erriet, daß ihr tiefes Verlangen, das Heathcliff und Catherine ausdrückten, nicht zu verwirklichen war: die Einheit der Liebenden, die

Verschmelzung der Seelen, diese mystische Umarmung. Und vielleicht wurde es bei ihr ein verbotenes Gefühl, weil sie keine Verwirklichung sah? So entfesselt in »Wuthering Heights« die Liebe sein mag, so scheint sie plötzlich von einer geheimnisvollen, nicht moralischen. sondern vielmehr magischen Verdammnis getroffen zu sein. Man hat den Eindruck, daß das tiefste Sehnen der Seele, indem es übertrieben stark in Erscheinung tritt, dort Gefahr läuft, ein unbekanntes Gesetz zu verletzen und auf eine kategorische Weigerung unsichtbarer Mächte stößt.

Vielleicht war Emily für die menschliche Liebe, so wie sie festgelegt, klassifiziert und allen zugänglich ist, einfach nicht geboren. Vielleicht war dieses außerordentliche, zur Ausnahme verurteilte Geschöpf wesentlicher Instinkte beraubt, aber dafür andererseits überreichlich mit genialen, gleichzeitig unverwendbaren und bevorzugten Fähigkeiten ausgestattet. Sie war dessen sicher, niemandem außer ihrer Familie ähnlich zu sein, sie war davon überzeugt, niemandem das Sehnen ihres jungfräulichen Herzens mitteilen zu können, sie war sich dessen bewußt, daß sie allein und überall fremd war. Ihre Einsamkeit oder vielmehr ihr Exil war schicksalhaft.

*

Untersucht man die Gedichte von Emily, so gelingt es kaum, ihre unfaßbare Seele besser zu enträtseln, und man bleibt auf dieselben Vermutungen angewiesen.

Man findet in ihnen Landschaftsschilderungen, genau und in auserlesener Einfachheit beschrieben — die Heide, ihre Schäfer, die Bäche im Moos, den Frieden in der Dämmerung, den Himmel und seine Sterne — jedoch stets nur um Gefühle zu erläutern. Diese Gefühle sind sehr oft von melancholischer, sehnsuchtsvoller und klagender Natur. Sie finden auch in indirekter Weise, im Heraufbeschwören düsterer Schloßtürme, geächteter Mütter und ausgesetzter Kinder ihren Ausdruck.

Die Engheit des Lebens in Haworth spiegelt sich häufig in der bildlichen Darstellung eines Gefangenen wieder. Das Thema der Trauer und des Abschieds kehrt ebenfalls fast auf allen Seiten zurück, auch die uns unverständlichen Gewissenszweifel. Ueberall sind Leid und Tod gegenwärtig. Wie viele Gräber, die uns an den Friedhof erinnern, der sich vor den Fenstern des Pfarrhauses erstreckt, werden zum quälenden, alltäglichen Gedanken:

»In the earth — the earth thou shalt be laid
A grey stone standing over thee.«[2]

Oder in dem sehr schönen, oft zitierten Gedicht »Remembrance«:

Cold in the earth — and the deep snow piled above thee.«[3]

Die Dichterin formt das Leben wie ein dramatisches Abenteuer, das dem Untergang geweiht ist. Jedoch welches Leben? Zunächst das ihrer erdachten Helden, und da erkennen wir in mehreren Gedichten die Geschichte der Gondals, ihre Heldentaten und Leidenschaften, denn Emily hat zwei Leben gelebt oder vielmehr ihre Existenz verlief auf zwei Ebenen. Ihre Wünsche, ihre Gefühle, wandern von einem zum andern, und es ist schwierig, zu durchschauen, ob sie fiktiver oder wirklicher Natur sind. Tatsächlich ist, wie bei allen Dichtern, in Emilys Geist das Erfundene oft viel wahrer, als die Wirklichkeit. Ihre Verse sind voller Anspielungen, Abglanz von Erinnerungen, die sich miteinander kreuzen, ein ewiges Entfliehen vor dem Moment eines zu offenen Geständnisses. Handelt es sich um Emily selbst oder um erfundene Wesen? Ist es ihr echter Kummer, den sie besingt, oder ein sagenhafter Schmerz? Man könnte denken, sie suche ein Alibi für sich und gebrauche auch hier noch die Maske ihrer Kindheit:

---

[2] In die Erde, die Erde wirst du gelegt.
Ein grauer Stein wird über dir stehen.

[3] In kalter Erde wirst du ruhen, unter tiefem Schnee begraben.

»She dried her tears and they did smile
To see her cheeck's returning glow;
Nor did discern how all the while
That full heart throbbed to overflow.

With that sweet look and lively tone
And bright eye shining all the day,
They could not guess at midnight lone
How she could weep the time away.«[4]

Wieder wird sie von ihrer Traurigkeit befallen, einsam flüchtet sie in die Natur, in die Heide voller Vögel, um dort die Kraft zu finden, um dem Unglück zu trotzen:

»The mute bird sitting on the stone
The dark moss dripping from the wall,
The thorn-tree gaunt, the walks o'ergrown
I love them, how I love them all.«[5]

Oder eine andere Strophe aus »Remembrance«, trotz allem von Mut und Jubel beschwingt:

»But when the days of golden dreams had perished
And even Despair was powerless to destroy

---

[4] Sie trocknete ihre Tränen, und sie lachten
Als ihre Wangen wieder Glut fingen;
Sie merkten nicht, daß indessen
Dies volle Herz pochte zum Zerspringen.

Mit diesem lieblichen Blick und lebhaften Ton
Und klarem Auge, leuchtend den ganzen Tag —
Konnten sie nicht ahnen wie sie in einsamer Mitternacht,
Beweinte die Zeit, die vergangen.

[5] Der schweigsame Vogel sitzt auf dem Stein,
Das dunkle Moos rieselt von der Mauer,
Der Dornbusch kahl, die Wege grasüberwuchert —
Ich liebe sie, oh, wie ich dies alles liebe!

Anne Brontë

Gemalt von ihrer Schwester Charlotte
am 17. Juni 1834

Then did I learn how existence could be cherished,
Strengthened, and fed without the aid of joy.«[6]

Was bedeuten ihr Reichtum, die Liebe, die sie »verachtet« und der Ruhm »dieser Traum, der mit dem Morgen verschwindet«! Was sie allein verlangt, ist im Leben und im Tod »eine Seele ohne Fesseln, mit dem Mut zum Ausharren«.

Und in der Leere der Heide oder in der Stille des eingeschlafenen Hauses verloren, entdeckt sie geheimnisvolle Wirklichkeiten, gibt sich einer Betrachtung hin, die der von Blake gleicht, die sie nicht kannte, und die auch an die Ekstasen der Apokalypse gemahnen. Ihre Einsamkeit ist nur scheinbar, sie fühlt sich von unsichtbaren Personen umgeben:

»Burn then, little lamp; glimmer straight and clear
Hush! a rustling wing stirs, methinks, the air;
He for whom I wait, thus ever comes to me
Strange Power! I trust thy might, trust thou my constancy.«[7]

Man hat gesagt, daß Emily wegen ihrer Liebe zur Erde eine Heidin war, aber in ihren Augen ist die Erde nur das Symbol Gottes. Es ist nicht der Gott aus dem Katechismus ihres Vaters, aber sie vertraut sich ihm vollständig an, es ist ein Gott, der sie liebt und sie beglückt. Ihr letztes Gedicht, das sie im Vorgefühl ihres nahen Todes schrieb, beginnt wie ein Testament, wie ein Glaubensbekenntnis und wie der höchste Ausdruck ihres Gedankens:

---

[6] Aber als die Tage goldener Träume verschwanden
Und sogar die Verzweiflung ihre zerstörende Macht verlor,
Da lernt' ich, wie man das Leben könnte liebenswert finden,
Kraftvoll und erfüllt, selbst ohne Hilfe der Freude.

[7] Brenn' doch, kleine Lampe; glimme aufrecht und hell.
Pst! mich dünkt, die Luft bewegt ein Flügelrauschen;
Der, den ich erwarte, kommt zu mir so immer,
Seltsame Macht! Ich anvertrau' mich deiner Gewalt, vertrau' du meiner Treue.

»No coward soul is mine
No trembler in the world's storm troubled sphere,
I see Heaven's glories thine
And faith shines equal, arming me from fear.«[8]

Oh, allmächtiger Gott, sagt sie dann weiter:

»Though earth and man were gone,
And suns and universe ceased to be,
And Thou wert left alone,
Every existence would exist in Thee.«[9]

Die Gleichgültigkeit — für ihre Angehörigen mit herzlicher Liebenswürdigkeit vermischt — mit der Emily anderen begegnete, erklärt sich durch ihr geheimes Leben. Sie wollte und konnte ihnen die innere Erleuchtung nicht mitteilen, (außer unter dem Schleier der Gedichte und durch die erfundene Handlung eines Romans), die sie von ihrer Trauer und Angst befreite und ihr ermöglichte, sich selbst zu überwinden. Sie konnte sich nur in Haworth entfalten, weil dies der Ort ihrer Ekstasen war. In der Einsamkeit wurde ihr eine geheimnisvolle Kenntnis des Universums zuteil. Dieses schweigsame, schüchterne und arme junge Mädchen schien vom Schicksal beraubt gewesen zu sein, in Wirklichkeit aber besaß sie das Hauptsächlichste. Sie war eine Seherin.

Weil sie Gott durch sich selbst und über sich hinaus liebte — »sie verachtete alle Doktrinen und war unfähig zu jedwedem Skeptizismus« sagt Swinburne — weil sie sich von

---

[8] Meine Seele ist nicht feige,
Sie zittert nicht in des Weltsturms unruhiger Sphäre,
Ich sehe deinen glorreichen Himmel
Und der Glaube, gleichmäßig leuchtend, bewaffnet mich gegen die Furcht.

[9] Wenn selbst die Erde und der Mensch verschwänden,
Und Sonne und Weltall nicht mehr beständen
Und du bliebst allein,
Würde jedes Leben in dir sein.

Gott durchdrungen fühlte, in Verbundenheit mit der Welt, d. h. immer wieder mit Gott, ihrem einzigen und wirklichen Gefährten, wäre ihr jede menschliche Leidenschaft fragwürdig und unzureichend erschienen. Sie hat Landschaften besungen, sie hat fiktive Abenteuer ausgedacht. Aber das, was ihr daran wichtig war, was bestehen blieb, nachdem jede andere Bindung ihre Nichtigkeit bewiesen hat, war das Zwiegespräch ihrer Seele mit ihrem Schöpfer in Erwartung der ersehnten Stunde, in der sie zu Ihm zurückkehren würde, um in Ihm aufzugehen, im Glanz der Unsterblichkeit und der »vollkommenen Reinheit«, dorthin »Where tears and mourning cannot come«[10].

---

[10] Wo Tränen und Trauer nicht kommen können.

XIII.

Anne

Wie Branwells Tod Emilys Hinscheiden nach sich zog, so wurde Annes Gesundheitszustand durch den Tod Emilys verschlimmert. Unfähig getrennt zu sein, zieht einer den anderen nach sich in das Grab.

Jeden Abend stieg ihr Fieber. Nachts war ihres Vaters und Charlottes Schlaflosigkeit von ihrem Husten begleitet. So ließen sich wieder die Hustenanfälle und das Röcheln Emilys im Pfarrhaus vernehmen, obzwar Emily selbst nicht mehr da war! Der Haworther Arzt behandelte Anne mit Zugpflastern und Lebertran, nutzlose Mittel gegen einen regnerischen Winter, der von eisigen Stürmen gepeitscht wurde. Anne magerte derart ab, daß ihre Arme ebenso schmal wie die eines kleinen Kindes wurden. Sie schleppte sich mehr als sie ging und versank manchmal in eine seltsame Lethargie.

Charlotte war nur noch eine viel beschäftigte, aufopferungsvolle Krankenwärterin. Durch ihre unaufhörliche Sorge, durch Liebe und Gebete hoffte sie, die schreckliche Gefahr abzuwenden. Um besser gegen die Krankheit kämpfen zu können, verbot sie es sich, ihren Befürchtungen nachzugeben und blickte weder rückwärts noch in die Zukunft. »Man muß seine Blicke zum Himmel erheben«, schrieb sie an Ellen Nussey, und sie bat ihre Freundin, sie nicht zu besuchen, denn sie fürchtete, vor Kummer schwach zu werden.

Sie zählte die Tage, die sie noch von einem neuen Frühling trennten. »Ach, wann wird nur der Monat März zu Ende gehen!« Aber nach der letzten Untersuchung des Arztes, der ihr das erschreckende Fortschreiten der Krankheit mitgeteilt hatte, machte sie sich keine Illusionen mehr. Auch Anne wußte, daß sie verloren war, doch sah sie ihrem Schicksal mit dem ihrer Familie eigentümlichen Mut ruhig entgegen. Für sie bedurfte es keiner Anstrengung, um sich zu ergeben, denn die Ergebung schließt Bedauern und unterdrückte Wünsche ein; ihr genügte es, folgsam zu sein.

April ging vorüber, der Mai war beinahe zu Ende, und der Arzt riet zu einem Aufenthalt an der Meeresküste. Charlotte mietete Zimmer in Scarborough. Am 24. Mai kam Ellen, die sich erboten hatte, ihnen Gesellschaft zu leisten, nach Haworth, um sie abzuholen. Am Tag vorher hatte sich Anne sehr schlecht gefühlt, aber sie raffte alle ihr noch verbliebenen Kräfte zusammen und stieg noch einmal die steile Dorfstraße hinab. Zuerst fuhren sie nach York, wo Anne mit kindlicher Freude die Kathedrale betrachtete, und am 25. Mai abends erreichten sie Scarborough.

Am nächsten Tag machte Anne in einer Eselskutsche auf dem Badestrand einen kleinen Spaziergang. Sie ergriff die Zügel, um zu verhindern, daß der Kutscher das Tier schlecht behandelte. Doch tags darauf, angesichts ihrer zunehmenden Schwäche, mußte man ihr verbieten, in die Kirche zu gehen, wie sie es wünschte. Jede Bewegung ermüdete sie, außer die Hände zum Gebet zu falten. Sie verbrachte den Rest des Tages mit der Betrachtung des Meeres, das der Sonnenuntergang mit goldenem Schimmer übergoß.

Am 27. Mai stand sie ganz allein auf, und es schien ihr besser zu gehen, doch mittags wurde sie gewahr, daß ihre Stunde gekommen sei. Der Arzt bestätigte, daß sie nicht mehr lange zu leben hatte; und nun empfahl sie Charlotte dem Schutz ihrer Freundin Ellen, und erflehte für ihre Schwester und ihre Freundin Gottes Segen. Ausgestreckt auf einem Sofa, ihr erschöpftes Gesicht von einem blassen Lächeln erleuchtet, verschied die zarte Anne im Alter von noch nicht dreißig Jahren.

Man beerdigte sie in Scarborough — sie ist die einzige Brontë, die nicht in der Kirche von Haworth ruht — und nach einigen Tagen kehrte Charlotte heim. Auf der Schwelle des Pfarrhauses erwartete sie ihr Vater, unbeweglich und still, die weinenden Dienstboten und auch die Hunde, die sie freudig umsprangen. Das Wiedersehen ließ sie an die Rückkehr jener glauben, die dennoch niemals wiederkehren.

Charlotte ließ ihren Vater allein in seinem Arbeitszimmer, ging durch die mit Fliesen belegte Vorhalle und trat in das Sprechzimmer ein, dort, wo sie sich stets zusammen aufgehalten hatten. Sie schloß die Tür, und plötzlich, vom Schmerz übermannt, erinnerte sie sich der Freude, die sie jedesmal empfunden hatte, wenn sie früher nach Haworth zurückgekehrt war. Von nun an war diese Freude zerstört:

»Ich fühlte die Stille des Hauses und daß alle Zimmer leer waren. Ich erinnerte mich, daß sie alle drei in ihrer engen und düsteren Behausung schliefen und nie mehr auf der Erde erscheinen würden. Und da packte mich Verzweiflung und Erbitterung; die Angst vor dem, was man erleiden und nicht verhindern kann, erschütterte mich.«

Jeden Tag um die Stunde, wenn die Nacht hereinbrach, machte sich ihr Kummer drückender fühlbar, denn es war die Stunde wo sich die beredsamen, ja glühenden Brontës zu versammeln pflegten, um sich miteinander zu unterhalten, und wo ihre Lyrik und ihr Humor Anregung erhielt, und manchmal genügte ein zärtlicher Blick und ein Wort, um sich zu verständigen. Jetzt war sie allein inmitten des Schweigens, ihrer Lieben beraubt, und als einziger Gefährte blieb ihr nur die Erinnerung an die mit dem Tode ringenden Gesichter ihrer Geschwister.

Um diese Zeit nahm sie das Manuskript von »Shirley«, an dem sie seit Monaten arbeitete, wieder auf und schrieb das Kapitel mit dem biblischen Titel »Das Tal der Todesschatten«, sowie den Anfang des darauffolgenden Kapitels. So findet man inmitten dieser Erzählung einige herzzerreißende Zeilen, in denen der Autor die flehentlichen Bitten heraufbeschwört, die jeder, der einen geliebten Kranken bewacht, an den Unsichtbaren richtet:

»Verschone meinen Heißgeliebten! Heile das Leben meines Lebens! Entreiße mir jenen nicht, den eine lange Zuneigung mit meiner Natur verband! Gott des Himmels, neige Dich zu mir, erhöre mich, sei gnädig!«

Die Sonne geht auf, und der Zustand des Kranken ist schlimmer; er klagt über seine Schmerzen, seine Schwäche und seinen Alpdruck. Und jener, der ihn bewacht, stellt an dem sonderbaren Aussehen der ihm vertrauten Züge fest, daß der unerträgliche Moment gekommen ist. Er senkt den Kopf, und seine Seele unterwirft sich dem Urteilsspruch, den er nicht vermeiden, dessen Schwere er kaum ertragen kann.

*

Arme Anne! Sie starb, wie sie gelebt hatte: in der Einfachheit eines sanften Herzens, das die Leiden ertrug, gegen die sich ihre Angehörigen auflehnten. Sie war eine echte Brontë mit dem pathetischen Charakter ihrer Phantasie, mit ihrem steten Bemühen, verstehen zu wollen und teilzunehmen und mit ihrer Manie, Geschichten zu schreiben, aber sie war eine Brontë ohne Leidenschaft und ohne Genie. Sie war die blasse Kopie eines Typus, dessen zu früh entschwundene Abbilder Marie und Elisabeth waren und dessen düstere Wiedergabe Branwell war.

Eine Brontë ohne Genie, war dies möglich? Welche Rolle spielte dieses schwächliche und stille Mädchen unter ihren lebhaften und kühnen Geschwistern? Die Kritiker haben sie oft vernachlässigt, obgleich sie in ihrer Art den Familientypus ebensogut darstellt wie ihre Geschwister. Gerade weil sie mittelmäßig und zugänglich ist, dient sie als Vermittlerin zwischen ihnen und uns. Man versteht durch ihre Unzulänglichkeit, woran Emily und Charlotte reicher waren, und Annes bescheidenes Versagen ermöglicht, deren Größe und Vollendung zu ermessen.

Sie spielte eine wesentliche Rolle in ihrem Heim, weil nur sie schwächlich war. Die anderen (lebenshungrig, unbezähmbar, rafften sich nach jeder Niederlage wieder auf oder verwandelten diese Niederlagen wie Branwell in Siege) lernten nur dank ihrer Existenz die rührende Zerbrechlichkeit kennen. Anne übermittelte ihnen das geistige Erbe ihrer Mutter, der sie ähnelte und deren zarten Einfluß sie unter ihnen wach hielt.

Sie war ein Wesen, das niemanden tadelte, nichts beanspruchte und voll Dankbarkeit lebte. Wenn sie unscheinbar wirkte, so wurde dieser Eindruck durch ihre Selbstverleugnung hervorgerufen. Ihre Seele gehörte nicht mehr ihr, sie hatte sie ihren Angehörigen geschenkt. Diese liebten sie, und ihre gemeinsame Zuneigung war für sie ein Bindeglied mehr; sie nannten sie »the darling of the home«. Sie waren die Flamme und Anne das Oel der Lampe. »Ein undurchsichtiges Wesen« sagte Charlotte von ihr. Aber trotz ihrer Bescheidenheit ging von ihr — wie es die wenigen Personen bezeugen, die sich ihr genähert hatten — eine strahlende Wirkung aus, durch die sie ebenso geheimnisvoll erscheint, wie ihre Schwestern. Gewiß fehlt ihr die Begabung des Genies, aber sie scheint von der Gnade erleuchtet zu sein.

Als sie noch klein war, vermeinte Charlotte einen Engel neben ihrer Wiege zu sehen. Sie wuchs heran, artig und zart, stets fleißig, immer bereit, den anderen zuzuhören, sie zu bewundern, ihnen zu folgen. Sie hatte veilchenblaue Augen, feine Augenbrauen und einen sehr zarten Teint. Sie schrieb Gedichte, die übrigens nur mittelmäßig waren. Sie sang, ohne eine besondere Stimme zu haben.

Sie war sehr fromm, und ihr Glaube hatte manchmal einen Anflug von Melancholie und Unruhe. Der Gedanke an die Sünde ließ sie leiden; sie ängstigte sich für die anderen wegen der schrecklichen Strafen, die diese nach sich zog. Die Vergehen, deren sich Branwell schuldig gemacht hatte und deren erster Zeuge, vielleicht auch unfreiwillige Vertraute, sie bei den Robinsons geworden war, beunruhigten sie für die Dauer ihres ganzen Lebens. Sie wandte sich immer wieder mit dem Vertrauen und der Furcht eines Kindes an die Nachsicht Gottes. Sie erflehte von ihm die Milderung ewiger Pein. In einem ihrer Gedichte verkündigte sie ihre Hoffnung, daß die Bösen, trotz ihrer Verurteilung, schließlich im Himmel eingehen, und daß auch sie des Lichtes und des Lebens teilhaftig werden mögen. Anne, die unschuldig und rein war, beschäftigte sich ständig mit der Notwendigkeit der Verzeihung.

Sie wurde in Roe Head und in Dewsburry erzogen. Ihr schlechter Gesundheitszustand hatte ihren Studien vorzeitig ein Ende bereitet. Sie hatte ihre Schwestern nicht nach Brüssel begleitet. 1839 war sie bei Frau Ingham in Blake Hall als Gouvernante oder vielmehr, um die Wahrheit zu sagen, als Kindermädchen angestellt worden. Dann blieb sie vier Jahre in Thorpe Green bei den Robinsons.

Anne litt, genau wie ihre Schwestern, unter dem Leben bei Fremden. Sie war unfähig, sich vor der Verachtung ihrer Dienstherren, vor den Unverschämtheiten der Dienstboten und den Neckereien der Kinder zu schützen. Niemand maß diesem unscheinbaren, fast farblosen Geschöpf Bedeutung bei. Vielleicht konnte sie ihren wohltuenden Einfluß nur in Haworth auf ihre Blutsverwandten ausüben.

Sie bewunderte vor allem Emily. Diese war ihr dankbar für ihre Folgsamkeit und daß sie ihr niemals Fragen stellte. Man sah sie oft eingehängt, in gleichem Schritt spazieren gehen. Ihre beiden Hunde, deren Natur der ihrigen ähnlich war, folgten ihnen auf den Fersen: Keeper, Emilys stolze Bulldogge, besaß die Tapferkeit seiner Herrin, und Flossie, Annes Wachtelhund, sanft und kraushaarig wie sie, betrachtete seine Umgebung mit denselben zärtlichen Blicken. Wenn sie zurückkehrten, vertiefte sich Emily in ein Buch, während Anne »Tom«, die schwarze Katze, streichelte, die von ihr so gehätschelt wurde, daß sie ihre Katzenmerkmale verlor und zahm wurde.

Anne schrieb und spielte im Verlauf von drei Jahren mit Emily die Chroniken von Gondal. Allein verfaßte sie Gedichte, Novellen und historische Erzählungen. »Agnes Grey«, ihr erster veröffentlichter Roman, ist wie »Der Professor«, wie »Jane Eyre« und »Villette« die Beichte einer Gouvernante. Und der zweite Roman »The Tenant of Wildfell Hall« ist wie »Wuthering Heights« die Geschichte leidenschaftlicher Liebschaften und grausamer Zwistigkeiten. Der erste setzt sich, wie die Romane von Charlotte, aus ihren persönlichen Erinnerungen zusammen, der andere, wie zweifellos zum Teil auch Emilys Roman, aus den Geständnissen von Branwell.

*

Agnes Grey, Tochter eines armen Pastors, fand bei der Familie Bloomfield einen Platz als Gouvernante. Der Herr des Hauses hat einen unbarmherzigen Charakter, seine Frau ist hart und anspruchsvoll, die Großmutter heuchlerisch, der Onkel hochmütig, und die Kinder sind von einer Bösartigkeit, einer Unverschämtheit und einer Brutalität, die alle Grenzen übersteigt. Die Bloomfield entlassen Agnes, nachdem sie sehen, daß sie bei ihren Sprößlingen keine Fortschritte erzielt. Nun tritt sie bei den Murrays in Dienste. Diese sind besser erzogene Leute, dennoch schenken sie ihrer kleinen Lehrerin nicht die geringste Beachtung. Rosalie, die ältere Tochter, bemüht sich, die wenigen jungen Leute aus der Nachbarschaft in sich zu vernarren. Der Pastor, der Junggeselle ist, glaubt sich berechtigt, ihr den Hof zu machen, sie läßt ihn ziemlich unsanft abfallen. Die anderen Anbeter sind Green Meltham und vor allem Thomas Ashby, der grob und häßlich, aber dafür sehr reich ist. Rosalie heiratet ihn.

So befindet sich Agnes von eitlen, gefühllosen, tolpatschigen Leuten umgeben — Mathilde, die zweite Tochter der Murrays, taugt nicht viel mehr als ihre Schwester — und würde darunter sehr leiden, wenn sie nicht die Bekanntschaft des Vikars Weston machte, der ein ernster und aufrichtiger junger Mann ist. Sie lernen sich bei armen Bauern kennen, denen Agnes die Bibel vorliest. Sie finden Vergnügen daran, sich zu unterhalten. Das junge Mädchen wagt es kaum, sich selbst einzugestehen, daß sie Weston liebt, und sie zittert als sie sieht, wie Rosalie selbst bei diesem würdigen Jungen ihre Koketterie erprobt. »Ihm nah zu sein, ihn sprechen zu hören, wie er zu mir sprach, weil er mich würdig glaubte, ihm zuzuhören und mich fähig hielt, seine Worte zu verstehen, genügte mir« sagt sie.

Der Vater von Agnes stirbt. Ihre Mutter ruft sie zu sich, und die beiden Frauen lassen sich an der Meeresküste in einem Haus nieder, wo sie Pensionäre aufnehmen.

Sie nimmt endgültig von Weston Abschied, ohne auch nur einen Augenblick zu verraten, was sie für ihn empfindet. Später, als sie bei Rosalie, die Lady Ashby geworden war, eingeladen ist, sieht sie, daß diese ihre Heirat bitter bereut.

Als sie wieder nach Hause zurückkehrt, erlebt Agnes die freudige Ueberraschung, Weston selbst am Strande zu treffen, der in einer Pfarrei der Nachbarschaft zum Geistlichen ernannt wurde. Er bittet sie, ihn ihrer Mutter vorzustellen; dieser unterbreitet er respektvoll seinen Wunsch, Agnes heiraten zu wollen, und die Mutter erlaubt ihm, mit ihrer Tochter darüber zu sprechen. Die beiden jungen Leute gehen zusammen spazieren, und Weston bittet um ihre Hand; da Frau Grey keine Einwendungen gegen diese Verbindung machte, fragt er Agnes:

»Und Sie?«

»Nein, auch ich habe nichts dagegen.«

»Also lieben Sie mich?« fragt er und drückt ihr inbrünstig die Hand.

»Ja«, antwortet Agnes.

Damit endet das Kapitel. Auf der letzten Seite des Buches erfahren wir, daß dieses Paar trotz seiner zurückhaltenden Gefühlsäußerungen drei Kinder hat und daß Edward Weston der beste Pastor, Ehegatte und Vater ist. Wir zweifelten nicht daran.

Diese fadenscheinige Geschichte, der jeder Schwung und Klang fehlt, hat Anne Brontë — wie sie sagt — geschrieben, damit sie »nützlich« sei. Sie will zeigen, daß die jungen, koketten Mädchen nicht nur verdorben sind, sondern früher oder später dafür bestraft werden, während junge Mädchen mit »Grundsätzen« sich verheiraten und glücklich sind. Aber sie überzeugt uns nicht mit dieser Begründung, unter anderem deshalb nicht, weil Anne selbst sich nicht verheiratete, trotzdem sie ehrbar und zurückhaltend war. Es ist sogar sonderbar, daß sie das zu beweisen suchte, was ihr eigener Fall widerlegte.

Ihre Schilderung ist gehemmt und konventionell. Sie teilt ihre mittelmäßigen Personen in »gute« und in »schlechte« ein. Aber die »Guten« sind es beinahe wider Willen, durch ihre himmlische Unkenntnis des Schlechten, oder einfacher, durch ihre kalte Natur; keine Versuchung tritt an sie heran, keine Sünde befleckt sie. Was die »Schlechten« anbelangt, so errät man, daß Anne ihnen wegen der Demütigungen, die sie bei reichen, ihr unwürdigen Leuten erleiden mußte, übel gesinnt ist; aber dieses Gefühl ist nicht erbittert genug, um ihren Personen jene Züge zu verleihen, die ihre Gestalten laut klagen lassen würden, so wie sie bei der Sühne fordernden Charlotte klagten. Die Heftigkeit der Brontës ist bei Anne durch ihre Unempfindlichkeit und Gleichgültigkeit abgeschwächt. Die Leidenschaft ihrer Schwestern ist bei ihr nur Sentimentalität. Jene sind heroisch, sie ist tugendhaft. Sie träumt weniger von dem schwierigen und ekstatischen Bund zweier Seelen, nicht einmal in der Ehe, als von der stillen und vertrauensvollen Harmonie eines guten Ehepaares. Keine Rede davon, sich schweren Gefahren auszusetzen oder der öffentlichen Meinung zu trotzen. Anne gehorcht der Moral, aber auch den herkömmlichen Gebräuchen. Charlotte gehorcht nur der Moral, Emily kennt weder die Moral, noch die guten Sitten.

Agnes Grey besitzt eine unerschütterliche Bescheidenheit. Gewiß leidet sie, aber sie klagt nur mit leiser Stimme, sie entrüstet sich nicht. Sie zeigt nicht die Schwankungen, die Verzweiflung oder die ungestümen Aufwallungen von Jane Eyre, der anderen Lehrerin, und ihr Edward — es ist wahr, er ist Vikar — ist keinesfalls imstande, in jene düsteren Wutausbrüche und Ueberspanntheiten des anderen Edward aus Thornfield zu verfallen. Es wäre angenehm, diese beiden gewissenhaften und reinen Wesen im Leben zu treffen: in einem Roman ist es ihr großes Unrecht, den Leser sofort über ihr Schicksal zu beruhigen.

Und die Kunst der Darstellung, der Schwung, die Gegensätze fehlen in dieser farblosen, einförmigen Erzählung, deren Ablauf im voraus zu erraten ist. Das Sujet, die Personen, wie auch die Ausführung des Romans langweilen. Es ist sein unfreiwilliges Verdienst, daß er durch den Vergleich die glänzenden Qualitäten von »Jane Eyre« erkennen läßt.

Was »The Tenant of Wildfell Hall«, Annes zweiter Roman anbelangt, so ist sein Anfang nicht ohne literarischen Wert.

Frau Graham, eine junge Witwe, zieht mit ihrem Sohn in einige Zimmer eines zerfallenen Schlosses ein, die man wieder hergerichtet hat. Die ganze Nachbarschaft, der Pastor, junge Mädchen, junge Männer, interessieren sich für diese reizvolle Unbekannte, versuchen sie in ihren Kreis zu ziehen, unterhalten sich über sie. Und Gilbert Markham, der die Geschichte erzählt, verliebt sich in sie.

Aergerliche Gerüchte beginnen jedoch umzugehen. Man bemerkt, daß der Sohn der Witwe seltsamerweise dem Besitzer des Schlosses, Herrn Frederic Lawrence, ähnlich ist. Als Gilbert seine Liebe gesteht, beunruhigt dies Helene Graham, und sie beschwört ihn, die Grenzen der Freundschaft nicht zu überschreiten. Eines Tages wird Gilbert unfreiwilliger Zeuge einiger zärtlicher Worte, die seine geliebte Helene mit Lawrence wechselt. Vor Wut und Verzweiflung außer sich, flieht er. Später, als er mit seinem vermeintlichen Rivalen zusammentrifft, schlägt er ihn mit dem Griff seiner Reitpeitsche halbtot. Helene glaubt sich von Markham aufgegeben, sie will sich vor ihm rechtfertigen und übergibt ihm ihr Tagebuch, welches die Fortsetzung des Romans darstellt. Der Leser wünscht nur weiterzulesen, denn die abwechslungsreichen Unterhaltungen, das Kommen und Gehen der verschiedenen Leute, Frau Grahams Reize, das sich immer mehr um sie herum verdichtende Geheimnis, der aufbrausende Charakter von Gilbert, machen die ersten Kapitel interessant.

Helenes Geschichte, so wie sie von ihr erzählt wird, ist die Geschichte eines jungen Mädchens mit ausgezeichneter Erziehung, von edlem Charakter, der das Unglück zustieß, Arthur Huntingdon zu heiraten. Dieser schöne junge Mann entpuppt sich nach der Hochzeit als harter, egoistischer und trunksüchtiger Lebemann. Monatelang läßt er seine Frau allein im Schloß, das sie bewohnen, und wenn er zurückkehrt, quält er sie. Er führt Freunde von empörender Roheit und Schamlosigkeit bei sich ein. Unter seinem eigenen Dach unterhält er ein Verhältnis mit der Frau eines seiner Freunde. Kurzum, nach jahrelanger Qual beschließt Helene, mit ihrem Sohn zu fliehen und läßt sich unter einem falschen Namen bei Frederic Lawrence nieder, der ihr eigener Bruder ist. Sie wollte Gilberts Liebe nicht erhören, um ihrem unwürdigen Mann treu zu bleiben.

Gilbert, verliebter als je, bittet nun um ihre Verzeihung. Unterdessen wird Huntingdon schwer krank. Helene erfährt es, die Stimme der Pflicht ruft, und sie kehrt zu ihm zurück, um ihn zu pflegen. Er stirbt. Sie heiratet Gilbert.

Der Roman ist nacheinander von Gilbert, Helene und wieder von Gilbert in der Ichform geschrieben. Bei dem einen wie bei dem anderen bleibt aber der Tonfall derselbe. Der Mann und die Frau drücken sich in der gleichen Art und

Weise aus, sie zeigen denselben Charakter, und daher hinterläßt der Roman den vorherrschenden Eindruck einer künstlichen Gestaltung.

Andererseits beschreibt Anne das unordentliche Leben Huntingdons und seiner Freunde mit einem Eifer, der ihre Voreingenommenheit verrät und mit einer Uebertreibung, deren Naivität den Leser belustigt. Auch hier will sie beweisen, daß der Böse ein Werk vollbringt, das trügt. Aber man fühlt, daß sie vor dem erschrickt, was sie beschreiben will, und diese Furcht hindert sie, zu beobachten. Man stelle sich eine Taube vor, die den Kampf von Tigern schildert. In ihrer Erregung sagt sie zuviel und zuwenig. Zuviel, wenn sie übertreibt, zuwenig infolge ihres Unwissens.

Ihre Personen sind aus einem Guß. Unter den Bösen stellt jeder eine ganze Sammlung von Lastern dar, sie sind zugleich egoistisch, grausam, ausschweifend, dem Trunk ergeben und schlecht erzogen. Anne fällt über sie her, aber wenn sie sie auch mit den niederträchtigsten Zügen überhäuft, erhält man doch den Eindruck, daß sie ihnen jene kleinen, weiblichen Fausthiebe versetzt, die einen Mann nur lachen lassen. Sie will sie entehren, und man würde sagen, daß sie ihnen nicht einmal weh tut.

Ihrer Helene fehlen die Nuancen der Wahrheit. Sie leidet, die Augen zum Himmel erhoben. Die Vorstellung der Wiedervergeltung oder auch nur des Trostes, erfüllt sie mit Abscheu. Sie bleibt würdig, sittsam, geduldig, gute Ehegattin. Gewiß hat sie ihr Glück zum Schluß wohl verdient, aber wird ein so vereinfachtes Geschöpf sich dessen erfreuen können?

Die Erzählung, die sich auf mehrere Jahre erstreckt, scheint nie enden zu wollen. Sie schreitet nicht vorwärts, sondern wiederholt sich im Laufe der Gespräche, die alle einander gleichen. Diese ständige Wiederholung einer gespannten und gleichzeitig eintönigen Situation stumpft das Interesse ab. Trotz seiner dramatischen Wendungen ist dieser fehlgeschlagene Roman auch sehr langweilig.

Anne, Emily und Charlotte Brontë

Gemälde von Patrick Branwell Brontë
National Portrait Gallery, London

Das Drama war übrigens woanders zu suchen, nicht bei Helene Huntingdon, der Märtyrerin einer Ehe, sondern bei Anne Brontë, die ein Buch schrieb, das über ihre Kräfte ging. Sie findet nicht, wie Emily in »Wuthering Heights« in den physischen Gewalttaten und moralischen Perversitäten, die sie erzählt, ein Bild ihres zweiten Ichs. Sie glaubte zu wissen, was ein Wüstling und ein Trunkenbold ist, weil sie Branwells Geständnisse kannte. Und weil sie mit Abscheu seinen Verfall erlebt hatte, wollte sie die jungen Leute vor dem liederlichen Lebenswandel warnen.

So fing das düstere Genie der Brontës jene ein, die durch ihre Sanftmut ihm entwischte. Es verpflichtete und bedrückte sie. Anne hat beim Schreiben ihres Romans gelitten, angeekelt ließ sie ihn liegen und nahm ihn nur aus Pflichtgefühl wieder auf. »Sie verabscheute ihr Werk, aber sie wollte es fortsetzen« sagt Charlotte. Anne war eine wirkliche Brontë mit dieser stoischen Beharrlichkeit, dieser Verachtung der Feigheit, aber eine Brontë, die unfähig war, aus sich selbst lebendige Personen herzuleiten und ihrem Leid einen unwiderlegbaren Ausdruck zu verleihen; sie war nicht fähig, obwohl sie das Schlechte haßte, auch seine schreckliche Größe fühlbar werden zu lassen.

Der heutige Leser entdeckt hie und da mühelos eine deutlichere Anspielung auf die Person, die Anne inspirierte. Huntingdon erzählt mit der ihm üblichen Taktlosigkeit seiner Frau von einem Verhältnis aus seiner Jugendzeit. Helene schreibt: »Es war jedoch ein Trost festzustellen, daß in diesem Fall die Frau mehr zu tadeln war als er, denn er war zu jener Zeit sehr jung, und wenn man dem Glauben schenken kann, so war sie es, welche die ersten Annäherungsversuche unternommen hatte.« Dies ist genau die Darstellung, die Branwell von seiner Liebesbeziehung zu Frau Robinson gab. Und diese Stelle: »Ich identifiziere mich so sehr mit ihm, daß ich seinen Niedergang, seinen Sturz, seine Fehler wie meine eigenen empfinde. Ich schäme mich für ihn, ich zittere für ihn, ich bereue, ich weine, ich bete für ihn, als wäre es für mich selbst... Ich bin so entschlossen, ihn zu lieben, so tief besorgt, seine Irrtümer zu entschuldigen, daß ich ständig an sie denke, daß ich mich anstrenge, die Lockerung seiner Prinzipien und die Verworfenheit seiner Handlungen milder zu betrachten, und zwar in einem solchen Maße, daß ich mich mit seinen Lastern vertraut mache und beinahe eine Mitschuldige seiner Sünden werde.« Diese Identifizierung ähnelt ein wenig der von Catherine und Heathcliff, aber die Liebenden in »Wuthering Heights« folgen einem beinahe metaphysischen Verlangen nach Einheit, Anne aber geht von der Idee der Erlösung aus.

Vielleicht hat Anne »The Tenant of Wildfell Hall« nicht nur geschrieben, um ein moralisches Werk zu schaffen, sondern um nochmals Branwells liederlichen Lebenswandel aufleben zu lassen, um ihn zu retten, um ihn noch tiefer zu lieben, selbst mit den Eigenschaften, die sie so sehr empörten. Es frappiert, noch eine Brontë zu sehen, die von der Vereinigung der Seelen durch die vollständige und gewollte Aehnlichkeit träumt: ein Wesen lieben, hieß für die Brontës, selbst dieses Wesen werden. Aber drückt dieser Traum nicht ihr dumpfes Erkennen aus, daß nur sie selbst ein Leib und eine Seele bilden können?

Ach, warum hat Anne nicht diesen Roman des Seelenheils viel mehr mit dem Gefühl der Mitschuld, als mit ihrer bedrückenden und mustergültigen Moral geschrieben? Er hätte dann zu jener Art von Romanen wie »Wuthering Heights« gehört, obwohl Catherine und Heathcliff im Gegensatz dazu, weit davon entfernt, sich zu retten, sich ins Verderben stürzen. Sie ahnte es wohl, weil sie es in ihrem verschwiegenen, so sanften Herzen erlebte, aber sie war unfähig, es zu gestalten.

»The Tenant of Wildfell Hall« erschien 1848, ein Jahr vor Annes Tod und hatte keinen Erfolg.

XIV.

Shirley

»Shirley« ist keineswegs Charlotte Brontës bester Roman. Er hat nicht den pathetischen Ausdruck, das schnelle und stetige Tempo von »Jane Eyre«; man findet in ihm nicht die starke Beobachtungsgabe und intensive Leidenschaft von »Villette«. Dennoch wird in diesem schwerfälligen und allzu umfangreichen Werk, mit seinen komplizierten Abschweifungen der Zauber der Poesie, die aus der Wahrheit geboren wird, spürbar. Was uns hier interessiert, ist die Schilderung einer Provinz mit ihren Landschaften, den ihr eigentümlichen Typen und ihrer sentimentalen Besonderheiten; es ist die Gestaltung einer Zeit, einer Gegend und eines Volkes.

Die Entstehung von »Shirley« ist auf den ersten Aufenthalt der fünfzehnjährigen Charlotte in Roe Head zurückzuführen. Fräulein Woolers liebte es, ihren Schülerinnen die rauhen Geschichten zu erzählen, die sich während der Ludditenunruhen im Lande zugetragen hatten. Durch die Kontinentalblockade hatten die Tuchhändler ihren Auslandsmarkt verloren; halb zugrunde gerichtet, hatten sie neue Maschinen in ihren Fabriken aufgestellt, für die man weniger Personal benötigte. Bei den entlassenen und dem Elend ausgelieferten Arbeitern rief dies eine revolutionäre Entrüstung hervor. Die armen Leute versammelten sich im Gasthaus der »Drei Nonnen« oder in der öden Heide und stachelten sich gegenseitig zum Widerstand auf; sie griffen mit bewaffneter Hand die Fabriken an, aus denen man sie beschoß. Auf beiden Seiten wurden die erbitterten Leidenschaften unnachgiebig. In York wurden siebzig Personen vor Gericht gestellt, siebzehn davon hingerichtet und sechs zu Zwangsarbeit verurteilt.

Die Erzählungen über diese Gewalttaten erinnerten Charlotte an jene, die sie so oft von ihrem Vater gehört hatte und gruben sich in ihr Gedächtnis ein. Später sah sie darin den Hintergrund eines Gemäldes, dramatische Ereignisse, die sie für eine romantische Dichtung verwenden konnte. Um die Atmosphäre jener Zeit besser wiederzugeben, ließ sie sich, bevor sie mit der Arbeit begann, aus Leeds die Zeitung »Mercury« aus den Jahren 1812, 1813 und 1814 kommen.

Sie begann mit Vergnügen eine Gegend zu beschreiben, die durch ihre Gegensätze sie begeistert hatte. In Roe Head war nicht die trostlose Umgebung von Haworth, seine rauhe, kahle Einsamkeit, sondern reiches Grün, klare Flüsse, an deren Ufern die Mühlen fröhlich klapperten und mit Rosen bewachsene, von schönen Bäumen umgebene Adelssitze.

Zu diesen Grundelementen fügte Charlotte noch andere Erinnerungen hinzu. Man erkennt leicht in den verschiedenen Personen des Romans ihre Freunde und ihre Bekannten. Die drei Vikare, die sie so drollig und sarkastisch schildert, sind der Wirklichkeit entnommen. Sie selbst täuschten sich darüber so wenig, daß sie aus Spaß die Namen annahmen, mit denen sie sie bedacht hatte. »Richtige Daguerreo-Typien« sagte man damals. Robert Moore, dessen Fabrik belagert wird, hat einen gewissen Cartwright zum Vorbild, dessen Mühle Rawfolds sich neben Roe Head befand und die tatsächlich von Proletariern angegriffen wurde. Herr Helstone ähnelt einem Herrn Roberson, der während dieser Unruhen Energie und bemerkenswerten Mut bewies und hat auch — versteckt und beinahe ein wenig tückisch — Aehnlichkeit mit Herrn Brontë. Die Familie Yorke sind die Taylors, Caroline Helstone ist Ellen Nussey und zugleich Charlotte selbst, jedoch entstellt. Und Shirley Keeldar ist Emily Brontë.

Charlotte begnügte sich aber nicht damit, die Leute, die sie getroffen hatte, nur genau zu beschreiben. Um ihre Personen zu formen, ging sie von einer Beobachtung aus (eine dieser sorgfältigen Beobachtungen Kurzsichtiger), aber sie fügte von ihrer Palette noch andere Striche hinzu, Wahrnehmungen über sich selbst oder erfundene Charakterzüge. Der wirkliche Romanschriftsteller ist niemals der genaue Nachbildner dessen, was er sieht. Er nimmt seine Notizen als Grundlage und läßt auf dieser Basis seine Erfindungsgabe sprießen, er nimmt die Gestalt eines jeden seiner Helden an, und dann beobachtet er sich selbst.

Darum ließ es Charlotte nicht gelten, wirkliche Personen nur buchstäblich beschrieben zu haben, selbst wenn diese behaupteten, sich in ihnen zu erkennen. Sie verteidigte sich dagegen, manchmal schlecht gelaunt, wie bei einem Fehler ertappt und manchmal mit Hochmut, als wollte sie öffentlich der Kraft und Kühnheit ihrer Phantasie Ehre erweisen. »Weder die Regeln der Kunst, noch mein eigenes Empfinden würde mir erlauben, in dieser Weise zu schreiben«, sagte sie. »Wir lassen nur gelten, daß uns die Wirklichkeit die Idee liefert, aber wir weigern uns, unter ihrem Diktat zu schreiben.« Sie wußte nur zu gut, daß ihre Romane mittelmäßig gewesen wären, wenn ihnen diese romantische Einbildungskraft, die verwandelt, ordnet und schöpferisch gestaltet, gefehlt hätte. Mit lobenswertem Eifer hat man Charlottes »Quellen« erforscht und ihre Modelle festgestellt, aber man wäre im Unrecht, wenn man glauben würde, damit alles erklärt zu haben. Das Genie ist keine Maschine, dessen Federwerk man auseinandernehmen kann.

Es ist einer der Reize von »Shirley«, daß uns dieser Roman stellenweise Einblick in viele persönliche Gedanken Charlottes gewährt, wie z. B. ihre Meinung über die Situation einer alten Jungfer, über die Heirat, über die Gefühllosigkeit der Männer, über den Schmerz, ein geliebtes Wesen sterben zu sehen und über die Rolle des Leidens in der Entfaltung der Energie. In den Augen eines unterrichteten Lesers sind dies wertvolle und verborgene Geständnisse. Aber sie arten manchmal in Theorien aus, in denen der Autor zum Nachteil seiner Personen hervortritt. Durch ihre Schärfe der Einschätzung, der Verurteilung, durch ihr Bedürfnis, Forderungen zu erheben, zu ermutigen und durch ihr Gefallen an der Rhetorik hat Charlotte, die Pastorentochter, hie und da etwas Predigerhaftes an sich.

*

Robert Moore, ein junger Fabrikbesitzer, mütterlicherseits fremder Herkunft, mager, braun, energisch, doch trotz seiner Jugend ernst und nachdenklich, erwartet neue Webstühle, die nachts bei ihm ankommen sollen. Aber die Lastwagen, die sie bringen, wurden von Arbeitslosen auf der Straße angehalten; diese bemächtigen sich der Maschinen, zerstören sie und werfen sie in einen Sumpf. Ohne sich geschlagen zu geben, führt Moore mit Hilfe des Pastors Helstone eine Untersuchung durch und läßt bald die Schuldigen verhaften.

Helstone hat eine Nichte, Caroline, die achtzehn Jahre alt ist. Sie lebt bei ihm und ist, ohne es zu gestehen, in Moore leidenschaftlich verliebt. Sie lernt Französisch gemeinsam mit seiner Schwester Hortense und hat so Gelegenheit, den jungen Mann zu treffen.

Sie führen über alle möglichen Themen lange Unterhaltungen miteinander, sie liest ihm mit lauter Stimme »Coriolan« oder Gedichte von Chénier vor. Herr Helstone jedoch ist über die politischen Ansichten Moores, den er einen »Jakobiner« nennt, ungehalten und verbietet von nun an seiner Nichte, ihn zu sehen.

Caroline leidet schwer unter dieser Trennung, aber sie kämpft gegen sich selbst und zwingt sich, ihren Schmerz in ihrer alltäglichen Tätigkeit zu vergessen. »Bei jedem Wetter geht sie draußen spazieren, es sind lange Spaziergänge an einsamen Orten.« Oft weint sie, »Beute einer unerträglichen Verzweiflung«. »Männer und Frauen« bemerkt der Autor, »kämpfen niemals so hart, als wenn sie allein kämpfen, ohne

Zeugen, ohne Ratgeber, ohne Vertraute, die sie ermutigen, leiten und sie bemitleiden können!« Charlotte, d. h. Caroline, kommt nun auf den Gedanken, an jenen zu schreiben, den sie liebt, aber sie schickt ihre Briefe nicht ab. Dann plant sie, in einer Familie eine Stellung als Gouvernante anzunehmen.

Unterdessen erfährt man, daß Fieldhead, eines der schönen Güter der Gegend, das bisher unbewohnt war, nunmehr von seiner Besitzerin, Fräulein Shirley Keeldar, die großjährig wurde, bezogen wird. Ihre frühere Lehrerin, Frau Pryor, begleitet sie. Shirley ist ein großes junges Mädchen, selbstsicher und geistreich. Caroline und sie werden bald intime Freundinnen, sie verbringen ganze Tage mit endlosem Geplauder, mit dem Austausch ihrer Ansichten. Oft taucht der Name Moore, für den sich beide interessieren, in ihren Gesprächen auf.

Und bald bemerkt die arme Caroline, daß Shirley und Moore einander zugetan sind. Sie sieht sie sogar im Mondschein zusammen spazieren gehen. Da verzichtet sie auf ihn, findet sich damit ab, daß er ihrer reizvollen und reichen Rivalin den Vorzug gibt. Aber dieses Opfer ist nicht leicht zu tragen. Wenn sie sich in Fieldhead dem jungen Mann gegenübersieht und seinen Unterhaltungen mit Shirley beiwohnt, würgt sie ein tiefer Schmerz. Es nützt nichts, daß er sie auf ihren Spaziergängen begleitet und zärtlich mit ihr spricht, sie weiß, er wird Shirley heiraten.

Mehrere Ereignisse treten ein: unvermutet bemerken die beiden jungen Mädchen eines Nachts den Vorbeimarsch einer Arbeiterkolonne und entnehmen ihren Aeußerungen, daß sie Moores Fabrik angreifen wollen. Auf Umwegen beeilen sie sich, ihn zu warnen, aber sie kommen zu spät. Aengstlich wohnen sie der Schlägerei bei, und erst bei Tagesanbruch ist der Angriff endgültig zurückgeschlagen. Und dies ist eine erneute Gelegenheit, um die Tapferkeit, die Kaltblütigkeit von Robert Moore, sowie die Bewunderung, welche die beiden jungen Mädchen für ihn hegen, hervorzuheben.

Kurz darauf erhält Shirley in Fieldhead den Besuch eines Onkels und einer Tante, namens Simpson, die von ihren beiden Töchtern begleitet sind. Auch deren Sohn Henry und sein Erzieher treffen ein, der niemand anders als der Bruder von Robert Moore ist. Louis Moore ist von Natur aus ernst und wohlwollend, ohne den Kampfeseifer seines Bruders. Von ihrem Kummer erschöpft, erkrankt nun Caroline ernstlich. Shirleys Gouvernante, die gute Frau Pryor kommt ins Pfarrhaus, um sie mit rührender Hingabe zu pflegen. Ihr liebevolles Verhalten wird verständlich, als sie Caroline gesteht, daß sie ihre leibliche Mutter sei, die seit Jahren spurlos verschwunden war. Eine nicht weniger überraschende Entdeckung wird ihr in bezug auf Moore zuteil: Shirley ist tatsächlich und seit langem verliebt, aber nicht in Robert, sondern in Louis. Robert ist frei, und ohne es merken zu lassen, hängt er sehr an Caroline. Aber diese muß noch durch viele Anfechtungen hindurch, bevor sie glücklich sein kann. Ein Anschlag wird auf Robert Moore verübt: durch den Pistolenschuß eines armen Verhetzten wurde er verwundet und schwebte wochenlang zwischen Leben und Tod.

Die unerschrockene und seltsame Shirley verrät ihrerseits auch nichts von ihren Gefühlen. Ehemals war Louis Moore ihr Lehrer gewesen, er ist zehn Jahre älter als sie, hat sie im Französischen und in der Literatur unterrichtet, ihm verdankt sie ihre Bildung, und sie achtet ihn. Dies ist die Situation von Herrn Héger und Charlotte. In Charlottes Romanen unterrichtet immer einer der Liebenden und der andere empfängt den Unterricht, sie ist von der Pädagogie besessen. Sie zeigt damit nur ihre leidenschaftliche Vorliebe für das Studium; sie überträgt die Folgsamkeit und die Unterordnung, die sie auf dem Gebiet der Liebe nicht zuläßt, auf das Gebiet der Geisteskultur.

Wie es auch sei, Shirley bewundert die Intelligenz und den Edelmut von Louis Moore, doch bleibt sie mit ihrem natürlichen Stolz zurückhaltend. Er ist übrigens auch um seine eigene Würde besorgt, denn er sieht genau, was ihn alles von dieser reichen Erbin trennt. Weil die Brontës arm und Kleinbürger waren, sind Charlottes und Annes Helden in Geldangelegenheiten sehr empfindlich. Emilys Helden denken nicht daran. — Doch schließlich, nachdem Shirley mehrere Bewerber aus der Nachbarschaft abgelehnt hat, gestehen sich die jungen Leute das Geheimnis ihres Herzens. Und der Roman endet mit der Hochzeit der beiden Brüder Moore.

Charlotte — vermerken wir es bei dieser Gelegenheit — interessiert sich nur für das, was der Hochzeitszeremonie vorangeht, d. h. für die Sehnsucht nach Glück, für das keusche Erwachen der Leidenschaft. Ihre Personen sind sentimental, unberührt von körperlichem Verlangen. Die Ausschweifungen Rochesters gehören der Vergangenheit an, und er scheint seither sehr tugendhaft gelebt zu haben. Herr Paul ist in dem Roman »Villette« ein Asket. Alle anderen können ebensogut jungfräulich rein sein. Und den meisten spricht Charlotte die Heirat als natürliche Lösung der Schwierigkeiten und als Gewißheit des Glücks zu. Die Heirat, höchstes Ziel, schließt ihre Romane ab, wie im Theater der Vorhang den fünften Akt: der Zuschauer geht danach beruhigt nach Hause, im Bewußtsein, daß den Helden nichts mehr geschehen kann. Vielleicht hören sie eben auf Helden zu sein, wenn sie sich verheiraten.

Dieselbe Konzeption ist in Annes erstem Roman vorhanden. Im zweiten, der immerhin ein Ehedrama behandelt, spielen die »Alkovenfragen«, wie unsere Väter sagten, keine Rolle. Und ich bemerkte bereits, daß »Wuthering Heights« im ganzen genommen eine Geschichte des Ehebruchs ist, aber eines platonischen Ehebruchs. So sehr auch die Liebe bei den Brontës brennen mag, sie kennt nicht die fleischliche Befriedigung. Dies findet man übrigens auch bei Thackeray und Dickens.

Um endlich die tröstliche Lösung der Eheschließung herbeizuführen, waren in »Shirley« sechshundert, manchmal ermüdende Seiten nötig. »Shirley« zieht wie ein träger Fluß dahin, er ist ein Roman ohne Schwung. Dabei fehlt es ihm nicht an dramatischen Episoden, denn man erlebt bewaffnete Kämpfe und Mordversuche, und wieviele Gestalten des Romans gestehen plötzlich ihre wirkliche Persönlichkeit ein! Aber das Wesentliche liegt nicht in diesen Tatsachen, die — im Gegensatz zu »Jane Eyre« — die Erzählung eher willkürlich beleben, als daß sie mit der Entfaltung der Charaktere verknüpft sind.

Charlotte wollte Leute beschreiben, die in einem entlegenen Winkel des Landes leben, sie einander gegenüberstellen, sie vereinigen, die Entwicklung und die Rückschläge widerspruchsvoller Leidenschaften verfolgen. Mit Vergnügen erzählt sie uns einen Tag, der den anderen gleicht, wo man Tee trinkt oder im Garten spazieren geht, oder von den Angelegenheiten der Pfarrgemeinde spricht, und sie läßt uns so das tägliche Leben fühlen, mit der Last seiner unzähligen Gewohnheiten, seiner Gleichförmigkeit in den einfachen, monotonen, doch niemals banalen Dingen. Sie erzählt uns die Speisenfolge einer Mahlzeit, erklärt uns, wie man einen Strumpf stopft, sie zeigt uns die Sonne, die am Horizont untergeht oder den Mond, wie er friedlich am Sommerhimmel erscheint.

Der heutige oder mindestens der kontinentale Leser verspürt dabei eine gewisse Gleichgültigkeit, wenn nicht Langeweile. Der Autor ergeht sich in nie endenwollenden Gesprächen. Er verleiht seinen Personen seine eigene gewandte Redeweise, seine Vorliebe für bildhafte Ausdrücke und seinen literarischen Geschmack, gelegentlich drückt er dies in schwülstigem Stil aus, und man staunt darüber, wie diese braven Leute plötzlich glänzende Redner werden.

Um die Befriedung, die sie bei der Darstellung der gewundenen Dialoge und in der bewußt verlangsamten Entfaltung der Gefühle empfindet, greift Charlotte manchmal in eigener Person in die Handlung ein und verzögert den Moment einer endgültigen Aufklärung. Sie läßt die Mißverständnisse sich verwickeln und löst sie nicht eher auf, bis sie nicht alle Hilfsmittel erschöpft hat. Sie sucht die Komplikationen für sich selbst. Die überraschenden Wendungen in »Jane Eyre« werden von der leidenschaftlichen Bewegtheit des Romans fortgerissen: hier aber erscheinen sie peinlich unbegründet. Wenn Frau Pryor sich ihrer Tochter zu erkennen gibt, protestiert der Leser gegen die Unwahrscheinlichkeit und die schwulstige Pathetik. Er findet, daß Charlotte es sich leicht macht, um ihn in Unkenntnis der Tatsachen zu halten, welche die Personen des Romans bereits kennen oder wenn diese sich Geheimnisse ins Ohr flüstern, die er erst später erfährt.

Aber wenn auch der Aufbau des Romans weniger gelungen ist als bei »Jane Eyre«, wenn auch die Handlung, die oft an einen toten Punkt gelangt, jedesmal von dem Autor selbst aufs neue in Gang gebracht wird, so sind doch die Personen in »Shirley« unvergeßlich. Jedes Glied dieser kleinen menschlichen Gruppe erscheint uns ebenso natürlich, wie wenn es mit seinen Gesten, seinen Schrullen, seinen wesentlichen Sorgen und seinen Geheimnissen vor uns stehen würde. Charlotte beweist in ihrer Schilderung ein Verständnis und zugleich ein Mitgefühl, das ihre Personen für immer charakterisiert, und sie zeigt auch einen Humor, der uns diese ebenso lächerlich wie erbärmlich macht.

In dieser Hinsicht ist die Familie Yorke erstaunlich lebenstreu geschildert: der Vater, streng und originell mit seinen weißen Haaren, seiner rauhen Stimme, gebieterisch, großzügig und barsch, unverträglich mit seinen provinziellen Eigentümlichkeiten, unduldsam gegen andere; die Mutter immer auf der Höhe der Situation; die Kinder rebellisch und mutig. Eine richtige Familie aus Yorkshire.

Sein alter Gegner, der Pastor Helstone, der die ganze Gegend schulmeistert, sie immer zu Pferde und bewaffnet durchzieht, alle Leute zu ruhigem Verhalten zwingt, ist ein nicht minder energischer Kerl. Den alten Jungfern, dem griesgrämigen und ergebenen Fräulein Mann und dem so guten, so bescheidenen und so häßlichen Fräulein Ainley, ist der wichtigtuerische und ungeschickte alte Onkel Sykes zur Seite gestellt, sowie die drei Vikare, Faulenzer und Trinker, lächerlich und anmaßend, die zuweilen nur für ein Zwischenspiel wie Clowns in einem Drama auftauchen.

Caroline Helstone gefällt auf den ersten Blick; sie ist »kindlich, behend und schmiegsam« und hat eine sanfte Stimme. Doch als Opfer einer Liebe, die an ihr zehrt, ist sie bereits im Alter von achtzehn Jahren melancholisch, ein leichter Schatten lastet auf ihr. Nicht einen Augenblick denkt sie daran, gegen ihre Rivalin zu kämpfen, die zugleich ihre beste Freundin ist. Sie nimmt es hin, verschmäht zu werden und überläßt sich ihrem Leid. Mit großem Scharfblick verfolgt der Autor die Gefühle dieses sanften Wesens von feinem Zartgefühl, das durch diese Gleichgültigkeit tief verletzt wird. Es war nicht leicht, eine zugleich intensive und reine Leidenschaft zu schildern, eine Leidenschaft, die überhaupt nicht oder kaum handelnd eingreift, die schweigt und sich innerlich verzehrt. Caroline bricht häufig unter dem Schmerz der Enttäuschung zusammen und richtet sich dann wieder mit unerwarteter Energie auf, die mehr die Energie der Brontës ist, welche der Autor ihr einflößt. Doch jeder neue innere Kampf nagt zunehmend an den Kräften dieses biegsamen und verwundeten Mädchens und zerstört sie. Zweifellos schenkt ihr der Autor am Schluß des Romans die Liebe des jungen Mannes, von dem sie besessen ist, aber es fällt uns schwer, an diese Wendung zu glauben. In Wirklichkeit würde Robert Moore, nachdem Shirley ihn ablehnte, sich nicht Caroline zuwenden, und so wäre sie, die einer einzigen und hoffnungslosen Liebe geweiht ist, für immer des Glücks beraubt. Im Leben werden die Probleme nicht so leicht gelöst wie in Charlottes Romanen.

Moore stellt einen kraftstrotzenden Charakter dar. Es ist bemerkenswert, daß die Brontës ihre Helden sehr männlich, sehr stark, sehr autoritär und mit Vorliebe bronzefarben, mit feurigen Augen und schwarzen Haaren schildern. Sie statten sie mit ihren eigenen Wünschen, mit ihrem Gefallen am Befehlen aus. Und diese Männer sind oft unempfindlich, egoistisch und sogar grausam, aber beinahe immer machen sie dies in den Augen des Autors durch Mut, moralische Festigkeit und der Ausdauer, mit der sie ihr Mißgeschick ertragen, wieder gut. Moore gehört einer ruinierten Familie an, er will seine gesellschaftliche Stellung zurückgewinnen, er kämpft mit zusammengebissenen Zähnen gegen die Verhältnisse, gegen die Menschen, er wird beschimpft und vergilt es mit Gleichem; als er verwundet wird, kämpft er gegen den Tod. Wenn er in seiner Aufwallung Ungerechtigkeiten begeht, so macht er dies wieder gut; begeht er Fehler, wie z. B. als er Shirley nur wegen ihres Vermögens heiraten will, so klagt er sich hernach dafür an und bekennt sich schuldig. Eine brutale, aber offenherzige Natur, die um materielle Interessen besorgt, doch dabei redlich ist.

Und nun zu Shirley, der lebhaften, ungestümen und stolzen Shirley. Die Hände hinter dem Rücken verschränkt, hat sie »die Haltung und ein wenig das Aussehen eines ernsten, aber unerschrockenen, kleinen Kavaliers. Dieser flüchtige Eindruck ist noch durch die Art unterstrichen wie die seitwärts gescheitelten Haare ihre Stirn in welligem Glanz umrahmten und in flatternden Locken, die natürlich erschienen, herunterfielen«. Sie ist rührig und doch träumerisch, oft sogar träge; sie ist sich ihres eigenen Wertes bewußt und der Haltung, die sie glaubt sich auferlegen zu müssen; sie ist empfindsam und reizbar, ja sogar leicht verletzt; in dem Moment, wo man sie zu fassen glaubt, entweicht die Unbezähmbare wieder. Freigiebig und verständnisvoll für die Unglücklichen und die kleinen Leute, zwingt sie sich selbst zur Disziplin und auferlegt sich beinahe Strafen.

Shirley unterhält mit Louis Moore, der nur eine ziemlich blasse Gestalt im Roman ist, Beziehungen, die um so schwieriger sind, als sie bei ihm auf einen noch viel mißtrauischeren Charakter als ihren eigenen stößt. Sie weigert sich, wie Caroline, einem Mann Einblick in die Gefühle, die er ihr einflößt, zu gewähren; er aber ist es seiner untergeordneten Stellung als armer Erzieher schuldig, seine Liebe nach außen nicht sichtbar werden zu lassen. Beide besitzen jedoch nicht Janes und Rochesters Angriffslust. Kaum haben sie sich herausgefordert, da ziehen sie sich schon wieder zurück; sie verfolgen die Taktik des Zauderns und des Versteckspiels. Je mehr der eine sich zum anderen hingezogen fühlt, desto gleichgültiger benehmen sie sich und fügen sich auf diese Weise grausames Leid zu. Dann beginnen sie das Spiel von neuem. Ihre Zwiegespräche, voller verstohlener Stacheln, Anspielungen, heimtückischen Herausforderungen und auch Symbolen, lassen an Shakespeares Komödien denken. Es ist dieselbe romantische Raffiniertheit, dasselbe glänzende Spiel und launenhafte Rufen, Flüchten, Wünschen und Ablehnen. Aber sie sind oft durch eine zu große Feierlichkeit und Anmaßung verunstaltet. Ich sagte bereits, daß Louis' Stellung eine gewisse Aehnlichkeit mit der von Herrn Héger aufweist. Nur ist er ein verliebter Héger, im Banne des Zaubers der ersten Liebe, der edlen Vornehmheit einer »Elfe« wie er sagt, »die zu widerspenstig für den Himmel und zu unschuldig für die Hölle ist« und die der linkischen, kurzsichtigen und furchtsamen Engländerin aus Brüssel gar nicht gleicht.

Gleicht sie wirklich Emily, trotzdem sie weder ihr Genie, noch ihre Einsamkeit und ihre Geheimnisse besitzt? Sie ist eine Emily, die fähig ist, das Leben einer Frau zu führen, die Freude an der Welt zu genießen und das Glück zu kennen. Sie ist wie Emily selbständig, unbekümmert um die Meinung anderer, unfähig zu nichtiger Gefühlsduselei. Sie ist schlank und groß, begleitet von ihrem grimmigen und häßlichen Hund — »halb Bulldogge, halb Wachthund« — der niemand anders als Keeper ist. Und auf den letzten Seiten von »Shirley« lesen wir: »In ihrem weißen Abendkleid, mit ihren langen, wehenden und lockigen Haaren, ihrem leisen Schritt, ihren dunkeln und leuchtenden Augen, scheint sie ein Geist zu sein, von einem Element geboren, Kind der Lüfte und der

Flamme, Tochter eines Sonnenstrahls und eines Regentropfens, ein Wesen, das man weder fassen, noch aufhalten oder fesseln konnte.«

Der Roman »Shirley« erinnert häufig durch seine Sicherheit der Ausführung, durch die Breite des Stils, die ausgiebige und eindringliche Schilderung von Land und Leuten an die Gemälde eines John Crome oder eines Constable: man findet in ihm den typisch englischen Sinn für konkrete Dinge und für die Natur in ihrer ganzen Pracht. Aber wenn man die Zeilen liest, die ich eben zitierte, fällt einem noch der Name eines anderen Malers, nämlich Turner, ein ... Shirley mit den Augen dessen gesehen, der sie liebt — so wie Charlotte Emily sieht — ist ein »Kind der Lüfte und der Flamme«, ein Geschöpf, geboren aus der englischen Phantasie, wenn diese zwischen Sonnenschein und Regenwolken irgendeine göttliche Gestalt hervorbringt, deren die Welt nicht würdig ist und die nur die Poesie aufnehmen kann.

Charlotte Brontë

Kreidezeichnung von George Richmond
National Portrait Gallery, London

XV.

Charlotte in London

»Shirley« erschien am 26. Oktober 1849. Charlotte hielt noch immer daran fest, ihr inkognito beizubehalten, ängstlich darum besorgt, schrieb sie an ihren Verleger, daß man ihre Ruhe nicht störe. Die Vorstellung, daß ihre Vorbilder sich in ihren Romanen erkennen und daher auch sie identifizieren würden, beunruhigte sie nicht. Sie hatte z. B. Roberson, der ihr für Helstone als Vorbild gedient hatte, nur einmal gesehen als sie fünfzehn Jahre alt war, später hatte sie von ihm reden gehört, und das war alles. Wie würde er da auf sie kommen? Und außerdem wußte niemand, daß sie Romane schrieb, niemand konnte sich auch nur vorstellen, daß sie dazu imstande gewesen wäre.

Aber Charlotte täuschte sich. Die ersten Leser von »Shirley« stellten leicht die Orte fest, wo sich die Erzählung abspielte. Ein Liverpooler, der aus Haworth gebürtig war, folgerte nach den Ortsnamen und der Mundart der Leute, daß der Autor aus seinem Dorf sein mußte. Wer aber wäre dort fähig gewesen, »Shirley« zu schreiben, wenn nicht eine der Pastorentöchter des Ortes? Es lebte aber nur noch eine, Fräulein Charlotte, und dieser indiskrete Leser veröffentlichte seine Vermutung in einer Liverpooler Zeitung.

Als am Ende des Jahres Charlotte sich nach London begab, um einen Arzt aufzusuchen, fürchtete sie, nicht mehr unbemerkt bleiben zu können. Die Artikel über ihr Buch wurden immer zahlreicher. Einer der ersten erschien sogar in der

»Revue des Deux Mondes«, »eine europäische und kosmopolitische Zeitschrift« sagte sie. Die Begeisterung war allgemein. Charlotte wohnte bei ihrem Verleger, George Smith, der sich für sie hätte vierteilen lassen, sie spazieren führte und sie mit Leuten zusammenbrachte. Aber das Leben in London erschreckte und verwirrte sie. Es fiel ihr schwer, sich so verschiedenen und so vornehmen Leuten anzupassen. Sie schien in ihre Gedanken versunken, saß mit gesenkten Augenlidern da und hörte dennoch nicht auf, ihre Umgebung zu beobachten. Ihre Gesprächspartner waren überrascht über die Einfachheit ihres Verhaltens und ihrer Kleidung, die an Demut grenzte, über ihre Treuherzigkeit, mit der sich sichtbar eine geistige Kraft verband und über ihren Abscheu gegen jede Effekthascherei. Manchmal, wenn ein Thema sie interessierte, ging sie aus sich heraus und gab Aeßerungen zum besten, deren Klugheit wie rednerische Gewandtheit gleichermaßen frappant wirkten. Bei anderen Gelegenheiten wiederum schwieg sie, gelähmt durch ihre krankhafte Schüchternheit.

Schon seit langem wünschte sich Charlotte, die ziemlich berühmte und heute in Vergessenheit geratene Schriftstellerin Harriett Martineau kennenzulernen. Sie hatte ihr »Shirley« mit einem Brief zugeschickt, in welchem sie sich für die Freude bedankte, die ihr ihre Werke bereitet hatten. Als sie in London war, sandte sie ihr ein paar Zeilen, natürlich mit ihrem Pseudonym gezeichnet, und bat, sie doch empfangen zu wollen.

Fräulein Martineau kannte ihren wirklichen Namen nicht. Sie erwartete sie um sechs Uhr bei Freunden, bei denen sie zu Besuch weilte. So oft es klingelte, wandten sich die Blicke der Anwesenden der Türe zu. Ein baumlanger Herr trat ein: war dies der berühmte Currer Bell? Nein, noch nicht, und man wünschte, daß sich der Herr so schnell wie möglich verabschiedete. Plötzlich öffnete der Kammerdiener die Tür und meldete »Fräulein Brogden«. Auf der Schwelle blieb ein beinahe kindliches Geschöpf stehen, »in großer Trauer« erzählt

Frau Gaskell, »peinlich sauber wie eine Quäkerin, mit herrlichen, glatten, braunen Haaren, schönen Augen, die voller Intelligenz strahlten, und ernstem Gesicht, das Selbstbeherrschung ausdrückte«. Sie zögerte zwischen einigen Personen, die um den Teetisch herumsaßen, dann ging sie gerade auf Fräulein Martineau zu, die sie erkannt hatte.

Diese schrieb in ihrer »Autobiographie«:

»Als sie neben mir auf dem Sofa saß, warf sie mir einen solchen Blick zu — so herzlich und flehentlich — daß ich angesichts ihres schwarzen Kleides und daran denkend, daß sie die einzige Ueberlebende ihrer Lieben war, nur mühevoll ihr zulächeln und meine Kaltblütigkeit bewahren konnte. Ich hätte am liebsten geweint.«

Die beiden Frauen unterhielten sich in vertrautem Ton und bezeugten sich von Anfang an eine gegenseitige, aufrichtige Schätzung.

Doch Charlotte wünschte vor allem die Bekanntschaft von Thackeray zu machen, denn sie stellte ihn höher als alle zeitgenössischen Schriftsteller. George Smith lud ihn zu sich ein. »Ein Titan« nannte sie ihn, ein Wort, in dem seine intellektuelle Macht und seine ungeheure Körpergröße zusammengefaßt ist. Sie nannte ihn auch den »Großtürken« und den »Löwen von Juda«. Wie winzig muß sie neben diesem berühmten Riesen gewirkt haben! Sie reichte ihm nur bis zu seinem Ellenbogen, sagte ein Zeitgenosse. Die Ironie dieses großen Mannes brachte sie in Verlegenheit, und sie hielt sich für dumm. »Ich weiß nicht, was er von mir dachte«, schrieb sie in einem Brief. Wir aber wissen es. Thackeray schrieb: »Ich sah eine schmucklose, kleine Jeanne d'Arc, die uns kühn angriff, unser Leben und unsere leichtfertige Moral rügte.« Als er von den Smith's fortging, begab er sich in das Rauchzimmer des Garrick Club und rief aus: »Meine Freunde, ich komme von einem Diner mit Jane Eyre!«

Lady Ritchie, Thackerays Tochter, erzählte humorvoll eine andere Begegnung, die diesmal bei ihrem Vater stattfand. Sie befanden sich alle im Salon, saßen in der Runde und erwarteten die Romanschriftstellerin, über die sich ganz London unterhielt. Sie sahen »eine kleine, zarte, ernste und blasse Dame« eintreten. Thackeray nannte sie bei Tisch Currer Bell, um sie zu necken. Charlotte, die ihm bis dahin respektvoll zugehört hatte, schüttelte den Kopf und antwortete tapfer, daß sie über die Bücher dieses Schriftstellers sprechen gehört hätte, aber daß sie Fräulein Brontë heiße.

Nach dem Essen kamen mehrere Personen, so das Ehepaar Carlyle und Millais. Jeder erwartete eine glänzende Unterhaltung und beglückwünschte sich dazu im voraus. Aber Charlotte zog sich in eine Ecke zurück und sprach lange, mit leiser Stimme, mit der Lehrerin der Töchter von Thackeray. Auf dem Gipfel der Berühmtheit angelangt, wollte sie in dieser unbekannten Person der namenlosen und gedemütigten Gouvernante, die sie selbst einmal gewesen war, Ehre erweisen. Ihre flüsternde Unterhaltung dauerte etwas zu lange. Das Zimmer war düster, eine Lampe qualmte, und alle Anwesenden wurden verlegen. »Einer der trübsinnigsten Abende meines Lebens«, sagte später eine der Eingeladenen, Frau Procker. Eine Frau Brockfield, die auch zu den Gästen zählte, nahm ihren Mut zusammen und erkühnte sich sogar zu fragen:

»Lieben Sie London, Fräulein Brontë?«

Stille trat ein, und die gespannten Ohren aller hörten eine Antwort, die nur ein Gemurmel war:

»Ja... und nein...«

Erschöpft machte sich der Herr des Hauses auf den Zehenspitzen heimlich davon und verbrachte wieder den Rest des Abends im Carrick Club.

Matthew Arnold, der ebenfalls die Bekanntschaft von Charlotte machte, beschrieb sie folgendermaßen: »Ueber dreißig Jahre alt, häßlich, mit schönen grauen Augen.« Und George Smith, der sehr an ihr hing, zeigt sie »ganz klein, von eigenartigem und altmodischem Aussehen, mit einem für ihren schmächtigen Körper zu großen Kopf. Sie hatte schöne Augen, aber einen zu breiten Mund und einen häßlichen Teint. Sie besaß wenig weiblichen Reiz, und dies verursachte ihr Unbehagen, denn sie war sich dessen ständig bewußt... Ich glaube, sie hätte ihr ganzes Genie und all ihren Ruhm dafür hingegeben, um schön zu sein.«

Am Tag vor ihrer Abreise aus London und mit ihrem Einverständnis, lud George Smith noch einige Freunde zum Essen ein. Unter den sieben Männern, die anwesend waren, befanden sich fünf Kritiker, was sie als ein drückendes Mißverhältnis empfand. Doch durch ihre Fragen angeregt, zeigte sie sich plötzlich lebhaft, geistreich und beredsam. Die Aufregung über diese Unterhaltung verursachte ihr hernach eine vollkommen schlaflose Nacht.

Ihr Gesundheitszustand besserte sich nicht. Sie kehrte überanstrengt nach Haworth zurück, hatte von neuem unter Erkältungen, Kopfschmerzen und Gallenbeschwerden zu leiden. Der Ostwind, der während der langen Tage blies, beunruhigte und bedrückte sie, warf sie wieder in die ängstliche Erwartung des Unglücks, unter dem sie so viel gelitten hatte. Eines Tages konnte sie sich nicht mehr beherrschen und weinte zehn Minuten lang, nachdem sie Tabby, die jetzt achtzig Jahre alt war, geholfen hatte, sich von einem schlimmen Sturz auf den Steinfliesen der Küche wieder zu erheben. Herr Brontë war ans Bett gefesselt. »Charlotte« sagte er zu ihr, »du mußt durchhalten; ich werde zugrunde gehen, wenn du mir fehlst.« Auch Martha wurde krank. Charlotte hielt sich allein aufrecht, um die anderen zu pflegen.

Da zwang sie sich mit plötzlicher Willensanstrengung zur Disziplin. Sie widmete sich völlig den Hausarbeiten, versagte sich die Freude, zu oft an ihre Freunde zu schreiben, denn es betrübte sie, ihre Antworten nicht schnell genug zu erhalten, und dies schwächte ihren Mut. Sie mußte gegen die äußeren Widrigkeiten standhalten und auch ihrer inneren

Schwäche widerstehen. Jeder Tag ihres Lebens brachte Kämpfe.

Indessen, ohne daß sie es ahnte, war ihre Berühmtheit bis zum Dorf gedrungen. Jeder war erstaunt und geschmeichelt, zu erfahren, daß der berühmte Currer Bell, von dem alle Zeitungen sprachen, niemand anders als die Tochter ihres Pfarrers war. Man stürzte sich auf ihre Bücher, man las Herrn Brontë die Seiten vor, wo von seinen Vikaren die Rede war, die von allen lachend erkannt wurden. Eines Tages mußte Charlotte »Herrn Donne« eine Tasse Tee anbieten, und sie fühlte sich sehr erleichtert, daß er ihr nicht böse war. Martha kam begeistert aus dem Dorf heimgerannt und rief:

»Ich weiß was Neues!«

»Was denn?« fragte Charlotte.

»Unser Fräulein hat die zwei größten Bücher geschrieben, die man jemals gesehen hat!«

Die Leute kamen von auswärts, um das Pfarrhaus und den kleinen Garten zu betrachten und vielleicht die Romanschriftstellerin zu erblicken. Der Kirchendiener verdiente sich manche halbe Krone damit, den Fremden Charlotte zu zeigen, wenn sie durch die Straßen ging oder in die Kirche eintrat.

Dieses Gerede und die Neugierde quälten Charlotte. Der Ruhm traf zu spät ein und blieb ungerechterweise nur für sie aufgespart. Das Pfarrhaus war nur noch ein leeres Haus. Herr Brontë schloß sich in sein Zimmer ein, wenn er nicht seine Pfarrkinder besuchte. Er war sehr schweigsam, das Gesicht war infolge des Alters eingefallen, der Hals von einer außerordentlichen, weißen Krawatte umgeben, die vielmehr ein Halstuch war, das ihn bis zum Kinn einhüllte.

Charlotte war ständig allein, selbst bei den Mahlzeiten. »Die einzigen zwei menschlichen Wesen, die mich verstanden und die ich verstand, sind verschwunden.« Auch die Stille, das Schweigen der verlassenen Stätten, die endgültige Abwesenheit ihrer Lieben, vor allem abends, zu der Stunde, wo sie hätte schlafen gehen müssen, bedrückte sie. Sie zog ihre Lektüre und Handarbeiten bis in die Nacht hinaus, aus Furcht vor der Schlaflosigkeit, diesen »schwarzen Stunden« sagt Vigny, wo alles dem Schwermütigen so verzweifelt erscheint.

Tagsüber irrte sie in der Heide herum und suchte im Winde die Seelen ihrer Dahingegangenen. »Es gibt nicht einen mit Heidekraut bewachsenen Hügel, nicht ein Farnblatt oder das Laub eines jungen Heidelbeerstrauches, nicht das Flügelschlagen einer Lerche oder eines Hänflings, wodurch ich nicht an Emily erinnert würde. Der weite Ausblick entzückte Anne, und wenn ich um mich blicke, sehe ich sie in dem bläulichen Licht, in dem blassen Nebel, in den Wogen und den Schatten des Horizonts. Mitten im Schweigen der Hügel fallen meinem Geist wieder ihre Gedichte ein, Vers um Vers, Strophe um Strophe.«

Die Erinnerungen zerrissen ihr das Herz, und ihre zum Paroxysmus gesteigerte nervöse Angst und Unruhe erschöpften und erschreckten sie. Sie konnte es nicht fassen, daß sie die Ueberlebende einer glücklichen Zeit, einer Gemeinschaft sein sollte, die auf immer zerstört war. Um ihre Inniggeliebten wieder zum Leben zu erwecken, ließ sie, wie ich es schon an anderer Stelle bemerkte, »Wuthering Heights« und »Agnes Grey« neu herausgeben, sie fügte ein wunderbares Vorwort hinzu, in welchem sie sagte, was ihre Schwestern waren, um Mißverständnisse zu vermeiden, um ihnen Freunde zu gewinnen, um ihnen den Ruhm zu verschaffen, den sie verdienten, um öffentlich die drei Brontë vereint und unzertrennbar zu zeigen.

Ihre Verleger, die für sie ebensoviel Achtung und Respekt, wie herzliche Bewunderung empfanden, schickten ihr regelmäßig Bücher. Sie stand ununterbrochen mit ihnen in Korrespondenz, deren Charakter viel literarischer war, als die Briefe an Ellen Nussey. Sie diskutierte mit ihnen über die Artikel, die »Shirley« gewidmet waren: der Artikel in der »Times«

war gallig, und sie beklagte sich über den von Lewes in der »Edinburg Review«. G. H. Lewes, ein bedeutender Kritiker und der zukünftige Gatte von George Eliot, hatte mit viel Lob eine Rezension über »Jane Eyre« in »Frazer's Magazine« geschrieben. Er hatte es sogar für notwendig gehalten, dem Autor selbst zu schreiben, um ihm unmittelbar seine Bewunderung auszusprechen. Lewes erkannte Charlottes Genie, doch maßte er sich an, ihr Ratschläge zu erteilen.

Aber wenn auch Charlotte eine aufrichtige Bescheidenheit hinsichtlich ihrer Werke zutage legte, so ließ sie sich die Vorwürfe doch nicht gefallen, die sie unbegründet fand, und wies sie manchmal in bitterem Ton zurück. Ueber andere wiederum dachte sie nach und bemühte sich, die kritisierten Punkte zu verbessern. In bezug auf »Shirley« ließ sie es nicht gelten, daß Lewes jetzt, wo das Geheimnis ihres Namens gelüftet war, hervorhob, daß sie eine Frau war. Sie erriet darin eine verschleierte Nachsicht, sie wollte, daß man sie als Romanschriftsteller ohne Rücksicht auf ihr Geschlecht beurteilte. Die Zeit war noch nicht gekommen, wo Schriftstellerinnen mit Recht Anspruch darauf erhoben, ein ganz anderes Talent als das männliche zu offenbaren und uns dadurch mit bisher noch unbekannten Schilderungen über die menschliche Natur bereicherten.

Charlotte kehrte nochmals für vierzehn Tage nach London zurück. Sie sah dort den Herzog von Wellington, den Held ihrer Jugend, der nun ein Patriarch geworden war. Richmond malte ihr Porträt, das sich jetzt in der National Portrait Gallery befindet; sie sprachen miteinander über den Held von Waterloo, und als er ihre Begeisterung sah, schenkte er ihr eine Kopie des Bildes, das er von Wellington angefertigt hatte. Als Charlotte es nach Haworth brachte, hielt Tabby es für das Portrait von Herrn Brontë. Sie besuchte noch das Unterhaus, die Bank von England und das Gefängnis von Newgate: diese Einsame vom Lande erforschte fleißig die Hauptstadt. Sie hatte mit Thackeray ein zweistündiges Gespräch, konnte endlich ohne Schüchternheit zu ihm sprechen und griff ihn sogar lebhaft an. Sie machte auch die Bekanntschaft Lewes, dessen Gesicht ihr derart Emilys zu ähneln schien, daß sie plötzlich traurig wurde. Das war ihr Blick, ihre Nase, ihr hervorspringender Mund und sogar, in gewissen Momenten, ihr Ausdruck. Sie konnte ihre Tränen nicht zurückhalten.

Von London fuhr sie in Begleitung von George Smith und seiner Schwester nach Schottland und hielt sich kurz in Edinburg auf, das ihr sehr gefiel. Sie wurde von den Kay-Shuttleworth, leidenschaftliche Bewunderer ihrer Bücher, die nach Haworth gekommen waren, um die wirkliche Umgebung kennenzulernen, zu einem Aufenthalt nach Gawthorpe in Lancashire eingeladen. Bei ihnen traf sie Frau Gaskell. Ein Briefwechsel entstand zwischen den beiden Frauen, der zu einer tiefen Freundschaft führte.

In den folgenden Jahren stattete sie den Gaskells in Manchester mehrere Besuche ab. Die Jüngste ihrer Kinder, ein kleines Mädchen, hieß Julia. Diese ließ »ihre Hand in die von Fräulein Brontë gleiten, die kaum viel größer als die ihre war, und beide empfanden sie Freude an dieser Liebkosung, die niemand zu bemerken schien«. Die kleine Julia erriet vielleicht, daß diese geniale Frau Trost brauchte. Und Charlotte empfand zärtlich in der kleinen zutraulichen Hand, die sich schweigend an sie klammerte, die Erinnerung an das Kind, das sie selbst einmal gewesen war und die keine der Brontë aufgehört hatte zu sein.

Charlotte weilte auch bei Fräulein Harriett Martineau in Ambleside zu Besuch. Sie achtete ihren entschlossenen Charakter, ohne ihre Ansichten zu teilen. Fräulein Martineau, eine emanzipierte Person, behauptete Atheistin und Materialistin zu sein. Als »Villette« erschien, widmete sie ihm in den »Daily News« einen strengen und ungerechten Artikel, der vielleicht von der Eifersucht diktiert war, sie kam darin auf den Vorwurf, den man »Jane Eyre« gemacht hatte, wieder zurück und rügte den Zynismus des Autors. Charlotte fühlte sich durch diesen Artikel verletzt, und die Beziehungen zwischen den beiden Frauen hörten auf.

1851 fuhr Charlotte anläßlich der Weltausstellung nochmals nach London. Doch weigerte sie sich wie früher, zuviele Leute zu sehen. Die große Stadt, die glänzende und kultivierte Gesellschaft zog sie an, erschreckte sie aber zugleich. Sie fürchtete, daß ihre körperlichen Kräfte sie im Stich ließen. Wenn sie sich auch ein zurückhaltendes Benehmen und eine außerordentliche Bescheidenheit aufzwang, so geschah es doch manchmal in der Unterhaltung, daß sie bei einem Wort oder einer Idee aus ihrer Schüchternheit herausging, sich mit der Autorität einer großen Intelligenz und mit einer stets spürbaren inneren Erregung ausdrückte. Dann schwiegen alle vor der wirklichen Charlotte Brontë, die ihr Genie offenbarte. Doch diese Nervenanstrengung war zu stark, gleich darauf zog sie sich in sich zurück, senkte die Augen, als wäre sie von diesem Ausbruch ihrer Seele erschöpft.

Sie wohnte einem Vortrag ihres geliebten und wunderbaren Thackeray bei, der in Willis' Rooms, einem großen bemalten und vergoldeten Saal stattfand, wo sich die »Crème der Londoner Gesellschaft« traf. Unter den Anwesenden versteckt, glaubte sie unbemerkt unter so vielen »Herzoginnen und Gräfinnen« bleiben zu können, doch Thackeray kam auf sie zu, um sie seiner Mutter vorzustellen. Danach machte er mehrere Personen auf sie aufmerksam, und die Köpfe wandten sich nach ihr um. Einige Anwesende glaubten, weil sie aus Yorkshire stammten, sie begrüßen zu dürfen. Und als der Vortrag beendet war, stand diese ganze vornehme Welt Spalier, um den Autor von »Jane Eyre« und »Shirley«, die kleine Person, die schrecklich verwirrt und fast ohnmächtig war, vorbeigehen zu sehen.

Charlotte wurde auch vom Marquis von Westminster und von Lord Ellesmere eingeladen. Aber die Aufmerksamkeiten, die ihr die Großen der Welt erwiesen, so wertvoll sie auch in einer so strengen hierarchischen Gesellschaft wie der englischen waren, machten sie nicht stolz. Sie besichtigte weiter London: den Crystal Palace, wo sich die Weltausstellung befand und die Gemäldeschau in Somerset House. Eines Sonntags ging sie in die Kirche, um der Predigt des großen protestantischen Geistlichen Merle d'Aubigné beizuwohnen und sagte darüber: »Es war angenehm, halb sanft, halb traurig, es beeindruckte mich sonderbar, noch einmal französisch sprechen zu hören.« Aus demselben Grund ging sie ins Theater, um die Rachel spielen zu sehen. Sie war vor Erregung und Entsetzen erschüttert: »Eine Schlange, ein Dämon«, sagte sie. Sie wohnte auch einer Konfirmation in der Kapelle der Spanischen Botschaft bei, und die Zeremonie erschien ihr »pietätlos und theatralisch«.

Als sie aber in die Einsamkeit von Haworth, in dieses von einem Friedhof umgebene Grab zurückkehrte, wurde ihr dieser Gegensatz zu dem lebhaften Treiben in London schwer ertragbar. Sie versank in vollständige Mutlosigkeit. Sie hatte einen Roman begonnen, der den Titel »Villette« trug und ein Meisterwerk wurde, aber es fiel ihr sehr schwer, an ihm weiter zu arbeiten. Wenn ihr die Inspiration fehlte, versuchte Charlotte nicht, sie zu erzwingen; sie wartete manchmal sehr lange, bis diese sich wieder einstellte. Während dieser Unterbrechungen der Gesellschaft ihrer Romangestalten beraubt, fühlte sie ihre Einsamkeit noch drückender.

Im Laufe des Winters 1851—52, nach einem Spaziergang im Schneesturm, erkältete sich Charlotte in dem schlecht beheizten Haus, zog sich eine Bronchitis zu, die zu einer Lungenentzündung führte. Ihre Kräfte nahmen sehr rasch ab und schwächten sie außerordentlich. Sie konnte nur noch ein wenig Tee zu sich nehmen, den ihr Martha löffelweise einflößte. Ihre Schlaflosigkeit, die ihr jedes wirkliche Ausruhen versagte, ihre Neuralgien, der Schmerz, der in ihrer Brust brannte, all dies verdoppelte ihre Niedergeschlagenheit. Und ihr Arzt, der bei ihr nur ein Leberleiden feststellte, verschrieb ihr schwere Mittel, die bei ihrem so überaus empfindlichen Organismus Störungen hervorriefen.

Charlotte fühlte sich so elend, daß sie Ellen Nussey bat, zu ihr zu kommen, um ihr auf einige Tage Gesellschaft zu leisten. Ihre Kräfte mußten wirklich am Ende sein, wenn sie, die sich stets beherrschen und sich selbst vergessen wollte und dies auch erreichte, nun in verzweifeltem Ton um die Anwesenheit eines anderen bat. Aber sie litt zu sehr. Sie schrieb später, als sie an diese Zeit zurückdachte:

»Meine Einsamkeit verschlimmerte alle meine Leiden. Im Laufe dieser Nächte und dieser so langen, so stürmischen Tage, empfand ich ein solches Verlangen nach einer Stütze und nach Zärtlichkeit, daß ich es nicht in Worte fassen kann. Ich war erschöpft, unfähig mich zu beschäftigen, nachdem ich Nacht für Nacht nicht schlafen konnte. Tag für Tag blieb ich sitzen, und als einzige Gesellschaft hatte ich nur die traurigsten Erinnerungen. Es war eine Zeit, die ich niemals vergessen werde. Aber Gott hat sie geschickt und zweifellos zu meinem Besten.«

Als sie endlich wieder hergestellt war, luden die Nusseys sie zu sich ein. Sie blieb eine Woche bei ihnen, kam dann zurück, um sich stoisch wieder im Pfarrhaus einzuschließen. Ihre Freunde waren der Ansicht, daß das Klima von Haworth und die Traurigkeit des Hauses auf sie einen unheilvollen Einfluß hatten; sie rieten ihr, zu verreisen und sich woanders Zerstreuung zu suchen. Aber sie wollte auf dem Posten bleiben, den ihr die Vorsehung zugewiesen hatte: bei einem alten und kranken Vater und zwei Schritte von der Kirche entfernt, wo ihre Angehörigen ruhten. Ihre eigensinnige Natur war auch mit allen Fasern ihres Herzens treu: alles, was auch nur entfernt einer Verleugnung, einem Verrat, einer Pflichtvergessenheit oder auch nur einer Nachlässigkeit ähnlich sah, erweckte in ihr Abscheu. In jedem Sinne des Wortes war sie eine loyale Seele.

Und dann, nach qualvollen und trübsinnigen Wochen, begann endlich der Südwestwind zu wehen. Charlotte fühlte sich besser, richtete sich wieder auf, wie eine Pflanze, wenn die Sonne wiederkehrt. Ihre Phantasie meldete sich wieder, und es packte sie die Lust zu schreiben. »Villette« erwachte erneut zum Leben und gedieh auf dem Papier. Im Oktober 1852 sandte sie den ersten Teil ihrem Verleger zu und bat ihn, mit absoluter Offenheit zu kritisieren. Ueber ihre früheren Romane hatte sie mit ihren Schwestern sprechen und ihre Ansicht erbitten können. Diesen aber, den sie von Anfang bis Ende ganz allein entworfen hatte, glaubte sie nicht beurteilen zu können. Smiths Meinung war sehr günstig, und er beruhigte sie. Im November sandte sie ihm den Rest des Werkes.

»Villette« wurde in Druck gegeben. Ein letztes Mal kam Charlotte nach London. Sie begann wieder die methodische Erforschung der Stadt und besuchte die Gefängnisse, die Krankenhäuser, die City, als wollte sie das Bild einer Welt vervollständigen, die sie nicht mehr wiedersehen sollte.

XVI.

Villette

»Villette«, der wahrste und menschlichste von Charlottes drei Romanen, erzählt die Geschichte einer jungen Engländerin, die nach Brüssel geht, um in einem Pensionat zu unterrichten und sich in den Direktor verliebt.

Dieses einfache, jedoch durch die persönlichste und schmerzlichste Erfahrung Charlottes bereicherte Thema, inspirierte sie bereits für den ersten Roman (»Der Professor«), den sie versucht hatte zu veröffentlichen. Dieser wurde von allen Verlegern, denen sie ihn vorgeschlagen hatte, abgelehnt und erschien später nur dank des Erfolges von »Jane Eyre«.

Im »Professor« veränderte Charlotte ihre Erlebnisse und verwandte Umschreibungen. Es ist nicht eine junge Engländerin, die in einem belgischen Pensionat angestellt wird, sondern ein junger Engländer. Er verliebt sich nicht in die Direktorin, sondern in Fräulein Henri, die damit betraut ist, den Schülerinnen des Instituts die Herstellung von Spitzen beizubringen. Er wird von ihr nicht abgewiesen, sondern im Gegenteil: er heiratet sie, sie haben Kinder und kehren nach England zurück. Im ersten Entwurf von »Villette« gab Charlotte eine getreue Schilderung ihrer Brüsseler Jahre, aber sie hatte darin nichts von ihren grausamen Enttäuschungen, von ihren körperlichen Leiden und von ihrer Einsamkeit verraten. Es schien, als hätte sie versucht, das, was geschehen war zu maskieren, es durch die Phantasie ins Gute umzukehren, um sich ein wenig durch die Beschreibung eines Glücks zu trösten, das ihr verwehrt war.

Der »Professor« beginnt wie »Villette« und »Jane Eyre« mit Ereignissen, die mit dem eigentlichen Inhalt des Werkes nicht eng zusammenhängen. Man könnte sagen, der Autor erprobt die Feder, bevor er sich dem wirklichen Thema zuwendet. Hier beginnt er damit, uns seinen Helden, den zwanzigjährigen William Crimsworth vorzustellen, der seinen ältesten Bruder Edouard um eine Stelle in seinem Handelshaus angeht. Edouard hat einen herrschsüchtigen, brutalen, sogar rohen Charakter. Sehr schnell überwerfen sich die beiden Brüder.

William folgt nun dem Rat eines nervösen, höhnischen Mannes names Hundsen, der sich für ihn interessiert, und fährt nach Brüssel. Er wird als Lehrer der englischen Sprache bei Herrn Pelet, einem zynischen Franzosen, angestellt, der ein Pensionat für junge Leute unterhält. Und nun beginnt erst der eigentliche Roman.

Ein gewisses Fräulein Reuter leitet in der Nachbarschaft ein Institut für junge Mädchen. Auf Empfehlung von Pelet kann William auch dort Stunden geben. Fräulein Reuter ist zugleich kokett und heuchlerisch. Man erkennt bei ihr mühelos die moralischen Züge von Frau Héger oder zumindest die Charaktereigenschaften, die Charlotte ihr zuschrieb. Sie ist rundlich, mit Sorgfalt gekleidet und trägt eine unerschütterliche Ruhe zur Schau. Sie vertieft sich in ihre Strickarbeit, aber beobachtet, merkt und berechnet alles um sich herum. Sie glaubt nicht an die Uneigennützigkeit, sie verachtet die Zärtlichkeit, die Begeisterung, sie schmeichelt den Leuten, um sie zu beherrschen. Mit raffinierter Verstellung weiß sie jedem beizukommen. Sie nähert sich ziemlich schnell dem jungen Mann. William ist entflammt, doch entdeckt er eines Nachts, als er beim Mondschein im Garten eine Unterhaltung anhört, daß Pelet und Fräulein Reuter sich lieben und ihn zum Narren gehalten haben.

Zuerst ist er entrüstet, dann faßt er sich wieder, überwindet die Kränkung und entdeckt bald unter dem Dach von Fräu-

Patrick Branwell Brontë

Nach einem Schattenriß

lein Reuter die junge Francis Evans Henri. Er ist von ihrer edlen und zarten Natur, von ihrem Pflichtgefühl, ihrem Arbeitseifer, ihrem Anstand und ihrer Redlichkeit entzückt. »Sie war frei und standhaft in ihren Entschlüssen, wenn es nur um sie ging, sie zögerte niemals, ihre Neigungen zu opfern, wenn sie das für richtig hielt; sie fühlte sich den Charakterschwächen anderer gegenüber gelähmt und konnte nicht gegen deren Gewohnheiten und Fehler, besonders bei Kindern, die mit Vernunft nicht zu zähmen waren und sich meistens nicht überzeugen ließen, ankämpfen«. Sie ist nicht sehr schön, natürlich ohne Vermögen, sie ist blaß und melancholisch, zierlich und hat zarte Hände. Aber ihre Augen, von zurückgehaltenen Tränen verschleiert, leuchten wenn sie glücklich ist... Wenn man alle diese Züge vereinigt, stimmen sie dann nicht mit Charlottes eigenem Bild überein?

Fräulein Henri ist Genferin, Tochter eines Pastors, denn, wohlverstanden, William kann sich nur in eine Protestantin verlieben. Sie hängt sehr an ihrem Land, derart sogar, daß sie es energisch verteidigt, als man es eines Tages vor ihr angreift; nichtsdestoweniger empfindet sie eine große Bewunderung für England, wohin sie gerne gehen würde. Kurzum, eine vollkommene Person.

Doch das eifersüchtige Fräulein Reuter entläßt sie, weil ihr der junge Engländer Interesse entgegenbringt. Man versucht, ihre neue Adresse vor Williams zu verheimlichen, doch er findet Fräulein Henri wieder und besucht sie. Fräulein Reuter heiratet Pelet; tugendhaft bittet William um seine Entlassung, denn er ist sich darüber klar, daß er der jungen Frau nicht ganz gleichgültig ist, er will nicht durch sein Verbleiben im Hause Gefahr laufen, Herrn Pelet ein Unrecht anzutun.

Nun ist er ohne Stellung, doch dank der Hilfe von Herrn Vandenhuten, Vater eines Kindes, das er vor dem Ertrinken rettete, erhält er eine gutbezahlte Stellung im Brüsseler Gymnasium. Er heiratet Fräulein Henri zur Zufriedenheit von

Hundsen, der sie besuchen kommt. Das junge Paar begnügt sich damit nicht, es gründet ein Pensionat, das bald eines der ersten der Stadt wird, und verwirklicht so den gescheiterten Traum der Geschwister Brontë. Beide Eheleute erteilen Unterricht, sie sind beide gleich emsig, ernst und würdig. Den Abend verbringen sie im zärtlichen Beisammensein, nur gegen neun Uhr geht Frau Crimsworth nachschauen, ob der kleine Viktor ruhig schläft. Es sei noch hinzugefügt, daß sie dank der Herren Vandenhuten und Hundson ihre Ersparnisse sehr vorteilhaft anlegen. Nach zehn Jahren — William ist nun in den Dreißigern — gehen sie nach England, ziehen sich aufs Land, in ein bequemes, von Rosen umranktes Haus zurück. Um ihre Genugtuung zu vervollständigen, erfährt man, daß in der Familie Pelet nicht viel Harmonie herrscht.

Ein Verleger, dem Charlotte das Manuskript vom »Professor« vorgelegt hatte, begründete seine Ablehnung mit der Kritik, daß es dem Roman an unerwarteten Ereignissen mangle, und um auf diesen Vorwurf zu antworten, gab Charlotte später »Jane Eyre« eine dramatische Wendung. Aber der Verleger hätte noch andere Argumente vorbringen können. Der »Professor« ist ein oberflächliches Werk, mit einer moralisierenden Phraseologie und ähnelt ein wenig zu sehr den Romanen von Anne. Man findet darin zwar richtige psychologische Angaben, die von der Banalität des Hintergrundes abstechen, wie beispielsweise die gewandte Heuchelei Fräulein Reuters, doch reichen sie nicht aus, um die Erzählung zu füllen. Wenn Hundsen mit seiner galligen Laune etwas pittoresk wirkt, so ist er doch nur ein Statist am Rande der Handlung, während William, die Hauptperson, von einer Blässe und Weichheit ist, die fast an Ohnmacht grenzt. Was Fräulein Henri anbelangt, so ist sie eine Gestalt aus einem Album anmutig, makellos, doch bringt uns dieses Uebermaß ihrer Vollkommenheit schließlich zur Verzweiflung.

Das Werk ist von einem Optimismus getränkt, der schwer zu erklären ist. Wie konnte Charlotte bei der Behandlung eines solchen Themas, das in ihr alle die uns bekannten Erinnerungen wachrief, es mit so reiflicher Ueberlegung konventionell gestalten und einen glücklichen Ausgang erfinden? Dennoch erkennt man stellenweise den Ausdruck ihrer Empfindsamkeit und Anspielungen auf ihre eigenen Leiden. So kann sie es sich nicht versagen, den Friedhof, wo Marthe Taylor beerdigt wurde, heraufzubeschwören. Dort findet William Francis Evans wieder, und Charlotte scheint dieses Zusammentreffen unter den Segen ihrer kleinen, verlorenen Freundin stellen zu wollen. Bei einer anderen Gelegenheit spielt William auf einen »Verrat im Freundeskreis« an, der für den Unbeteiligten ebenso interessant wie romantisch ist, den er aber aus nächster Nähe erlebte und der ihn mit Ekel erfüllte, denn er sah dabei »eine durch die Lüge entwürdigte Seele«. Nachdem man in dem Roman keinen Anhaltspunkt findet, der diese Bemerkung rechtfertigt, muß man dabei an die Liebeleien von Branwell denken. Noch an einer anderen Stelle ist William, nachdem er seinen Heiratsantrag vorbrachte und sich auf dem Gipfel des Glücks fühlt, von einer Anwandlung herzergreifender Melancholie befallen, die im Kontrast zu seinem Charakter, wie auch mit den Umständen steht. William ist tatsächlich, wie es Swirnburne über Louis Moore in »Shirley« sagte, eine Frau und sogar ein junges Mädchen als Mann verkleidet, eine psychologische Travestie. Charlotte hat hier eine Beschreibung ihrer eigenen Leiden, ihre irren Befürchtungen, unter denen sie so sehr gelitten hatte, unbemerkt hineinschieben wollen. Und hingerissen von dieser verschleierten Beichte fährt sie fort: Die Traurigkeit »war der Gefährte und der Gast meiner Kindheit... Ist es da verwunderlich, daß ich einer Zauberin begegnete, als ich in unsteten Träumereien verloren war (Wahrlich, der praktische und vernünftige William besitzt nicht viel Phantasie!), mit einem Herzen voller Zärtlichkeiten, das niemanden zum Lieben hatte und voll glühendem Verlangen und finsteren Perspektiven, mächtigen Wünschen und winzigen Hoffnungen war...«

Nein, wahrhaftig, diesem William fällt das Glück zu bequem zu, ein bescheidenes, tugendhaftes und sentimentales Glück, das nichts von der Romantik, der Herbheit und der Mystik der Brontë besitzt. Ich habe bereits die Vermutung ausgesprochen, daß Charlotte vielleicht auf diese Weise sich über ihre Enttäuschungen zu trösten suchte. Noch eine andere Hypothese ist möglich. Sie hatte diesen Roman geschrieben, um zu versuchen, etwas Geld zu verdienen. Vielleicht glaubte sie, daß ihr dies besser gelingen würde, wenn sie sich auf das gleiche Niveau mit dem durchschnittlichen und gesitteten Publikum ihrer Zeit stellte. Glücklicherweise besaßen die Verleger mehr Scharfblick und Geschmack als Charlotte. Sie verfaßte danach »Jane Eyre« nicht um anderen zu gefallen, sondern sich selbst, nicht um einem geruhsamen Ideal die Ehre zu erweisen, sondern um die Leidenschaft mit ihren Gefahren und ihren Schmerzen zu rühmen. Da zeigte sie sich so, wie sie war. Der Autor vom »Professor« ist nicht die wahre Charlotte.

*

Gegenüber diesem fehlgeschlagenen Versuch erweist sich »Villette« als ein glänzendes Meisterwerk. Doch bevor man seinen Inhalt erzählt, kann man leicht eine Anfangsepisode absondern; sie genügt an sich und gibt eine wunderbare Schilderung der Leidenschaft eines Kindes.

Lucy Snowe (»Villette« ist wie der »Professor« und »Jane Eyre« in der Ichform geschrieben), ein junges Mädchen ohne Vermögen, weilt zur gleichen Zeit wie die kleine Polly bei ihrer Patin, Frau Bretton, zu Besuch. Polly, deren Mutter nicht mehr lebt, vergöttert ihren Vater, Herrn Home, der ihr die gleiche Liebe entgegenbringt. Herr Home muß jedoch für längere Zeit verreisen, und beide leiden grausam unter dieser Trennung. Polly ist schweigsam, nachdenklich, empfindlich. Sie ist von einer konzentrierten Glut, von einer bei einem so kleinen, schwachen Wesen wirklich rührenden Entschlossenheit. Sie begreift nicht, was in der Welt der Erwachsenen vor sich geht und versteht noch weniger, was sich in ihrem Inneren abspielt.

Frau Bretton hat einen einzigen Sohn, John; er ist ein ungefähr fünfzehn Jahre alter, fröhlicher und spöttischer Junge. Nun begibt es sich, daß die zarte Polly den Jüngling zuerst mit Staunen, dann mit Bewunderung betrachtet. Dieser läßt sich bewundern, ja sogar bedienen, und eine enge Vertrautheit entsteht zwischen ihnen. Für John ist dies nur Kameradschaft, gemischt mit Ungeniertheit und Egoismus, für Polly aber ist es ein ungeheures Bedürfnis der Ergebenheit, eine ständige Aufmerksamkeit; trotz des Alters, und obgleich das Wort nie ausgesprochen wird, weder von den Beteiligten, noch vom Autor, ist dies die Liebe. Und nichts ist zarter, scharfsinniger, wie die Heraufbeschwörung eines so starken, so unermeßlichen Gefühls bei einem ganz kleinen Mädchen.

Nach einiger Zeit holt Herr Home Polly ab und führt sie weit weg. Lucy Snowe nimmt bei einem gewissen Fräulein Marchemont eine Stellung als Gesellschafterin an. Nachdem diese gestorben ist, begibt sie sich nach London und wohnt natürlich im Chapter House. Von dort schifft sie sich nach Belgien ein, um auf dem Festland ihr Glück zu versuchen.

Auf dem Schiff macht Lucy die Bekanntschaft der sehr schönen und sehr unbesonnenen jungen Engländerin Ginevra Fanshawe, die ihre Studien in Brüssel beenden will und in dieser Stadt von ihrem Paten, Herrn de Bassompierre, aufgenommen wird. Wenn es sich Charlotte erlaubte, dieser Person einen der Wirklichkeit entlehnten Namen zu geben, so sind dafür ihre geographischen Bezeichnungen höchst phantastisch. Ostende wird unter ihrer Feder Boue-marine (Seeschlamm), Brüssel ist Villette (Städtchen) und Belgien nennt sie Labassecour (Hühnerhof).

Ginevra machte Lucy auf Frau Beck aufmerksam, die für ihre Schule in Villette eine englische Gouvernante sucht, und

Lucy will sich bei ihr vorstellen. Aber bei ihrer Ankunft in der großen Stadt findet sie ihren Koffer nicht mehr und weiß nicht, wohin sie gehen soll. Glücklicherweise erhält sie im Postkutschenbüro von einem großen Engländer, der einen offenherzigen und anständigen Eindruck macht, die notwendigen Auskünfte. Lucy gelangt schließlich zum »Pensionat de demoiselles«, stellt sich bei Frau Beck vor und wird angestellt.

Wie im »Professor«, aber mit noch größerer Genauigkeit beschrieben, finden wir hier die Schule von Herrn und Frau Héger wieder: ihre Klassen, ihre Korridore, den großen Garten und die »verbotene Allee«, ihre Mahlzeiten, ihre gemeinsamen Gebete, ihre Glockenschläge, die lärmende Lebhaftigkeit der Schüler, die eintönige Rezitation der Lektionen, das Getobe in den Pausen. Und da ist auch Fräulein Reuter, eine vergröberte Frau Héger, doch ist sie, unter dem Namen von Frau Beck, ein viel komplizierteres und furchtbareres Fräulein Reuter.

Frau Beck ist klein und beleibt, anmutig, mit frischem Teint und einem schmalen Mund, der hart werden kann. Sie ist liebenswürdig und besitzt viel Selbstbeherrschung. Stets ist sie beschäftigt, hat das Auge überall, ist aber niemals zerfahren; sie überwacht ihr Pensionat von oben bis unten und leitet es mit Autorität. Sehr eigennützig, skrupellos, unfähig, ein ihr entgegengebrachtes Gefühl zu erwidern, spielt sie ihre Rolle mit Geschicklichkeit und unglaublicher Ausdauer.

Ihre größte Leidenschaft ist die Neugierde, die in Spionieren ausartet. So schreckt sie z. B. nicht davor zurück, in den Papieren und Kleidern der Lehrerinnen und Schülerinnen herumzuwühlen; sie horcht an den Türen, blickt durch die Schlüssellöcher und schleicht lautlos in ihren Pantoffeln herum. An ihrem Fenster ist ein Spiegel angebracht, durch den sie alles erspäht, was im Garten vor sich geht. Verschwiegen, durch nichts aus der Fassung zu bringen, falsch, behauptet sie ihren Platz wie »ein Ministerpräsident oder ein

Polizeipräfekt«, sie ist voller gewandter Verschlagenheit und unsagbar heuchlerisch. Das ist das prächtige Bild, das Charlotte von ihr entwirft.

Wenn auch Lucys Schülerinnen »offen, freimütig, barsch und sogar ein wenig aufsässig« sind, wie es Charlotte französisch angibt (das Buch ist mit französischen Phrasen gespickt), so wird sie doch ganz gut mit ihnen fertig. Man sieht, daß der Autor sozusagen aus erster Hand mit den Schwierigkeiten vertraut ist, die eine unfolgsame und spottlustige Klasse einer jungen, noch dazu fremden Lehrerin bereiten kann. Sie bemüht sich manchmal ziemlich umständlich, uns für die Art und Weise zu interessieren, in der Lucy ihren Unterricht erteilt, wie sie gegen die Undiszipliniertheit kämpft und auf ihre Schülerinnen bald durch Gelassenheit, bald durch Ueberredung einwirkt. Aber das Pensionat ist nicht nur ein Ort, wo Unterricht erteilt wird, es spielen sich dort auch Ereignisse ab, die dem Roman den Schwung geben und uns weit mehr interessieren, als die pädagogischen Angelegenheiten.

Ginevra Fanshawe wurde durch ihren Paten bei Frau Beck untergebracht. Sie beichtet Lucy mit einer Mischung von Geringschätzung und Unbekümmertheit, daß sie einen Liebhaber hat, der sie mit Geschenken überhäuft. Sie nennt ihn Isidore und erzählt, mit welchem Vergnügen sie ihn aufzieht. Da die Kinder von Frau Beck krank werden, läßt man Dr. John, einen jungen englischen Arzt rufen, der sich als Isidore und auch als jener Unbekannte entpuppt, der sich Lucys so höflich bei ihrer Ankunft in Brüssel angenommen hatte. Lucy findet den jungen Mann mit der imponierenden Gestalt, seinem humorvollen Lächeln, seinem »vollen, gespaltenen, griechischen und vollkommenen« Kinn sehr verführerisch. Charlotte hat ihn nach ihrem eleganten Verleger, George Smith, beschrieben. Lucy tadelt — wie sie glaubt, lediglich aus rein moralischen Gründen — Ginevra wegen ihrer Koketterie. Sie fürchtet auch Frau Beck, die dem jungen Mann sehr gefällige Blicke zuwirft und ihn sogar — nach dem

Gerede in der Schule — trotz des Altersunterschiedes zum Ehemann begehrt. Zum Schluß verdächtigt sie sogar Rosine, die schöne Pförtnerin, eine gewisse Schwäche für den schönen Engländer zu haben. Und all diese eifersüchtige Unruhe enthüllt bei Lucy ein Gefühl, das immer stärker wird.

Der Gewohnheit gemäß trifft das Pensionat Vorbereitungen, um den Geburtstag der Direktorin feierlich zu begehen, was mit einem Imbiß im Garten, einem Ball, einem Souper und einer vorangegangenen dramatischen Theateraufführung verbunden ist. Diese wird von Herrn Paul organisiert, dem wichtigsten Lehrer des Instituts und Vetter von Frau Beck. Paul Emanuel ist zum größten Teil Herr Héger. Doch die Jahre sind vergangen, und Charlotte entwirft sein Bild mit klaren Blicken, in feiner Abstufung ironischer Einzelheiten. Und sie stattet ihn mit einem so wunderbaren Leben aus, daß seine Person bald den Roman beherrscht.

Er ist »ein kleiner, schwarzer Mann, gallig und rauh«, mit geschorenen Haaren, weit offenen Nasenlöchern, er hat »die Maske eines intelligenten Tigers«. Er trägt eine griechische Mütze, deren Quaste an der linken Schläfe herunterhängt. Er ist autoritär und unbändig, reizbar, wunderlich. Da eine Darstellerin bei der Aufführung, die im Pensionat veranstaltet wird, fehlt, veranlaßt er Lucy, diese Rolle zu lernen; sie vergißt ihre Schüchternheit und spielt so gut, daß sie sein Interesse erweckt.

Die großen Ferien beginnen, und jetzt ist Lucy allein in der leeren Schule. Nun macht sie eine Krise durch, die sehr jener ähnlich ist, die Charlotte kannte, eine Krise der Melancholie und des Ueberdrusses. Eine tiefe Angst vor der Zukunft und eine nervöse Niedergeschlagenheit bemächtigen sich ihrer. Sie irrt wahllos in langen Spaziergängen durch die Stadt, leidet vielmehr an Schlaflosigkeit oder Angstträumen. Sie betet zu Gott und träumt von der Liebe. Eines Tages, auf dem Höhepunkt ihres Kummers angelangt, tritt sie in eine Kirche ein und vertraut sich einem Geistlichen, der ihr gütiges Verständnis entgegenbringt. Auf dem Heimweg verirrt sie sich in einem Labyrinth von Straßen, ihre Kräfte verlassen sie, und sie sinkt ohnmächtig um.

Als sie aus ihrer Ohnmacht erwacht, befindet sie sich in einem hellen Zimmer, wo ein angenehmes Feuer brennt. Wie durch eine seltsame Verzauberung glaubt sie die Möbel, die Miniaturen und Nippsachen zu erkennen. Ist dies nicht die Einrichtung ihrer Patin, dieser guten Frau Bretton aus den ersten Kapiteln des Romans? Aber natürlich, sie ist es, sie hat sich in Belgien niedergelassen und lebt hier mit ihrem Sohn Graham, der kein anderer ist als Dr. John. Doch weder er, noch die alte Dame erkennen Lucy Snowe, und so fällt ihr die Aufgabe zu, ihnen die Augen zu öffnen. Man muß schon gestehen, daß diese plötzliche Wendung, diese willkürlichen Zufälle, den Leser durch ihre Unwahrscheinlichkeit stutzig machen.

Die Brettons behalten Lucy bei sich, um sie bis zu ihrer Gesundung zu pflegen. Der Doktor fragt sie über Ginevra aus, in die er stark verliebt ist, und sie versucht, ihn über die Leichtfertigkeit dieses koketten Mädchens aufzuklären. Aber er weigert sich, ihr Glauben zu schenken, denn er ist arglos und voller Eigenliebe. Manchmal streiten sie sich deswegen, manchmal wiederum besuchen sie in guter Kameradschaft die Gemäldegalerien.

Eines Tages, als Lucy sich allein in einem Museum befindet, trifft sie dort Herrn Paul. Er schilt sie aus, weil sie ohne Begleitung ausgegangen ist und nackte Figuren betrachtet. Vor einer »Cléopatra« erklärt er, daß er diese Person »weder zur Frau, noch zur Tochter, noch zur Schwester« haben möchte, gewiß eine drollige Art Bilder zu beurteilen. Herr Paul ist fromm, unbeugsam in Dingen der Tugend, ein feierlicher Pendant, ein unentwegter Philister, und jeder neue Charakterzug, den uns der Autor von ihm berichtet, formt eindrucksvoll sein Profil.

Nachdem die Ferien zu Ende sind, kehrt Lucy zur Schule zurück. Herr Paul beobachtet sie. Er sieht, sie ist traurig, er stellt fest, daß sie einen Brief erhält — tatsächlich hat Dr. John versprochen, ihr zu schreiben — er zeigt sich jähzornig, anspruchsvoll und vor allem interessiert. Seine Wutausbrüche bringen seine Schülerinnen zum Weinen. Was den Brief betrifft, so liest ihn Lucy bei Kerzenschein in der Bodenkammer, und zwar mit klopfendem Herzen, da John Ginevra nicht mehr liebt. Auf einem Konzert, wohin er Frau Bretton und Lucy führte, hatte er festgestellt, daß das junge, leichtsinnige Mädchen seine Mutter mit ihrer Lorgnette musterte und über die alte Dame zu spotten schien. Diese Unverschämtheit heilte ihn sehr rasch. Das Schicksal hat für ihn übrigens eine andere Liebe aufbewahrt. Als er eines Tages, wie stets, mit Lucy ins Theater geht, um einer berühmten Tragödin Beifall zu zollen, bricht wegen Feuersgefahr unter dem Publikum eine Panik aus. In dem Gedränge hebt John ein junges Mädchen auf, das fast zertreten wurde. Mit Hilfe ihres Vaters, eines Engländers, trägt er sie hinaus. Dann begeben sich alle in die Wohnung dieser Fremden, und John pflegt die Unbekannte, die klein, sehr zart und sehr schön ist.

Auch hier ein neuer und lächerlicher Theatercoup. Dieser Engländer ist natürlich Herr de Bassompierre, der Pate von Ginevra. Erst seit einigen Jahren trägt er diesen belgischen Namen, den er von seiner verstorbenen Frau übernahm, und mit diesem Adelstitel erbte er auch zugleich ein Vermögen. In Wirklichkeit heißt er Herr Home, und seine Tochter ist niemand anders als Paulina, die kleine Polly aus dem ersten Kapitel von »Villette«. Man staunt, daß weder die Brettons, noch Lucy, nachdem nur zehn Jahre seit ihrem letzten Wiedersehen vergangen sind, den Vater und die Tochter nicht erkennen. Dies umsomehr, als Paulina noch immer dieselbe ist, zugleich empfindlich und zurückhaltend, von großer Charakterstärke unter ihrer zarten Erscheinung, mit dem Aussehen einer Fee, welche die Sanftheit und Anmut einer kleinen Katze besitzt. Ihre Cousine Cinevra beneidet sie und macht ihr trotzdem vertrauliche Geständnisse, wobei sie John verleumdet. Paulina ist über diese Erzählungen betrübt, denn seit ihrer Kindheit fühlt sie sich mit ihrem ehemaligen Spielkameraden verbunden. Er glaubt, daß er ihr gleichgültig sei und leidet darunter, denn er fühlt sich zu ihr hingezogen. Lucy, die alle beide liebt, sieht mit zerrissenem Herzen ihrer immer intimer werdenden Freundschaft zu. Dies gleicht ein wenig der Situation Carolines zwischen Shirley und Moore.

Indessen versäumt Herr Paul keine Gelegenheit, um Lucy seine schlechte Laune oder vielmehr eine sonderbare Mischung von Achtung und Groll zu bezeugen. In der Schule widerhallen die Klassen von seinen Wutausbrüchen, er führt ein Schreckensregiment. Dann wieder sieht man diesen launenhaften und reizbaren Mann plötzlich in Lachen ausbrechen. Ein anderes Mal ergreift er ein Buch und liest mit leidenschaftlichem Impuls und lauter Stimme eine Tragödie vor. Er hält Lucy vor, »dickköpfig«, barsch und launisch zu sein und fügt zu diesen Fehlern, die gerade seine eigenen sind, noch den Vorwurf der Leichtfertigkeit hinzu. Im Grunde genommen ist dieser würdige Lehrer sehr gefallsüchtig. Lucy ist über sein Benehmen erstaunt, sie protestiert gegen seine Vorhaltungen und entdeckt erst nach und nach, daß er eifersüchtig ist.

Er besteht darauf, die Ausbildung des jungen Mädchens zu vervollständigen, er verpflichtet sie, an der schriftlichen Prüfung im Französischen teilzunehmen. Dieser autoritäre Charakter will andere beherrschen, und vielleicht findet er, wie Rochester, in der Grausamkeit seiner Herrschsucht eine gewisse Freude. Wenn er seinen Gesprächspartner genügend zurechtgewiesen, verwirrt und verletzt hat, wird er wieder liebenswürdig und sogar schmeichlerisch. Mit allen Mitteln sucht er sich des Geistes des anderen zu bemächtigen, und zwar — wie er es selbst sagt — in der Art eines »weltlichen Jesuiten«. Es ist noch zu bemerken, daß alle diese seltsamen als Unterricht maskierten Kämpfe, die ebenso heimtückischen wie heftigen Verweise und die Zwiegespräche zwischen den Schulbänken, sehr pedantisch sind. Herr Paul ist ein leidenschaftlicher Mann, aber auch ein Schulmeister.

Doch er wird uns noch eigenartiger erscheinen. Lucy entdeckt seinen Roman, als Frau Beck sie in ein altes Haus der unteren Stadt zu Frau Walravens schickt, um der alten Dame Obst zu bringen: Herr Paul war einst in die Enkelin dieser Dame verliebt. Ihre Eltern haben ihm die Hand des jungen Mädchens verweigert. Sie zog sich in ein Kloster zurück und starb dort. Nun nahm sich Herr Paul ihrer plötzlich verarmten Mutter und Großmutter an und übernahm es großzügig, für ihren Lebensunterhalt zu sorgen. In dem Haus lebt außerdem, dank Herrn Pauls Gefälligkeit, ein alter Geistlicher, der Vater Silas, derselbe, zu dem Lucy beichten gehen wollte. Herr Paul ist in Wirklichkeit ein hingebungsvoller, frommer, opfermütiger Held, der sich ganz dem Gedächtnis seiner verstorbenen Verlobten widmet. Diese Entdeckungen verwundern Lucy (der Leser des Romans teilt ihr Erstaunen). Sie wird sich darüber klar, daß Frau Beck sie im Einverständnis mit dem alten Geistlichen dorthin geschickt hat, damit sie begreift, daß sie von ihrem lebhaften und temperamentvollen Lehrer nichts zu erhoffen hat.

Und nun bemüht sich Herr Paul, durch seinen Beichtvater Silas veranlaßt, der über die Vertrautheit zwischen ihnen beunruhigt ist, Lucy zum katholischen Glauben zu bekehren. Aber die kleine Protestantin verteidigt sich, sie betrachtet den Katholizismus »als ein Irrtum, als eine große, goldene und tönerne Figur«. Man gibt ihr fromme Bücher zu lesen, doch sie zieht die Bibel vor. Man führt sie zu den prächtigen Gottesdiensten, aber sie findet sie heidnisch, trügerisch und ohne wirkliches inneres Leben.

Der theologische Zwist führt jedoch keine Trennung zwischen ihnen herbei. Herr Paul ergreift sogar eines Tages die Hand des jungen Mädchens und spricht mit solcher Zärtlichkeit zu ihr, daß sie sich fragt, ob er nicht die Grenzen der

Freundschaft überschreitet. Inzwischen erfährt man plötzlich, daß er die Schule verläßt und sich auf eine weite Reise nach den Antillen begibt. Er muß in Guadeloupe wichtige Interessen von Frau Walravens vertreten. Doch vor allem veranlaßt ihn sein Beichtvater, mit Hilfe der eifersüchtigen Frau Beck, wegzufahren und mit der Ketzerin zu brechen. Um eine von ihnen als unzulässig betrachtete Heirat zu vermeiden, verhindert man das Zusammentreffen der Beiden, und sie können voneinander nicht Abschied nehmen.

Lucy ist verzweifelt. Eines Nachts hält sie es nicht mehr aus, sie entwischt der Schule und gelangt nach Durchquerung der ganzen Stadt in einen riesigen, prächtig beleuchteten Park. Eine vielköpfige Menschenmenge feiert dort das Nationalfest, dessen Pracht und Lärm im Gegensatz zu dem tiefen Schmerz des jungen Mädchens steht. Sie entdeckt plötzlich in ihrer Nähe Herrn de Bassompierre und Pauline, die John geheiratet hat und sich eng an ihren Mann schmiegt. Aber sie spricht sie nicht an, sondern entfernt sich. Niemals war sie einsamer gewesen. Dann stößt sie auf eine andere Gruppe: Frau Beck und einer ihrer Söhne, der Pater Silas, andere Personen und unter ihnen auch Paul Emanuel. Also ist er doch noch nicht fortgefahren? Er heuchelt Fröhlichkeit und scherzt. An seiner Seite befindet sich ein junges Mädchen, zu der er sehr liebenswürdig ist. Wird er diese bei seiner Rückkehr heiraten?

Einige Tage später sieht ihn Lucy trotz allem wieder. Und Paul Emmanuel schlägt ihr vor, »eines Tages sein Leben mit ihm zu teilen«. Ehemals hatte sie ihn für »hart und eigenartig« gehalten, sagt sie, aber jetzt »bin ich von seinem Einfluß durchdrungen und lebe von seiner Zuneigung .... er ist mir lieber als die ganze Menschheit geworden«. Am nächsten Tag schifft er sich nach Guadeloupe ein. Nach seiner Abreise eröffnet Lucy selbst eine Schule — oh, alter Traum der Brontës! — sie unterrichtet und arbeitet. Sie schreiben einander. Er wird wiederkommen, wenn ihn nicht ein Sturm verschlingt. Aber der Autor überläßt es uns, je nach unserem Belieben auf die Trauer oder auf das Glück zu wetten. Der ganze Schluß des Romans ist unbestimmt gehalten, ziemlich wirr, und man könnte glauben, der Autor habe ihn in aller Eile verfaßt.

*

In diesem reichhaltigen Werk sind gewiß sehr langweilige Seiten vorhanden. Man findet in ihm zu viele verworrene Betrachtungen, groß aufgemachte Abstraktionen, eine rednerische Aufmachung, die manchmal zu überschwenglich ist. In gewissen Momenten ächzt die Konstruktion der Handlung wie eingerostete Sprungfedern. Um die Erzählung dramatischer zu gestalten und um jeden Preis die Personen zusammenzuführen, welche durch die Ereignisse getrennt wurden, scheut Charlotte nicht davor zurück, abgeschmackte Zufälle, wunderliche Geheimnisse, die sich plötzlich aufklären, zu erfinden. Ich habe bereits flüchtig auf sie hingewiesen; ich hätte noch andere erwähnen können, so z. B. eine ziemlich kindische Gespenstergeschichte.

Aber wenn auch gewisse Episoden unnötig kompliziert erscheinen, wenn auch der Autor zu lange bei pädagogischen Problemen verweilt, so sind doch die Charaktere wahr, und das ist das Wesentliche für einen Roman. Ein Leser übersieht stets die Mängel der Handlung, wenn er von den Personen gefesselt wird und sie glaubwürdig empfindet.

Am stärksten wirken in der Schilderung von Herrn Paul die vielen pittoresken und beinahe karikierten Eigenschaften und sogar seine unangenehmen Züge, die hernach dem großzügigen Wesen dieses Mannes weichen. Ebenso eindrucksvoll ist es, daß der Autor von einigen kleinlichen Charakterzügen seines Helden ausging, um dann seine Größe zu zeigen. Es ist für einen Romanschriftsteller verhältnismäßig leicht, seine Personen unter Zuhilfenahme von Schrullen, Fehlern und Lastern darzustellen: sie erscheinen um so natürlicher, wenn sie anrüchig sind. Aber außer Frau Beck, die übrigens schreiend wahr ist, außer der leichtsinnigen Ginevra, zieht es Charlotte vor — im Gegensatz zu Emily, die uns ein teuflisches Bild des Bösen, voll Schwefel und Feuer gibt — edle Naturen zu beschreiben, ungekünstelt und ohne dabei in eine selbstgefällige Schilderung zu verfallen. Sie läßt vor unseren Augen empfindsame und aufrechte Seelen leben, leiden und sich gegenseitig manchmal bis zur Aufopferung bekämpfen, und die Wahrheit dieser Schilderung findet unsere Zustimmung. Vielleicht ist Doktor John mit seinem erhabenen und naiven Charakter ein wenig zu sanft: für den Romanschriftsteller sind gute Eigenschaften und Gefühle eine Gefahr, denn sie vereinfachen die Personen. Dagegen ist Paulina in der leidenschaftlichen Reinheit ihres Herzens und in ihrer aufrichtigen Frische eine unvergeßliche Gestalt.

Und dann ist noch Lucy da. Wie kompliziert ist sie doch, wie unbefangen und schlau, kindlich und pedantisch, feurig und dennoch gehemmt! Eine starke Persönlichkeit kämpft im Inneren dieser kleinen Lehrerin, die zu langweiligen Arbeiten verurteilt ist, sich selbst Vorwürfe macht und an sich nicht glauben will. Welch pathetischer Konflikt zwischen dem Stolz einer überlegenen Natur und der Demütigung, die ihr die Pflichten des Lebens und ihre eigene Ueberzeugung auferlegen!

Zweifellos empfindet man manchmal ein Mißverhältnis zwischen dem schüchternen und linkischen jungen Mädchen und gewissen Betrachtungen, die ihr der Autor andichtet. In Lucy wird Charlotte sichtbar, die Charlotte, welche in Brüssel einsam und ruhelos lebte und jene, welche den Roman schreibt, nachdem sie mehr gelitten und nachgedacht hat, als ihr Vorbild. Der Autor selbst überragt in gewisser Weise seine Romangestalt.

Lucy liebt schweigend, wie Charlotte, unverstanden von allen und sich selbst. Denn sie will nicht — mehr aus Stolz als aus Schicklichkeit — die wahre Natur des Gefühls, das sie bewegt, erkennen. Darin liegt das tiefe Drama von »Villette«: in dieser freiwilligen Selbsttäuschung, in dem harten Verzicht auf die Freude, in dem plötzlichen Aufzucken eines anspruchsvollen und gebändigten Herzens.

Es ist wahr, daß der immerhin erfahrene Herr Paul sich auch dazu zwingt, das brennende Gefühl, das er empfindet, Freundschaft zu nennen. Alle beide wetteifern in dieser List. Der Mann jedoch, ein kasuistischer und schlauer Verführer, gibt diesem Wort eine dehnbare Bedeutung: »Ich will, sagt er, von einer engen, intimen, ehrlichen Freundschaft sprechen ... Darunter verstehe ich *die wahre Freundschaft.*« Und Lucy fügt hinzu: »Ich konnte kaum an die Wirklichkeit dieses zärtlichen, flehentlichen Blicks, den er mir zuwarf, glauben.« Die letzten Kapitel, in welchen ihre Worte schon gewagter werden und sie von der Heirat sprechen, überzeugen uns weniger: die endlich eingestandene Liebe erscheint uns weniger wahr, als die verkleidete und verheimlichte Liebe. Charlotte war eine große Romanschriftstellerin, solange die Liebe für sie ein verbotenes Gefühl blieb: die verbotenen Regionen erweckten ihre brennendste Sehnsucht und vielleicht ihren tiefsten Scharfblick.

Und es ist vielmehr Charlotte als Lucy — eine erregte, sehnsüchtige, aufbrausende Charlotte — die im ganzen Roman die Klage, die Hoffnung ihrer Seele, die vor allen verborgen bleibt, besingt. Kann es etwas Banaleres geben als die Geschichte einer jungen Engländerin, die im Rahmen eines mittelmäßigen Pensionats sich in ihren Professor verliebt? Aber diese Geschichte weitet sich zur Lyrik, weil es sich hier um das Schicksal eines außerordentlichen Geschöpfes handelt und weil unter der Wucht des unglücklichen Genies der Stil in Metaphern schillert.

Indem sich der Roman zur Dichtung steigert, sprengt er die Grenzen des Einzelschicksals und erhält allgemeine Bedeutung. Während der Autor das armselige Erlebnis von Lucy erzählt, läßt er das ewige Erlebnis des Unbefriedigtseins fühl-

Die Heide von Haworth

(»Sturmverwehte Höhen«)

Haworth

»Black Bull« und Hauptstraße

bar werden. Von John verschmäht, von Paul zuerst verkannt, erzittert das junge Mädchen vor Herzensangst: der Abgrund der Einsamkeit, der uns alle umgibt, öffnet sich vor ihr. Wenn sie ihren Mißerfolg, ihre Armut, ihre Seelennot überblickt, wenn sie erkennt, daß die Vorsehung ihre Wohltaten ungleichmäßig austeilte und sie sich damit abfindet, nicht zu den Glücklichen dieser Welt zu gehören, so erblicken wir die rätselhafte Ungerechtigkeit des Lebens, wie sie sie sah. So wird die bescheidene Bühne plötzlich zu dem, was Calderon das Welttheater nannte, und wir sehen darauf das Drama des Schicksals abrollen.

Charlotte besitzt die hohe Gabe, alles zu verklären: irgendwelche Zwischenfälle erhalten einen unvermuteten Sinn, das tägliche Leben läßt geheime Deutungen erraten. Der Rahmen des Romans lockert sich öfters unter dem Ansturm plötzlich hervorquellender Gefühle. Wir vergessen Ort und Personen, sogar die Logik der Handlung und werden von der Entfesselung einer ungestümen Leidenschaft mitgerissen. Oder vielmehr, um ein öfters von Charlotte angewandtes Gleichnis zu gebrauchen, das Leben brodelt, kocht, schäumt und strömt golden aus dem Pokal.

Am Schluß des Romans, als das junge, verwirrte, sterblich verliebte Mädchen, allen Erregungen der Liebe und des Schmerzes ausgeliefert, durch den erleuchteten Park irrt, scheint es, als ob in diesem Zustand von Bedrückung und Halluzination das ganze Universum mit seinen Sonnen und seiner Herrlichkeit diese elende menschliche Kreatur in dem Augenblick zu sich erhebt, als er sie zu vernichten scheint.

Charlotte Brontë, die beobachtende Romanschriftstellerin, schöpferische Gestalterin von Charakteren und pathetischen Dramen, ist auch und vielleicht vorwiegend eine große, phantasievolle und leidenschaftliche Dichterin.

XVII.

Charlottes Ehe und Tod

Außer einigen Vorbehalten und dem Artikel von Harriett Martineau, der Charlotte betrübte, nahmen die Zeitschriften, die Zeitungen und das Publikum »Villette« mit derselben Begeisterung wie »Jane Eyre« und »Shirley« auf. Herr Brontë war sehr stolz auf diesen erneuten Ruhm, der seine Familie auszeichnete. »Mein Buch und die Aufnahme, die es fand, bereiteten ihm Vergnügen« schrieb seine Tochter. Herr Brontë war sehr alt geworden, seine Haare waren vollständig weiß, aber er blieb herrschsüchtig und furchterregend. Er konnte kaum noch sehen. Viele Stunden saß er in seine Gedanken versunken, regungslos und schweigsam da, zu seinen Füßen lag ein blinder Hund. Ein Besucher, der ihn 1850 sah, hörte ihn mit Stolz von seinen Töchtern sprechen, wobei er sich darüber wunderte, nicht erraten zu haben, daß sie Romane schrieben. Dann sprach er traurig erregt über den nacheinander erfolgten Tod seiner Kinder. »Und sie ist gestorben« murmelte er in bezug auf Anne, »auch Emily ist tot, ebenso die beiden anderen, alle sind tot.« Warum nur überlebte er sie?

Trotz seiner Gebrechen erfüllte er weiter seine Priesterpflichten und predigte jeden Sonntag zweimal. Er verfolgte die politischen Ereignisse mit demselben Interesse wie früher, nahm stets Stellung, blieb ein Feind der Tyrannen und ein Lobredner der Freiheit.

Sein Hauptinteresse galt jedoch Charlotte. Sie war ihm übrigens immer unentbehrlicher geworden. Sie gehorchte seinen Befehlen, las ihm mit lauter Stimme vor, pflegte ihn und war mit unermüdlicher Ausdauer um ihn besorgt. Als sie ihrem Vater eines schönen Tages mit unsicherer Stimme berichtete, daß sein Vikar, der ehrwürdige Arthur Bell Nicholls, um ihre Hand angehalten habe, nahm er dies daher mit zorniger Mißbilligung auf.

Achtzehn Monate vorher hatte sich bereits Herr James Taylor, Lektor von Smith und Elder, der seit der Veröffentlichung von »Jane Eyre« zu ihren Freunden zählte, um sie beworben. Er war unter dem Vorwand von Geschäften für einen Tag nach Haworth gekommen, um sie zu sehen und hatte sie in London wieder getroffen. Das plötzliche Heiratsangebot dieses kleinen, kalten und praktischen Mannes hatte Charlotte sehr erstaunt. Sie lehnte es ohne Zögern ab. Sie empfand für ihn Dankbarkeit und Achtung, aber von dem Augenblick an, wo er sich als Bewerber zeigte, erstarrte sie unter seinem Blick und wurde von einer gewissen Furcht befallen, sobald er sich ihr näherte.

Als er bald darauf England verlassen mußte, um eine Filiale seiner Firma in Bombay zu leiten, besuchte er sie trotzdem, um von ihr Abschied zu nehmen. Sie standen in Korrespondenz, schließlich antwortete er nicht mehr, und als er fünf Jahre später nach London zurückkehrte, weilte Charlotte nicht mehr unter den Lebenden.

Was Herrn Nicholls anbelangt, so war er ein guter und redlicher Mensch, von hohem Wuchs, mit einem dichten Bart und zurückhaltendem und höflichem Benehmen. Er war um drei Jahre jünger als Charlotte. Seit acht Jahren half er Herrn Brontë, als Nachfolger von James William Smith, dem Peter Malone aus »Shirley«. Er bewunderte Charlotte nicht als berühmte Romanschriftstellerin — tatsächlich erfuhr er erst anläßlich der Veröffentlichung von »Shirley«, daß sie schrieb —, sondern als die unvergleichlich ergebene Tochter und Schwester, als edle und mutige, durch ihre Frömmigkeit mustergültige Seele.

Er hatte niemals seine Liebe durchblicken lassen. Im Dezember 1852 betrat er eines Abends das Zimmer, in welchem sie sich aufhielt, und »wie ein Blitz«, sagte sie, »erriet sie seine Gefühle. Er brachte es mir zum erstenmal zum Bewußtsein, was es einen Mann kostet, sich zu erklären, ohne der Antwort sicher zu sein. Das Schauspiel eines Menschen, der gewöhnlich einer Statue glich und jetzt zitterte, bewegt und zärtlich war, erschütterte mich eigenartig«.

Am nächsten Tag erklärte sie rücksichtsvoll Herrn Nicholls, daß sie sein Anerbieten nicht in Betracht ziehen könne. Er kam sofort um seine Entlassung als Vikar ein. Unglücklicherweise konnte für ihn erst nach fünf Monaten ein Ersatz gefunden werden, und er blieb noch während dieser ganzen Zeit tief bekümmert in Haworth, mied Charlotte und ertrug Herrn Brontës schlechte Laune. Endlich konnte er verschwinden.[1]

Trotz dieses Bruches wechselten sie Briefe miteinander; sie trafen sich bei einem Freund aus der Nachbarschaft, und nach vielen Monaten gab endlich Herr Brontë seinen Widerstand auf. Zur großen Freude der Kirchgemeinde, die ihn sehr achtete, nahm Nicholls seinen Platz wieder ein, und seine Heiratspläne wurden gutgeheißen. Charlotte willigte in diese Heirat ein, da ihr Vater, weit davon entfernt, darunter zu leiden, in seinem Schwiegersohn eine Stütze für seine letzten Lebensjahre finden konnte.

Ihre eigenen Gefühle waren vernünftig und maßvoll. Einst fand sie den Vikar »geistig begrenzt«, jetzt schrieb sie an Fräulein Wooler: »Das Schicksal, welches die Vorsehung in seiner Güte und Weisheit mir zu bieten scheint, wird im allgemeinen, soweit ich es beurteilen kann, nicht als glänzend angesehen, aber ich sehe in ihm die Möglichkeiten eines aufrichtigen Glücks... Herr Nicholls wünscht, daß die Heirat

---

[1] Man hat kürzlich entdeckt, daß er dann Schritte unternahm, um Missionar zu werden.

diesen Sommer stattfindet, und er schlägt den Monat Juli vor, aber das scheint mir zu früh.«

Der redliche Mann, der sich darum bewarb, sein Leben mit ihr zu teilen, fand sicherlich ihre Sympathie und ihre Achtung, aber Charlotte hatte ehemals von einer anderen Art Liebe geträumt und viel brennnendere Gefühle empfunden. Sie wußte, daß er sie nicht wegen ihres Aeußeren liebte — ständig von ihrer Häßlichkeit überzeugt, behauptete sie, obwohl dies nicht zutraf, daß Unbekannte, die sie trafen, die Augen wegwandten —, auch nicht wegen ihrer Bücher, denn er fand keinen Gefallen an Romanen, sondern wegen ihrer Güte und dem Eifer, mit dem sie ihre Pflichten erfüllte. Das Leben fing sie in ihren eigenen Ueberzeugungen. Und dann fehlte ihr jetzt vielleicht, nachdem sie vorzeitig durch ihr schweres Leben und ihren Kummer verbraucht war, die Kraft und die nötige Leichtgläubigkeit zu einem großen Gefühl. Sie fügte sich.

In Wirklichkeit liebte Herr Nicholls sie tief und bewunderte ihre intellektuelle Ueberlegenheit. Trotzdem erweckte die Berühmtheit seiner Frau etwas Eifersucht in ihm und verletzte ein wenig sein Schamgefühl. Er nahm Ellen Nussey das Versprechen ab, Charlottes Briefe zu verbrennen, ein Versprechen, das sie glücklicherweise nicht hielt. Später gestand Charlotte ihrer Freundin Ellen, daß sie keinen neuen Roman unternommen habe: »Arthur sagt, daß ich jetzt keine Zeit zum Schreiben habe und nun meine Pflichten als richtige Pastorsfrau erfüllen muß«. Ellen protestierte bei ihrem Mann dagegen, und dieser antwortete: »Ich habe nicht den Romanschriftsteller Currer Bell geheiratet, sondern Charlotte Brontë, die Tochter eines Geistlichen.« Dennoch begann sie eine neue Erzählung »Emma«, verzichtete aber bald auf die Fortführung der Arbeit. Als sie bereits diese Erde verlassen hatte, ärgerte sich Herr Nicholls darüber, daß eines seiner Pfarrkinder auf den Vornamen Brontë getauft wurde. Es scheint, als wollte er seiner Frau, die er mit aufrichtigem Herzen liebte, nicht etwa den Ruhm streitig machen, sondern nur für sich allein behalten. Vielleicht konnte er sie nicht ganz verstehen und sie sogar nicht ganz besitzen. Das hätte ein Anlaß zu Mißverständnissen zwischen ihnen sein können und würde sowohl dem einen wie dem anderen viel Leid gebracht haben, doch der frühzeitige Tod Charlotte's vermied alle Schwierigkeiten.

Im Mai 1853 verbrachte Charlotte drei Tage bei den Gaskells, dann begab sie sich nach Leeds, um einige Einkäufe zu besorgen. Sie wollte keine übertriebenen Ausgaben machen. Sie vervollständigte ihre Garderobe, ließ das Pfarrhaus neu anstreichen und richtete das kleine Zimmer, links hinter der Vorhalle, für ihren zukünftigen Gatten als Arbeitszimmer ein. Man könnte sagen, sie beschränkte sich absichtlich nur auf diese praktischen Vorbereitungen.

In einem Brief erzählt sie, daß sie den Besuch ihres Verlobten erwartet und eine gewisse Besorgnis empfindet, jedoch nur, weil sie ihn wegen seines Rheumatismus' bedauert. Sie fügt hinzu, daß er umsomehr ihrer Hilfe und Pflege bedarf, wenn er darunter leiden muß. Es scheint, daß sie vor allem in der Ehe eine neue Gelegenheit zur Aufopferung erblickt. Als ihr Hochzeitskleid im Pfarrhaus ankam, wartete sie mehrere Tage, bevor sie es auspackte. Das Herz krampft sich zusammen, wenn man sieht, wie »Jane Eyre« mit peinlicher Sorgfalt alles Romantische aus ihrer Brautzeit fernhält.

Sie war Nicholls dafür dankbar, daß er mit ihr einer Meinung war, die Hochzeit so unauffällig wie möglich zu veranstalten. Niemand in Haworth kannte den Tag der Eheschließung, es war der 29. Juni. War in diesem Wunsch, die Oeffentlichkeit auszuschließen, nebst dem Abscheu vor allem, was einer Reklame ähnlich gewesen wäre, nicht auch eine heimliche Entschuldigung zu erblicken, die sie jenen darbrachte, die nicht da sein konnten: den entschwundenen Brontës? Was hätten sie wohl über diese Vernunftsehe gedacht? Was würde darüber »Zamorna« denken?

Charlotte sollte noch einsamer zur Kirche gehen, als sie es gewünscht hatte, denn Herr Brontë erklärte plötzlich, während der religiösen Zeremonie zu Hause bleiben zu wollen. Es wurde beschlossen, daß Fräulein Wooler, die am Vorabend des großen Tages mit Ellen Nussey eintreffen sollte, ihn bei seiner Tochter vertreten würde.

Die Hochzeit fand in Gegenwart weniger Personen statt. Am Ausgang der Kirche wurde das neue Ehepaar von den Leuten aus Haworth, die durch das Glockengeläute herbeigeeilt waren, respektvoll begrüßt. Sie erzählten, daß Charlotte wie ein Schneeglöckchen ausgesehen habe. Man kann sie sich vorstellen, wie sie ganz klein neben ihrem großen und breitschultrigen Gefährten, in weißen Mousselin gekleidet, mit einem Spitzenmantel darüber, mit ihrer weißen, mit Laub geschmückten Haube von der Kirche zum Pfarrhaus zurückeilt, dabei die engen Gräberreihen durchschreitet und so den letzten Weg ihrer Inniggeliebten in umgekehrter Richtung geht. In dem Augenblick mußte sie grausam ihre Abwesenheit empfunden haben. In dem Moment, wo ihr die größte Freude hätte zuteil werden sollen, empfand sie vielleicht am tiefsten ihre Vereinsamung.

Die Hochzeitsreise führte sie nach Irland, woher ihre beiden Familien stammten und wo Charlotte die Angehörigen ihres Mannes kennenlernte. Von Haworth entfernt, schien sie aufzublühen. Sie schrieb: »Mein geliebter Mann erscheint in seiner Heimat in einem ganz neuen Licht. Oefters hatte ich das Vergnügen zu hören, wie man ihn von allen Seiten lobte. Alte Dienstboten der Familie sagten mir, daß ich die glücklichste Person sei, die es nur geben kann.«

Eine ihrer geliebten Theorien war, daß sich die Menschen in zwei Rassen teilen: die eine hat alle Gunst des Schicksals, die andere ist zum Leiden auserwählt. Sie war davon überzeugt, der zweiten anzugehören, und leider fehlte es ihr dafür nicht an Beweisen. Während der ersten Wochen ihrer Ehe fühlte sie sich unversehens in die andere Kategorie hinübergleiten. Sie widersetzte sich, staunte darüber, sie fürchtete sich zu täuschen, denn das Glück hatte zu lange auf sich warten lassen, und sie glaubte nicht mehr daran. Trotzdem wurde sie gerührt und weich.

Aus Irland kehrte das Paar in das Pfarrhaus von Haworth zurück. Herr Nicholls übernahm mit doppeltem Eifer und einer zweifellos gewachsenen Autorität wieder sein Amt. Jeden Morgen um neun Uhr gab er den Schulkindern religiösen Unterricht; den Nachmittag widmete er den Besuchen der Armen und Kranken, die er tröstete. Nach der göttlichen Wahrheit hatte er jetzt die in ihr enthaltene menschliche Wahrheit entdeckt. Er war glücklich. Charlotte nannte ihn ihrerseits in ihren Briefen nicht mehr Herr Nicholls, sondern »my dear Arthur«. »Ich habe einen guten, zärtlichen und ergebenen Mann, und jeden Tag wird meine Zuneigung zu ihm stärker.« Sie hatte keine Kopfschmerzen und kein Zahnleiden mehr. Sie kam wieder zu Kräften, ihr Körper und ihre Seele blühten auf, und seit vielen Jahren lachte sie zum erstenmal.

Im November wurde sie bei einem Spaziergang in der Heide von einem Wolkenbruch überrascht und zog sich eine jener schlimmen Erkältungen zu, die sie nicht los werden konnte. Anfang des folgenden Jahres fühlte sie sich besser und verbrachte mit ihrem Mann drei Tage bei den Shuttleworth. Dort beging sie die Unklugheit, mit zu dünnen Schuhen auf dem feuchten Boden spazieren zu gehen. War nicht selbst diese Sorglosigkeit der Beweis dafür, daß sie glücklich war und glaubte, das Unglück beschworen zu haben?

Als sie in Haworth ankam, fühlte sie sich plötzlich sehr schwach, es wurde ihr übel. Der Arzt — war es noch immer derselbe? — versicherte, es wären nur die ersten Symptome einer Schwangerschaft. Aber ihr Unwohlsein verschlimmerte sich: schon allein der Anblick von Nahrung verursachte Erbrechen. Im Verlauf von sechs Monaten aß und trank sie fast nichts. Sie wurde so mager, daß man durch ihre Hände das Licht durchschimmern sehen konnte.

In der Zwischenzeit starb sanft Flossie, Annes lockiger Wachtelhund. Kurz darauf folgte ihm die gute, alte Tabby ins Grab. Das Lebenslicht schien plötzlich zu sinken und im Verlöschen begriffen zu sein. Die furchtbare Traurigkeit des Todes nistete sich wieder in der Vorhalle ein, stieg die Treppe hinauf und hüllte von neuem Charlotte ein. Man versuchte sie zu zerstreuen und sprach von dem Kind, das sie erwartete. »Ich bin so krank, so müde« antwortete sie mit schwacher Stimme.

Sie schrieb im Bett mit Bleistift einen kurzen Brief, in dem folgende Sätze stehen: »Mein Mann ist der zarteste Krankenwärter, die liebevollste Stütze, die beste irdische Tröstung, die eine Frau jemals besessen hat. Nie versagt seine Geduld, sie ist oft durch schlimme Tage und unruhige Nächte auf die Probe gestellt.« Und in einem zweiten Brief schreibt sie: »Wir leben bei meinem Vater; natürlich konnte ich ihn nicht verlassen. Es geht ihm nicht schlecht, besser als im letzten Sommer. Was meinen Mann anbelangt, so glaube ich, es existiert kein liebevollerer, kein besserer auf der Welt.« Und in einem dritten Schreiben heißt es: »Ich kann nicht sprechen, selbst meinem geliebten, geduldigen und getreuen Arthur kann ich nur ein paar Worte sagen.«

Dies waren die letzten Zeilen des Autors von »Villette«, danach war sie ganz von ihrer Krankheit in Anspruch genommen. Mitte März fiel sie in Fieberwahn. Einmal, als sie wieder zum Bewußtsein kam, hörte sie ihren Mann — der Arme kniete in seinem Schmerz nieder und hielt die Hände auf dem Bettrand gefaltet — zu Gott beten, daß er sie verschonen möge. Sie betrachtete ihn und flüsterte, von letzter Seelenangst gepackt:

»Ach, ich werde doch nicht sterben, nicht wahr? Er will uns nicht trennen ... wir sind so glücklich gewesen ... «

Am Morgen des 31. März hauchte sie ihr Leben aus. 39 Jahre hatte sie mit heroischer Geduld gelebt. Sie war neun Monate verheiratet gewesen.

Nun blieben ihr Vater und ihr Mann trauernd allein zurück. Dann starb Herr Brontë im Alter von vierundachtzig Jahren, nachdem er seine letzte Tochter noch um sechs Jahre überlebt hatte. Nach seinem Tode verließ Herr Nicholls seine geistlichen Funktionen und Haworth. Er kehrte nach Irland zurück, bewirtschaftete ein Gut; 1866 verheiratete er sich wieder und starb hochbetagt im Jahre 1906.

XVIII.

Die wesentlichsten Charakterzüge der Brontës

In den angelsächsischen Ländern riefen die Brontës eine ganze Bibliothek von Kommentaren, die jeden Tag umfangreicher werden, hervor. Man hat ihre Manuskripte eingehend untersucht, ihr Leben erforscht, die Aussagen von Zeitgenossen verglichen, Anekdoten berichtet oder ihren Sinn entstellt und ihren Werken zahlreiche Deutungen gegeben. Wenige Wesen sind rückblickend so ausgiebig geprüft, erörtert und unter die Lupe genommen worden. Man hat sie sogar analysiert und nachträglich ihr Horoskop aufgestellt. Wie ihre Werke oder ihre Persönlichkeit, so ist auch ihr Schicksal eines der großen Themen der englischen Literatur.

Es gibt eine Brontë-Gesellschaft, die Gedächtnisfeiern veranstaltet und Veröffentlichungen herausgibt. Das Pfarrhaus in Haworth wurde — wie ich es bereits schilderte — in ein mit Dokumenten und Erinnerungen angefülltes Museum verwandelt und ist ein Wallfahrtsort geworden. Unaufhörlich erscheinen neue Ausgaben ihrer Bücher. Wenn eines ihrer Manuskripte, selbst wenn es sich dabei nur um Kritzeleien ihrer Kinderjahre handelt, zur Versteigerung gelangt, erzielt es einen beträchtlichen Preis. Das British Museum ist stolz darauf, viele von ihnen zu besitzen. Doch diese unstillbare Neugierde ist nichts im Vergleich zu der Zärtlichkeit und dem Respekt, die diese erstaunlichen Geschöpfe auch weiterhin in unzähligen Herzen erwecken.

Von allen Büchern, die ihnen gewidmet wurden, bleibt die wunderbare Biographie, die Frau Gaskell über Charlotte geschrieben hat, die bedeutendste Auskunftsquelle. Es ist unmöglich, eine vollständige Liste der Werke zu geben, die diesem Buch folgten. Ich möchte aber zumindest auf die Enthüllungen von Swinburne hinweisen, auf die schönen Arbeiten von Clement Shorter (der Archivist des »Brontismus«), von Fräulein Mary Robinson (Frau Mary Duclaux), von Fräulein Mary Sinclair, von Augustin Birell, dem Domherrn Dimnet, Frau Chadwick, Fräulein Romer Wilson, Herrn E. F. Benson, Fräulein Irene Cooper Willis usw.

Ueber die Brontës wurden nebst genauen Tatsachen und wertvollen Urteilen, viele strittige und manche absurde Hypothesen voreilig aufgestellt. So hat man — wie ich es schon angab — behauptet, daß »Wuthering Heights« das Werk Branwells sei; man hat auch wahr haben wollen, es wäre ein Werk Charlottes oder daß »Jane Eyre« von Emily geschrieben wurde. Man sagte, Branwell habe ein Verhältnis mit Frau Robinson gehabt und dann wieder, daß nichts zwischen ihnen bestanden hätte; daß Charlotte in Herrn Héger verliebt war und dann wieder, sie hätte ihn nie geliebt. Man hat behauptet, im Leben von Emily hätte es einen Mann gegeben, aber es gelang nicht, ihn zu entdecken. Morgen wird man wieder etwas anderes erfinden.

Angesichts all dieser Vermutungen wäre es vielleicht ratsamer, jetzt, wo wir von den Brontës Abschied nehmen, die vielen Kommentare zu vergessen und die Geschwister unbefangen zu betrachten.

*

Zunächst wäre zu bemerken, daß sie im Gegensatz zu den öfters aufgestellten Behauptungen keine Provinzler waren. Sie lebten keinesfalls in einer zu einem kleinlichen Konformismus verurteilten und von allen Seiten überwachten Gesellschaft, sondern — was durchaus verschieden ist — in der Einsamkeit. Wenige Seelen waren so frei wie sie. Haworth war kein Gefängnis für sie, sondern eher eine verlassene Insel.

Diese Einsamkeit wurde von ihnen bevölkert. Zwar fehlten ihnen die menschlichen Beziehungen, doch hatten sie zuerst einmal Gott. Die Brontës sind tief religiöse Wesen, die nicht nur für sich selbst existieren, sondern in ständiger Beziehung zum Unsichtbaren bleiben; sie sind Wesen, welche eine höhere Macht heraufbeschworen und sich ihr anvertrauen. Ihr Glaube ist schwach und Schwankungen unterworfen, wie bei Branwell, er nimmt die christliche Form an, wie bei Charlotte und Anne, oder wird wie bei Emily zum Pantheismus. Aber alle vier leben durch den Glauben.

In der Einsamkeit fanden sie auch die Natur, d. h. den Himmel, die Heide, die Tiere und die Pflanzen. Wenn sie wenig in Gesellschaft verkehrten, wenn sie sich nur von weitem am politischen und geschichtlichen Geschehen, und zwar in einer primitiven und leidenschaftlichen Art und Weise beteiligten, so haben sie doch die Erde und ihre Jahreszeiten aus nächster Nähe gekannt, streiften im strömenden Regen herum, verbrüderten sich mit den Wolken, dem Wind, dem Mondschein und nahmen, wie nordische Sylviden, an dem unermeßlichen Leben des Weltalls teil.

Und schließlich, um die eintönigen Tage und die Leere, die sie umgab, auszufüllen, weiteten diese geborenen Erfinder ihre Träumereien, und zwar nicht etwa zu trägen, unbestimmten, vergeblichen Hoffnungen, die beim ersten Kontakt mit anderen zusammenbrachen, sondern zu genauen, bis ins Einzelne ausgearbeitete Träumereien, in unmittelbare Halluzinationen. Angria und das Gondaland existierte für sie, dort geschahen Ereignisse, an denen sie beteiligt waren; sie stellten die Rollen der verschiedenen Personen dar und schufen durch diese heroische Aktivität einen Ausgleich für die Banalität ihres Alltags. Und dieses zweite Leben währte viele Jahre, reichte weit über ihre Kindheit hinaus, als sie bereits versuchten, sich unter die gewöhnlichen Menschen zu mischen; es setzte sich fort in ihrem dritten Leben, dem ihrer Gedichte und Romane.

Wenn sie diese Traumexistenz, diese erdachten Heldentaten, diese Hirngespinste von Leidenschaften eingestanden hätten, wären sie dem ehrgeizigen Salon von Thackeray, dem Fräulein Martineau oder der ironischen Mary Taylor eigenartig kindisch erschienen. Sicherlich waren sie kindisch, denn hatten die Brontës trotz ihres Alters je aufgehört Kinder zu sein? Ich verstehe darunter die schöpferische Naivität, den Ernst, das Fehlen von Witz und Zynismus, die Liebe zu den schönen, nie endenwollenden Geschichten, die Furcht und die geheime Verachtung den Erwachsenen gegenüber, die Unkenntnis in Geldfragen, die Ueberzeugung, einer fremden Welt anzugehören. Daher kam ihre Unverträglichkeit mit der Gesellschaft, daher ihre Ungeschicktheiten, ihre Unfähigkeit, sich der Dinge zu bemächtigen und ihren Platz zu behaupten. Weder Branwell noch Anne waren jemals erwachsen. Emily ist ein geniales Kind, das sich selbst genügt und von niemandem beeinflußt ist; sie kannte nicht die Reife, die man erst durch Taten, durch geteilte oder verschmähte Liebe erreicht. Charlotte hatte versucht, sich den Leuten, die sie traf, anzupassen, aber selbst als sie berühmt geworden war, konnte sie sich nicht an sie gewöhnen, sie blieb unruhig, mißtrauisch, floh stets eilig vor ihnen wie ein kleines eingeschüchtertes Mädchen. Man hat niemals das Gefühl, daß sie wesentlich anders war als ihre Schwestern Maria und Elisabeth, die der Tod mit zehn und acht Jahren ereilte.

*

Sie konnten ihre scheinbare Einsamkeit so ausfüllen und unter ihrer Phantasie außerordentlich aufblühen lassen, weil sie trotz ihrer schwächlichen Körper, Naturen von seltener Fruchtbarkeit und unerschöpflicher intellektueller Lebenskraft waren. Man soll sich nicht, wie ihre Zeitgenossen, täuschen lassen durch ihre kleine Statur, ihre alltäglichen Gesichtszüge, ihre Schüchternheit, ihr natürliches Bedürfnis zur Unauffälligkeit, durch die sie außer Branwell, nicht bemerkt wurden. Im Gegenteil, nichts ist unbedeutend bei ihnen. Nie-

Die Heide von Haworth

Die Heide von Haworth

(»Sturmverwehte Höhen«)

mand war frühreifer, fähiger zu lernen und Wissen aufzuspeichern als sie. Ihre Erfindungsgabe ist überraschend. In allen Künsten begabt, zeigen sie in ihrer Kultur ebensoviel Reichtum wie Mannigfaltigkeit. Sie hätten jede menschliche Tätigkeit gemeistert, wenn sie sie überhaupt hätten in Angriff nehmen können. Diese so empfindlichen Wesen besaßen auch einen großen Verstand. Der Zusammenbruch Branwells wurde vielleicht durch ein Uebermaß an Gedanken hervorgerufen, die kein Gleichgewicht finden konnten.

Ihr Geist wohnte jedoch in kränklichen Körpern. Charlottes Briefwechsel verrät stets die Besorgnis um ihre und ihrer Angehörigen Gesundheit. Charlotte litt unter Zahnschmerzen, Neuralgien, auch an einem Leberleiden, das ihre chronische, eigentümlich finstere Melancholie hervorrief. Anne hatte asthmatische Beschwerden. Bei Emily wurde die geringste Erkältung zur Bronchitis. Branwell war der Trunksucht verfallen. Durch das feuchte und kalte Klima von Haworth bekamen sie Gelenkrheumatismus, die mittelmäßige Ernährung entkräftete sie, die Nähe eines unkanalisierten Friedhofes (die Gegend war ein Typhusherd) brachte ihnen hartnäckige Fieberanfälle. Sie besaßen alle eine vererbte Veranlagung zur Tuberkulose.

Von ihrer Schwindsucht (sie sind wahrscheinlich alle an ihr gestorben) rühren zum Teil ihre seelischen Kontraste her, ihr Schmachten und ihre Ungeduld, ihr leidenschaftlicher Eifer und ihre gänzliche Niedergeschlagenheit, ihre mystische Sehnsucht, die sie zusammen mit ihrer Gebrechlichkeit beinahe unirdisch, zeitlos, unberührbar wie die Engel erscheinen ließen. Vielleicht war auch ihre Bereitschaft zur Demut, ihr Losgelöstsein von den gewöhnlichen Dingen, ihr Sehnen nach einer Welt, in der sie endlich (wie es ein anderer Lungenkranker in der »Ode an die Nachtigall« besang) »die Müdigkeit, das Fieber und die Angst« vergessen konnten, von dieser Krankheit hervorgerufen.

Und alle Brontës sind sehr nervös, von Niedergeschlagenheit und plötzlichem Erschrecken heimgesucht; sie stehen alle unter dem Einfluß der Temperatur, des Wechsels der Jahreszeiten und der psychischen Ausstrahlungen. Alle vier — und ich spreche nicht einmal vom Vater — haben einen ängstlichen Charakter, d. h. sie glauben an das, was sie befürchten, und die ständige Furcht vor einem bevorstehenden Unglück lastet auf ihnen. Ihre sich schnell, fast krampfhaft steigernde Phantasie verursacht, viel mehr als die äußeren Umstände, ihre schmerzhafte Unsicherheit, und sie ist es auch, die weit mehr als irgendein Mißgeschick ihre Niederlagen hervorruft. Trotz ihrer strengen Selbstdisziplin, ihrer aggressiven Steifheit, sind sie übermäßig erregbar, reizbar, schüchtern und menschenscheu. Emily macht vor Unbekannten den Mund nicht auf, erblaßt und rennt fort; Charlotte glaubt sich verfolgt, und die öffentliche Neugierde ist ihr körperlich unerträglich. Es sei hinzugefügt, daß sie an Angstträumen litten, Gespenster sahen und Stimmen hörten.

Sie waren überreichlich mit Bedenken, Zaudern und panischer Furcht bedacht: Charlotte klagt sich dauernd selbst an, Emily zwingt sich zur Entsagung. Sie halten sich für minderwertig, glauben viel ärmer und häßlicher zu sein, als es den Tatsachen entsprach, und sie übertreiben die Demut, außer Branwell, der übrigens aus denselben Gründen seinen Stolz übertreibt, sich herausfordernd benimmt in der Erwartung, plötzlich unter einer Schande zusammenzubrechen, die im Mißverhältnis zu dem begangenen Fehltritt steht. Ihr systematischer Pessimismus ist der Versuch, ihren besonderen Fall durch eine Verallgemeinerung zu rechtfertigen.

Alle vier besitzen die krankhafte Fähigkeit, ein doppeltes Leben zu führen, sich anders zu sehen, als sie sind und sich in fremde Personen zu verwandeln. Daher stammt u. a. ihre Manie für Pseudonyme. Jeder führt in seinen Wachträumen mehrere Existenzen. Doch diese Macht der Verwandlung ermöglicht es ihnen andererseits, manchmal der Unruhe und der Furcht zu entkommen. Durch ihre erfundenen Landschaften und Freunde schützen sie sich gegen ihre Seelennot, sie erfinden Gefühle und Dramen als Ausgleich, sie befreien sich selbst durch eine geistige Metamorphose.

»Jane Eyre«, »Wuthering Heights«, Emilys Gedichte, Annes Romane sind Mittel, um die Angst durch ihre Darstellung zu beschwören. Man findet in diesen Werken, verändert, mit wirklichen Beobachtungen vermischt, die Aufregung, die Besessenheit, das Fluchtbedürfnis, die Panik, die Verzweiflung der Brontës. Nur bei Branwell, dessen innere Zauberkraft nicht genügend wirkte und der in Rauschgiften die Beruhigung suchte, führte die Manie des Erzählens und die Furcht zum Wahnsinn. Vielleicht ist der Wahnsinn nur eine Angst ohne Ausweg.

Die Brontës kannten die Gefahr, die in ihrem Körper wohnte. Was sie zum Schreiben zwingt, ist nicht allein die Erleichterung, ihren Träumen eine Form zu geben, es ist auch der Wunsch, ihre Seele dem Schatten streitig zu machen, der sie ergreifen will. Der Tod hatte sich unter ihnen eingeschlichen, als sie noch klein waren; er hatte ihnen die Mutter genommen, dann die beiden älteren Schwestern und ihnen damit eine erste tiefe Angst eingeflößt. Dann folgten lange Jahre, in welchen der Tod seine Opfer nur in ihrer Umgebung suchte: zwei Vikare, Tante Branwell und Martha Taylor. Aber man kann sich nicht des Eindrucks erwehren, daß ihnen der Tod nur eine Frist bewilligte. Denn nachher kehrt er zu ihnen zurück und entführt Schlag auf Schlag den Bruder und die beiden Schwestern, dann die älteste Schwester und verschont dabei wie zum Spott das zwecklos gewordene Leben des Vaters.

Dennoch inspiriert der Tod keinen von Charlottes und Annes Romanen; sie sind trotz ihrer düsteren Färbung Rufe an das Leben. Dagegen ist er das große Thema von »Wuthering Heights«. Aber Emily fordert den Tod heraus, weil sie sich weigert, die Vernichtung anzuerkennen. Sie hat vielleicht ihr Buch nur geschrieben, um dies zu verkünden. In ihrem Werk bleibt der Tod geheimnisvoll unseren Gebeten zugänglich, und man spürt die Verschwundenen in unserer nächsten

Nähe. Wir werden sie mühelos wieder treffen. In »Wuthering Heights« stehen Tod und Leben auf gleicher Stufe. Der Tod ist vielleicht nur ein anderes, ein übersinnliches Leben.

*

Beobachten wir nun die Brontës von außen, betrachten wir nochmals diese Existenz: gleichförmige Tage, langweilige Pflichten, unveränderliche und melancholische Umgebung, stets gleiche Gesichter, literarische Versuche, die geheim bleiben, keine unvorhergesehenen Ereignisse, außer der Reise nach Brüssel, kein Erfolg, außer Charlottes, der sich zu spät einstellt. Gar nichts ereignet sich im Pfarrhaus von Haworth, nichts außer plötzlichen Katastrophen.

Die Brontës (wiederholen wir es nochmals, denn auch in den Aeußerlichkeiten ist eine Wahrheit enthalten) haben unter der Armut, der ständigen Beunruhigung durch materielle Sorgen gelitten. Diese unvermeidbare Geldverlegenheit, die ihnen keine Reisen und Zerstreuungen erlaubte, sie zur genauesten Berechnung, zu untergeordneten, demütigenden Beschäftigungen zwang, bedrückte sie ebenso wie ihre körperlichen Leiden. Charlotte gestand, daß sie im Alter von neunzehn Jahren glücklich gewesen wäre, wenn sie wöchentlich einen Penny Taschengeld erhalten hätte. Ihr Vater antwortete ihr, daß Frauen kein Geld brauchen.

Vergeblich bemühten sie sich, sich welches zu verschaffen, vergeblich versuchten sie ihr Glück in der Welt, sie erreichten nur zahlreiche Niederlagen. Warum konnten diese außerordentlichen Wesen niemals in einer Stellung ausharren, sich über ihre untergeordnete Lage erheben und eine kleine Schule gründen? Warum mußten sie auf die Malerei und auf die Musik verzichten? Warum wurden die Manuskripte dieser drei Romanschriftstellerinnen, von denen zwei unsterbliche Meisterwerke waren, von so vielen Verlegern abgelehnt?

Die Brontës sind auf die Gleichgültigkeit der Welt gestoßen oder schlimmer noch auf eine stete Gegnerschaft, eine

Art Antipathie der Vorsehung, die sie in allen ihren Unternehmungen hemmte, sie nach Haworth zurückwarf und sie dort einschloß. Wie bitter muß es gewesen sein, neben all ihrem anderen Kummer, ihr chronisches Versagen festzustellen, ihre Verdienste, ihre unaufhörlich neu begonnenen Bemühungen mit ihrem gänzlichen Mißerfolg vergleichen zu müssen!

Ein Beschreiber ihres Lebens bedauert es daher auch, daß sie nicht in London, in der Annehmlichkeit und unter leichteren Verhältnissen gelebt haben. Aber es hieße sie absolut verkennen, ihr Geschick mißzuverstehen, wenn man ihre Niederlagen bedauert. Ich glaube nicht in eine falsche Romantik zu verfallen oder mich zu leicht mit dem Unglück anderer abzufinden, wenn ich sage, daß die Eintönigkeit ihres Lebens in Haworth, ihre Mißerfolge außerhalb von Haworth, ihre Armut, ihre Krankheiten und die Isolierung dieser geborenen Junggesellen, ihr Genie begünstigte und sie ihrer Berufung weihte.

Die Brontës kämpften gegen die schwierigen Umstände, und dieser Kampf härtete sie ab. Bei Verfolgung winziger Ziele — Gouvernante sein, Grammatik unterrichten — entfalteten sie eine unglaubliche Energie. Sie besaßen Stoizismus, eine Verachtung für das Mißgeschick, sie lehnten es ab, sich zu ergeben und zeigten nicht nur einen außerordentlichen Widerstand gegen die Schicksalsschläge, sondern auch einen kämpferischen Eifer, die vererbte Neigung, sich herumzuschlagen, sogar mit dem Schicksal. Zu stolz, sich zu beklagen oder sich selbst gegenüber nachsichtig zu sein, waren ihre schwachen Körper dennoch nicht niederzuringen.

*

Die Brontës sind Geschöpfe, die alles und sich selbst verzehren. Welche Lern- und Wißbegierde finden wir bei Charlotte, welches Bedürfnis, ihre Autorität ihren Angehörigen gegenüber auszuüben, andere unbarmherzig zu beurteilen, welche harte Ironie jenen gegenüber, die ihr befahlen oder nur einfach in den Bereich ihres unerbittlichen, charakteristisch kurzsichtigen Blickes gerieten! Welche außerordentliche Mischung von Sanftmut und Herbheit, ergebener Demut und stolzer Haltung! Man fühlt bei ihr das irische Blut ihres Vaters und das keltische Blut ihrer Mutter, Auflehnung und glühende Lyrik sich vereinigen und sich wieder trennen.

Geckenhaft und geschwätzig, begabt wie kaum ein anderer, wirft sich Branwell mit Ungestüm auf das Leben, und wenn er sein Ziel verfehlt, so nur, weil er es zu eilig hat. Er ist nicht weniger übertrieben in seinem Sturz, als in seinem Elan, und er will seinen Zusammenbruch bis zur Neige auskosten.

Auch Emily ist unersättlich, aber ihre Begierde ist von Geringschätzung begleitet: sie lehnt absichtlich die Sympathie, den Kontakt anderer und sogar ihrer Angehörigen ab, sie ist unbeugsam und manchmal hart. Nach den Ansprüchen, die sie an die Liebe stellt, wäre sie eine schreckliche Geliebte gewesen. Und welche Kühnheit in ihrem Entschluß, das Schwierigste, das vielleicht Unmögliche erreichen zu wollen! Sogar das Unsichtbare will sie erobern!

Die Brontës sind trotz ihrem verborgenen Leben, ihren friedlichen Sitten, ihrem bescheidenen Verhalten heftige Menschen mit sanfter Stimme, Entführer geheimnisvoller Schätze, aufbrausende Gemüter mit empfindsamen Gewissen, Rasende, für die allein die Seele gilt. Wenn man betrachtet, mit welcher glühenden Leidenschaft sie Gondaland und Angria erlebten, sagt man sich, daß sie, wenn sie die wirkliche Welt bezwungen hätten, Verheerungen, Explosionen und Feuersbrünste hervorgerufen hätten.

Zugleich ist niemand uneigennütziger und makelloser als sie. Die Ausschweifungen Branwells, die er in seinen Erzählungen übertreibt, sind nur Prahlereien eines Jugendlichen. Im Rausch und in der Verführung einer verheirateten Frau sucht er weniger den Genuß als die Ekstase, die Verzückung, die Emily in der Einsamkeit, in der pantheistischen Verbundenheit, in der geistigen Askese und Charlotte im Gebet, in einer ihre eigenen Kräfte übersteigenden Pflichterfüllung und in den Gewissensbissen einer verschmähten Liebe sucht.

Die Romane der drei Schwestern sind vor allem gewalttätige Geschichten. Heathcliff ist fürchterlich in seiner Entschlossenheit, unverträglich, grausam zu sich selbst wie zu anderen. Catherine steht ihm in wilder Heftigkeit nicht nach. Doch Charlottes Personen, diese kleinen beharrlichen und despotischen Lehrerinnen, zeigen nicht weniger Energie und Groll. Ihre Romane ähneln Tragödien, weil sie Willenskonflikte schildern. Sie sind auch Tragödien, weil sich der Held plötzlich innerlich prüft und der Konflikt so in ihm selbst ausgetragen wird. Heatcliff, erbittert gegen seine Gegner, ist zermartert durch die innere Qual, in der er eine Art Offenbarung entdeckt. Jane, Caroline oder Lucy, sich selbst gegenüber unnachsichtig, sind bereit, sich zu opfern und finden in dieser Niederlage den unvermuteten Geschmack des Sieges. Diesen wütenden Szenen, diesen bis zum Aeußersten erbitterten Debatten entströmt auf diese Weise schließlich ein Schimmer, ein Lichtkreis, der sie plötzlich und sonderbar besänftigt.

*

Man findet, mit kleinen Abweichungen, bei allen Brontës doch dieselben Züge, wobei man, wohlverstanden, dem Intensitätsunterschied des Genies Rechnung tragen und anerkennen muß, daß Charlotte und Emily den Typus der Familie zur höchsten Vollendung gebracht haben. Je mehr man sie betrachtet, um so unzertrennbarer sind sie in ihrer Gleichartigkeit verbunden. Sie sind ein Geschlecht, das eng zusammenhält, eine Gruppe Verbannter, welche die Sehnsucht nach einer gemeinsamen Heimat teilt. Sie sind nicht nur bluts-, sondern auch seelenverwandt. Aus den vertraulichen Gesprächen, die sie miteinander führen und den Plänen, welche sie gemeinsam entwerfen, entsteht eine ständige Gedankenübertragung.

Die Manie, mit der man zu Unrecht die Werke des einen der Reihe nach dem anderen zuschrieb, ist nicht unbegründet: sich täuschend, errieten jedoch die Erläuterer der Brontës, daß man sie wegen der Gleichartigkeit ihres Genies verwechseln konnte. Sie waren ein Wesen in mehreren Personen.

Es ist wahr, daß sie sich manchmal gegen ihr Verwandtschaftsverhältnis, ich meine gegen ihre zu enge Gemeinschaft, aufgelehnt haben. Aus Instinkt teilten sie sich paarweise auf: Charlotte war bis zu dem Robinsonschen Drama vor allem Branwells Freundin; sie schrieben sich, wenn sie voneinander getrennt waren, sie haben an denselben Jugendwerken gearbeitet und gemeinsam die Geschichte von Angria erfunden. Emily ihrerseits hing sehr an Anne und spielte mit ihr in Gondaland, verfaßte mit ihr, und nicht mit den beiden anderen, diese interessante Zusammenfassung ihres Lebens, die sie mehrere Jahre lang versteckten. Emily begegnete stets den Annäherungsversuchen, der hartnäckigen Besorgtheit von Charlotte mit systematischer Zurückhaltung; sie hatte vor ihr, wie auch vor Anne ihre Gedichtsammlung verheimlicht. Anne schrieb ihre Romane ohne Wissen der anderen. Was Branwell anbelangt, der dem Kreis seiner Schwestern entronnen war, so suchte er sich außerhalb zu zerstreuen und Ränke zu schmieden.

In dem gedrängten Raum des Pfarrhauses von Haworth, wo alles zuerst den Eindruck der Intimität und der Vertraulichkeit macht, gestanden sich also diese eigensinnigen Naturen nicht alles und schützten sich sogar vor der Zuneigung. Zu der Einsamkeit des Ortes kam noch die Einsamkeit der Wesen hinzu.

Aber wenn diese Familie eine innere Uneinigkeit zeigte, so war dies doch in der Art, wie ein jeder von uns mit sich selbst uneinig ist. Die Brontës brauchten Gegensätze, Eigenheiten, um ihre individuellen Gaben besser zur Geltung zu bringen. Wer weiß, ob das Gefühl ihrer Blutgemeinschaft sie nicht gerade dazu anregte, sich voneinander zu entfernen, um nicht ineinander aufzugehen?

Trotz alledem, die Erblichkeit der Rasse, der Familiengeist, die Aehnlichkeit der Begabungen — ungleich, aber bei allen vorhanden — ist so vorherrschend, daß sie ihnen einen einheitlichen Zug verleiht. Sie erscheinen verschieden im Alltäglichen, aber gleichartig im Wesentlichen. Sie wiederholen sich nicht, sie vervielfältigen und ergänzen sich. Wenn die Verpflichtung, ihr Brot zu verdienen, wenn ihr Lerneifer, die Sehnsucht, andere Stätten zu besuchen, sie mehrmals von Haworth fortführte, und wenn sie immer wieder dorthin zurückkehrten, so geschah dies nicht nur, weil sie unter der Langeweile und der Trauer litten oder der Mißerfolg sie dorthin zurückwarf, sondern weil sie anderswo nicht leben und nur zusammen leben konnten.

Unter dem Familiendach versammelt, zu innerst verbunden, gebrauchten sie mit Begeisterung ihren besonderen Wortschatz, ihre intimen Anspielungen, fanden in ihrer Gemeinschaft neue Kräfte und bestätigen sich gegenseitig ihre Gleichheit. Jeder war zärtlich um den anderen besorgt. So spürten sie stets, sagte Charlotte, »die tiefe, intime Liebe, welche Geschwister füreinander empfinden, wenn ihr Geist in derselben Form modelliert, ihre Ideen aus der gleichen Quelle geschöpft wurden, wenn seit der Kindheit einer sich an den anderen klammerte, ohne daß jemals ein Streit sie trennte«. Und wir, die Nachwelt, vereinigen diese so stolzen, so edlen, so schmerzvollen Brontës eng in ein und demselben Gedanken der Bewunderung und der Dankbarkeit...

Ende. 1937–38

DIE STIMME IM STURM

WUTHERING HEIGHTS

Mario Praz

Ist es legitim, einen Film mit einem literarischen Werk, das ihm als Vorlage dient, zu vergleichen? Das Problem stellt sich bei allen Umarbeitungen und Umsetzungen; ist doch die salomonische Lösung, daß es auf jeden Fall darauf ankomme, ein neues, selbständiges Werk zu schaffen, das allein für sich beurteilt werden muß, zu simpel, als daß man sie ernst nehmen kann. Wird dem Werk, von dem man ausging, nichts Originäres hinzugefügt, so verarmt die Substanz des Originals; nur weil sie noch von weitem, als ein entferntes Schimmern, geahnt werden kann, ist ein Erfolg noch möglich. Doch genügt dies zur Rechtfertigung? Es geschieht selten, daß die heruntergekommene Version eines Meisterwerks als Weg zu einem ebenso bedeutenden Werk dient. Ich glaube, hierin ist die Fausttragödie einzigartig: In Deutschland degenerierte der *Doctor Faustus* von Marlowe zu einem Marionettenspiel, durch das Goethe zu seinem *Faust* angeregt wurde.

Es scheint, daß das Publikum *Wuthering Heights* (Sturmhöhe), produziert von der S. Goldwyn – United Artists, unter dem Regisseur William Wyler, der bekannt wurde durch seine Adaption des Romans *Dodsworth* von Sinclair Lewis und die Filme *These Three* und *Countsellor-at-Law,* sehr gut aufgenommen hat; einige berühmte Zuschauer (so die Herzogin von Windsor, *quondam* Mrs. Simpson) waren sogar zu Tränen gerührt. Wer sich mit Emily Brontës Roman vertraut gemacht hat, wird den Unterschied von Film und Buch feststellen und zur Überzeugung gelangen, daß ein Regisseur viel mehr aus diesem Roman hätte herausholen können und müssen als es William Wyler getan hat. Wyler hätte nicht nur den Roman, sondern auch einige wichtige kritische Interpretationen wie etwa die von David Cecil (in *Early Victorian Novelists,* London 1934), lesen sollen. Denn so wie die Kritik eine große Hilfe für die Inszenierung eines Theaterstückes ist, so ist sie es auch, scheint mir, für einen Filmregisseur. Was diesen Punkt angeht, so habe ich einmal, am Beispiel Shakespeares, aufgezeigt, wie die philologische Forschung für die Verfilmungen hätte genutzt werden können. Doch wird man in solchen Fällen als Kritiker nicht einfach ignoriert? *Nil penna sed usus.*

Die Philosophie, falls man sich so ausdrücken kann, die sich in *Wuthering Heights* (Sturmhöhe) inkarniert, will das Ganze des Geschaffenen umfassen; das Belebte wie das Unbelebte, das Körperliche wie das Seelische. Es lassen sich bestimmte geistige Prinzipien finden: auf der einen Seite das Prinzip des Sturms – das Bewegte, das Rauhe, das Wilde, das Erbarmungslose – auf der anderen Seite das Prinzip der Ruhe – das Milde, Nachgiebige, Zarte, Sanfte. Diese zwei Prinzipien stehen in Kontrast zueinander und fügen sich doch zur Harmonie. So sieht es Cecil, und er hätte in diesem Zusammenhang hinzufügen können, daß das Muster des Lebens der Emily Brontë dem des William Blake außergewöhnlich nahe scheint, des einzigen englischen Künstlers, der ebenso isoliert war wie sie, und mit dem sie sich vergleichen läßt. Der Tiger – das Schaf: Dieser Gegensatz ist das zentrale Motiv von Blake als auch von Emily Brontë. Noch einmal: das Leben der Menschen und das der Natur stehen für sie auf der selben Stufe. Ein zorniger Mensch und ein zorniger Himmel: das ist keine metaphysische Ähnlichkeit, sondern eine essentielle. Es sind Äußerungen der einzigen spirituellen Wirklichkeit. Auf ihre Personen läßt sich die gewöhnliche Antithese von Gut und Böse nicht anwenden. Diese Personen versuchen nicht, die sie vernichtenden Leidenschaften aufzuhalten und sie bereuen auch ihre Zerstörungsakte, die nicht ihrer destruktiven Natur entspringen, nicht; ihre Impulse sind nur deshalb zerstörerisch, weil ihr natürlicher Ablauf aufgehalten wird: sie sind nicht »böse«. Ihre Grausamkeit und ihre Erbarmungslosigkeit sind in einem natürlichen Bereich angesiedelt, sie zeigen einen Teil des Kosmos und müssen deshalb hingenommen werden. Von der Sichtweise der Emily Brontë aus gibt es nichts Immoralisches, sondern Vormoralisches. Der Konflikt, an dem wir in ihrem Buch teilnehmen, ist nicht der übliche Konflikt der viktorianischen Romanze zwischen Gut und Böse; er ist vielmehr der Gegensatz zwischen Ähnlichem und Unähnlichem. Ist man sich dieses philosophischen Substrats der Brontë nicht bewußt, so denkt man stattdessen an Heraklits »Enantiotropia« oder an den kategorischen Imperativ von Kant. Die Liebe Catherines, unter anderem, bleibt unverständlich, wenn man sie mit den üblichen Maßstäben beurteilt; der Leser versteht nicht, was diese Frau so anziehend an Heathcliff findet, und warum ihr Ehemann sich nicht durch diese Liebe beleidigt fühlt. Im Roman gibt es, wenn man es so nennen will, eine bemerkenswerte Abwesenheit sexueller Sensibilität, was man übrigens auch bei Shelley feststellen kann (die eingebildete Möglichkeit eines Zusammenlebens von Harriet and Mary erscheint uns als etwas Ungeheuerliches). In Wirklichkeit hat das Geschlechtliche wenig Bedeutung für die Personen Brontës. Die Liebe Catherines ist bar jener Sensualität, sie ist wie jene Kraft, die die

Gezeiten nach dem Gang des Mondes lenkt, wie jene, die das Eisen nach dem Magnet ausrichtet und hat nicht mehr Zärtlichkeit als wenn sie Haß wäre. Auf nichts läßt sich die Liebe unserer alten Dichter so anwenden, wie auf die Liebe bei Emily Brontë:

> L'essere è quando lo volere è tanto
> ch'oltra misura di natura torna;
> poi non s'adorna di riposo mai.
>
> Das Dasein heißt, zu wollen
> daß wiederkehre ein anderes Maß an Natur;
> dann schmückt man sich nicht,
> dann ruht man niemals mehr aus.

Diese Liebe könnte Zorn genannt werden, ein Zorn, mit dem in der Antike die Menschen ihre Leidenschaft schürten: »Möge Zorn das Feuer schicken.« Zorn und Demut, Tiger und Lamm: das sind die Begriffe von Brontës Kosmos. Auf der einen Seite gibt es die Familie Earnshaw, die auf Wuthering Heights, dem Ort, dessen unfruchtbares Heideland von naturgewaltigen Stürmen nackt geworden ist, wohnt; die Earnshaws sind die unzähmbaren Söhne des Sturms. Auf der anderen Seite gibt es die freundliche, schüchterne, passive Familie Linton, die geschützt auf ihrem Besitz Thrushcross, das in einem belaubten Tal liegt, lebt. Sie sind Kinder der Ruhe (die Landschaft wird nicht beschrieben, sondern ist in den Wörtern, in den Andeutungen der Personen anwesend; so ist Brontë das Kunststück gelungen, mit geringsten Mitteln die größte Wirkung zu erzielen). Jede der beiden Gruppen, indem sie ihrer Natur, innerhalb ihrer Sphäre, folgt, verschwört sich miteinander und stellt so eine kosmische Harmonie dar. Es ist die Zerstörung (sie wird an Heathcliff am deutlichsten veranschaulicht) und die Wiederherstellung einer Harmonie, wie es

Cecil in seiner Analyse, die wir bereits verfolgt haben, zeigte, die das Thema der Erzählung bilden. Das ist sehr viel komplexer, als im Film sichtbar wird. Der Unterschied zwischen den freundlichen, ruhigen aber etwas abgestumpften Lintons und den aggressiven wilden Earnshaws zeigt sich am deutlichsten in der zweiten Generation: der Natur gehören beide an, jedoch mit dem Unterschied, daß Hareton (Sohn von Hindley Earnshaw) und Catherine (sie ist die zweite Catherine, oder auch Cathy genannt, Tochter von Catherine Earnshaw und von Edgar Linton) Kinder der Liebe sind und so die positiven Eigenschaften ihrer Eltern in sich vereinen, die Freundlichkeit und das Gleichmaß der Ruhe mit der Kraft und dem Mut des Sturms. Linton hingegen (Sohn von Isabella und Heathcliff) ist ein Sohn des Hasses; er vereinigt in sich die schlechten Eigenschaften der Eltern: die Feigheit und die Schwäche der Ruhe mit der Grausamkeit und der Erbarmungslosigkeit des Sturms. Der Aufbau des Romans, um das glückliche Bild Cecils zu gebrauchen ist logisch wie eine Fuge; eher das Schema eines Epos, einer Tragödie als das eines Romans.

Der Kosmos durchdringt die Personen des Romans und ihre Handlungen; deshalb lassen sich weder ihr Benehmen – das von Ungetümen – noch die Grausamkeit ihrer Worte als Zeichen des Krankhaften, Morbiden verstehen. Man hat beobachtet, daß in Heathcliff viel von der Fatalität des byronschen Menschen steckt, von dessen geheimnisvollen Ursprüngen; von dem Menschen, der das, was er liebt, zerstört. Heathcliffs Grausamkeit gegenüber Isabella, – ist sie nicht das unwillkürliche Abbild von Byrons Verhalten gegenüber seiner Frau Isabella? Überdies sind die Personen, auch die weniger Besessenen, in der Anwendung von Gewalt extrem leichtfertig. Die wilde Bösartigkeit der

Hunde, die Lockwood am Ende der ersten Szene überfallen, bestimmen die Atmosphäre des Romans. Als Lockwood in der Nacht seine Faust durch die Fensterscheibe drückt, schließen sich seine Finger um eine kleine, eiskalte Hand und von Schrecken gepackt wird er grausam und reibt die Hand der Person an dem zerbrochenen Glas hin und her »bis Blut hinunter rann und die Bettücher befleckte.« Isabella kratzt Catherine: »Sie machte Gebrauch von ihren scharfen Fingernägeln und sogleich war die Hand ihrer Peinigerin mit roten Kratzern bedeckt.« Catherine ruft: »So eine Katze!« und rät Heathcliff sich vor ihr in acht zu nehmen. Brutal antwortet er: »Ich würde ihr die Finger ausreißen, wenn sie mich damit bedrohte«, und fügt hinzu: »Du würdest seltsame Dinge hören, wenn ich mit diesem zimperlichen Puppengesicht allein leben müßte; das Harmloseste wäre noch, ihr die Farben des Regenbogens auf die weiße Haut zu malen und ihre blauen Augen alle paar Tage in schwarze zu verwandeln.« Man spricht vom Geißeln, vom Blut trinken, von Augen und Herz, die man herausreißen will . . .: Das sind Ungeheuerlichkeiten des elisabethanischen Dramas. Wenn wir *Wuthering Heights* lesen, würde uns doch nicht in den Sinn kommen, ihn, wie es d'Annunzio tat, mit Swinburne zu vergleichen: »Algernon Swinburne, der Sänger von »Laus Veneris« und von »Anactoria« versuchte in seinen Werken mit aller Gewalt die verbrecherische Sensualität ursprünglicher Dramen mit ihren wilden Schreien und ihren verzweifelt Sterbenden neu zu erschaffen.« Doch in *Wuthering Heights* entdecken wir nicht die geringste Spur dieser Sensualität. Die Gewalttätigkeit dieser Personen ist eine andere als die eines Sade oder Lautréamont; vielleicht hat Chesterton das Richtige getroffen, als er (in *The Victorian Age in Literature)* schrieb: »*Wuthering Heights* hätte von einem Adler geschrieben sein können.« In der Tat, der Roman schwebt zwischen Himmel und Erde, aber ist doch eher dem Himmel näher als der Erde; ein meteorischer Roman. Man kann diesen gut gearbeiteten Roman als realistisch bezeichnen, doch unter der Bedingung, daß man die Leidenschaften der Menschen den Naturphänomenen gleichsetzt, daß man ihnen das gleiche Maß zubilligt. Dieser Roman ist jenseits allen normalen Geschehens und ist ein einzigartiges Denkmal jener Gattung von Menschen, die als Raubtiere handeln, von Tiermenschen, die ausgestorben ist. Will man um jeden Preis Emily Brontë mit anderen Dichtern in Zusammenhang bringen, so fallen einem nur Shakespeare *(König Lear)* und wie ich schon sagte, Blake ein. Einige Amerikaner wie Faulkner, der Faulkner von *The sound and the fury* (Schall und Wahn) und O'Neill, versuchten die Brontëische Tradition fortzusetzen; doch auf einem kompromißlerischen Niveau, mit zu vielen Elementen des Trüben und Morbiden. Mag aber Emily Brontës Roman düster sein, – Kränkliches finden wir nicht in ihm. Cecil schrieb einmal, daß der Roman von einer wilden, heiteren Gesundheit durchatmet sei: »Ihre Prosa ist durchflutet von einem klaren, reinen Morgenlicht und wird durchweht von einem beißenden Wind, der über einen jungfräulichen Schnee bläst; und obschon ihre Personen gewaltsam sind, klebt an ihnen nichts Fiebriges, Schwüles; ihre Hitzigkeit hat die kalte Wärme einer weißen reinigenden Flamme, die eine Vestalin anzündete.«

Wieviel von alledem wurde uns durch den Film vermittelt, und wie? Allein schon der Titel zeigt, daß hier die Leidenschaften der Menschen die exakte Parallele ihres Naturhintergrunds sind. Inwiefern führt uns der Film das Ursprunghafte, das Meteorologische und das Metaphysische des Romans vor Augen? Die umwölkten Berggipfel sind da heruntergekommen zu wenigen Steinbröckchen von zweifelhafter Konsistenz, und im Hintergrund strahlen blendend weiße Wolken. Auf der Ebene davor wächst Erika, so, als wäre es verpflanzt, um eine Haustreppe bei einer Hochzeit zu schmücken. Und fleißig zittert das Heidekraut, stetig bewegt, rüde Liebkosungen erfahrend ... vom Wind eines Ventilators.

Dieser Felsblock ist wie das *petit séparé,* in das sich Liebende für ihre große Liebesszene zurückziehen. Hier läßt Merle Oberon sich auf die Schultern von Lawrence Olivier fallen und sieht dabei aus wie eine Mischung von Tarzanbegleiterin und die Vorlesungen schwänzender Studentin. Die allzu bekannten Umarmungen à la Hollywood sind Merle Oberons einzige, der »Leidenschaftlichkeit« des Themas gemäße Leistung, bis zu jenem Augenblick auf dem Sterbebett, wo ihre Hände die Schultern Laurence Oliviers umschlingen und dabei in vorschriftsmäßigen Arpeggios vibrieren. Im Film wütet der Regen und peitscht gegen die Fensterscheiben, großzügig fällt der Schnee, bis endlich ein weicher Teppich liegt, auf dem die beiden phantastischen Figuren Heathcliff und Catherine einem fabelhaften Horizont entgegenschreiten; gern würden wir sie auf dieser letzten Reise begleiten, ertönte der Hochzeitsmarsch von Grieg und nicht ständig anschwellende Engelchöre. Schnee und Regen toben und wüten, aber letzten Endes bleibt alles äußerlich, die Osmose von Natur und Seele wird nicht nachvollzogen. Es fehlt der obsessive Rhythmus, es fehlt allen Personen, mit einer Ausnahme, jene Spannung, jene kalte blau leuchtende Flamme, die auf den Seiten der Brontë flackert. Nur Geraldine Fitzgerald, die Isabella verkörpert, erreicht die Höhe des Romans. Ihr verdanken wir das Gelingen einer der wenigen erinnerungswürdigen Szenen; der Eifersuchtsszene zwischen Catherine und ihr, beide noch Mädchen, in Isabellas Schlafzimmer. Nach der Heirat erscheint Isabella wie eine Besessene, wie eine, der ein heilig-furchtbarer Bann die Lymphe, den Saft des Lebens, aus dem Leib preßte, wie eine mit dem Strick um den Hals, die Augen glasig und starr, die Haare zerrauft wie die einer Furie. Man erinnert sich ihres Ausdrucks, als sie stockend die Worte herauszischt: »If Cathy dies, I may begin to live.«

Wenn es dem Film schon nicht gelingt, die Naturgewalt des Sturms darzustellen, gelingt es ihm bei dessen Gegenteil, der Ruhe? Thrushcross Grange, das ruhige, geschützt in einem belaubten Tal liegende Haus bot dem Drehbuchautor Gelegenheit, die er hartnäckig ausnützte wie ein Student der Malerei verbissen ein Motiv erjagen will und dazu ein *passe-partout* in seiner Tasche mitführt.

Thrushcross Grange bot die Möglichkeit, das viktorianische Ambiente zu rekonstruieren; stattdessen hat Noël Coward nach dem Rezept angelsächsischer Regisseure verfahren. (Daß der Roman nicht in der viktorianischen Zeit spielt, hat wenig Bedeutung, er spielt Ende des achtzehnten und Anfang des neunzehnten Jahrhunderts: das erste Kapitel mit dem Anfang der Erzählung Lockwoods trägt das Datum 1801 und eines der letzten Kapitel das von 1802). Hier ein unvermeidliches, effektvolles Motiv: ein Tanzfest in einem weißen Saal, vom nächtlichen Garten aus undeutlich durch ein Fenster gesehen. Es ist ein bezauberndes Motiv, auf das Tennyson in seinem berühmten lyrischen Gedicht *Maud,* in dem er den Verliebten, im Garten Maudes übernachtend, sagen läßt: »Während der ganzen Nacht lauschten die Rosen den Tönen der Flöte, der Violine, des Fagotts, und vor dem Fenster wiegte sich der Jasmin im Takt der tanzenden Paare . . .« Dieses anmutige Motiv hätte ein *Leitmotiv** des Films sein können, hätte der Re-

* Im Original deutsch *A. d. Ü.*

gisseur mehr Widerstandskraft entwickelt, hätte er nicht ein zu großes Vergnügen gehabt am Anblick alter Tänze und an süßen, altmodischen Musikstücken (dem Allegretto »alla turca« der Neunten Sonate Mozarts für Cembalo usw.)

Auf Thrushcross Grange ist alles reich, alles auf das Feinste eingerichtet. Die Szene von Catherine, als Genesende, in einem Old English Garden mit Pfauen: (es sieht wirklich aus wie in jenem bekannten Hotel am Broadway in Cotswolds, zu dem im Sommer zu Scharen die amerikanischen Touristen pilgern), dieses Bildchen gehört in ein heikles Genre. In solchen Szenen findet Merle Oberon ihr geeignetes Ambiente; mit ihrem tahitischen, europäisierten Gesicht könnte sie die Kaiserin Eugénie in einem Film über das zweite Kaiserreich darstellen, aber weder durfte noch konnte man sie dazu legitimieren, die Protagonistin von *Wuthering Heights* zu verkörpern. Sie ist eine viktorianische Puppe, ein Paradestück der Abteilung »Period Furniture« des Victorian-and-Albert-Museums (das Schlafzimmer, in dem Catherine stirbt, hat sogar eine, mit feinem Porzellan verkleidete Nische); das ist doch das Letzte, was wir in einem Film *Wuthering Heights* erwarten.

Viel näher dem Geist des Romans, wenn überhaupt, ist jene Serie der Illustrationen von Balthus, in der siebten Nummer von *Minotaure*. Kein gefälliges Ambiente, alles will nackt sein, bewegt, wesentlich. Die Figuren hätten von einem Präraffaeliten gezeichnet sein können, (gewisse eindringliche Posen, gewisse ermattete Köpfe, sich umdrehend auf den Zeichnungen Dante Gabriele Rossettis), verpöbelnd zwischen Apachen. Eine der Figuren (mit der Legende: *Calling at intervals and then listening)* ähnelt sehr dem Titelbild von William Blakes *Milton*. Indem er *Wuthering Heights* in den Duktus des Grand Guignol übersetzte, schuf Balthus ein originäres Werk; Ben Hecht ist es jedoch nicht gelungen, uns mehr zu geben als das Corollarium zu einer Pantomime von Noël Coward.

Das Unheimliche der Atmosphäre des Romans löst sich im Film auf; hier und da ein Bildausschnitt, von unten aufgenommen, das Befremdende eines wechselvollen Niedergangs auf die Ebene eines Techtelmechtels zwischen der Tochter aus gutem Hause und dem Stallknecht ziehend, – das genügt einfach nicht. Und was dem armen Mädchen geschah, als es sich in den Grobian verliebte! Umzingelt von Kötern, im Sturmwind bis auf die Knochen durchnäßt, endlich erkrankend an einer vornehmen Schwindsucht in einer hochdekorativen Umgebung. Vor allem erfreut uns die Erinnerung an sie, als sie in einem eleganten Kostüm mit einer Kapuze und einer mit Pelz besetzten Pelerine gegen den Hintergrund einer Tür steht, deren geometrisches Muster kräftig geädert ist. Für die schwierige Person Heathcliff, von dem Chesterton schrieb: »Ihm, diesem so unheilvollen Menschen fehlt wenig zum Dämon«, hätte man einen Schauspieler von außerordentlichen Fähigkeiten nehmen sollen. Man kann Laurence Olivier, weil er seiner schwierigen Aufgabe nicht gewachsen war, nicht allzu sehr tadeln. Der Charakter eines solchen Menschen bedurfte der Hilfe eines entsprechenden Ambientes, aber das Ambiente, wie ich schon gesagt habe, ist verfehlt. Schuld daran ist das mangelnde Verständnis für den Roman. Das Ambiente ist mißglückt, die Hauptdarstellerin (Merle Oberon) ist mißglückt, Geraldine Fitzgerald (Isabella) und die immer gute Flora Robson (Ellen) konnten den Film allein nicht zu einem guten Ende führen. Wie ich schon eingangs sagte, kann man die Mängel, die einer Bearbeitung auferlegt sind, hinnehmen (ausgelassen ist die Wechselbeziehung Hareton-Linton-Catherine II, so bedeutsam für die

Stimmigkeit des Ganzen), wiese das Resultat seine eigenen Verdienste auf. Doch der Regisseur von *Wuthering Heights* hat eine prächtige Eiche gefällt, um aus ihr eine viktorianische Fußbank zu schnitzen. Auf die er ihr dann eine hübsche Kreuzstichdecke legte.

1941

Balthus

»Wuthering Heights«

Illustrationen

I have got the time on with writing for twenty minutes.

Cathy and I escaped from the wash-house to have a ramble of liberty.

Pull his hair when you go by . . .

The devil had seized her ankle!

I wont stay to be laughed at.

Why have you that silk frock on, then?

Nelly, do you sometimes dream queer dreams?

Calling at intervals, and then listening . . .